RAU

E. Geller / A. Lein / V. Chepizchny

Garri Kasparow

ICH GEWINNE IMMER

WELTMEISTERSCHAFT 1990

RAU

Walter Rau Verlag
Düsseldorf

Übersetzung und Bearbeitung des Partienteils (S. 37 ff.): René Borngässer, Düsseldorf
Übersetzung der Vorworttexte und des Interviews Frank Röder, Hersbruck

Titel der Originalausgabe: Book of the Match
Kasparow versus Karpov 1990
by Garry Kasparov, Efim Geller, Anatoly Lein & Viktor Chepizhny

1. Auflage 1991

Umschlaggestaltung: Edgar Grosser, Düsseldorf
Titelfoto: IBM Deutschland, Stuttgart
Satz: Schach-Spezialsatz Bernd Feustel, Bamberg
Druck: Beyer-Druck, Langgasse 23, 8607 Hollfeld
Printed in Germany
ISBN 3-7919-0442-6

INHALT

Vorwort

Das vorliegende Buch enthält unsere Analysen und Kommentare zu den Weltmeisterschaftspartien. Es war für uns eine interessante, aber schwierige Arbeit. Einerseits waren wir stets um optimale Qualität bemüht, aber andererseits hatten wir nur eine begrenzte Zeit zur Verfügung.
Dennoch hoffen wir, daß dieses Buch mit Interesse gelesen wird. Wir waren bestrebt, nicht nur den schachsportlichen Aspekt des Wettkampfes darzustellen, sondern auch die wesentliche menschliche Komponente der beiden Spieler. Wir hoffen, daß wir durch unsere „Schach-Sprache“ zeigen konnten, daß beide auch nur Menschen sind.

Nun möchten wir all denen unseren aufrichtigen Dank aussprechen, die uns in diesen schwierigen Tagen geholfen haben:

Herrn Paul Lamford, dessen Herzlichkeit und Leutseligkeit erfrischend war.
Dem Übersetzer und Analysator, Herrn Ken Neat, dessen schachliche Fragen (die wir mit „Furcht und Zittern“ erwarteten) uns oft verblüfften, die aber, wie wir meinen, zu einer Verbesserung des Buches führten.
Und schließlich dürfen wir den Mann nicht vergessen, der leider nicht bei uns war und der unsere „schachliche Bürde“ nicht teilen konnte. Aber Herr Andre Reichmann, von dem wir hier sprechen, förderte uns am wirksamsten: durch die Finanzierung unseres Aufenthaltes in New York und Lyon.

Efim Geller, Anatoli Lein

Danksagung

Der besondere Dank der Autoren gebührt dem Beitrag von Andre Reichmann zu diesem Buch.
Herr Reichmann gewährte uns großzügige finanzielle Unterstützung, die uns dabei half, dieses Buch zu schreiben. Seine ursprüngliche Absicht war, dabei mehr mitzuwirken, aber seine geschäftlichen und persönlichen Verpflichtungen verwehrten ihm eine aktive Teilnahme. Demnach erwuchs seine Unterstützung nur aus seiner großen Liebe zum Schach.

Sein Interesse am Schach kommt nicht von ungefähr. Er ist Fernschachmeister der United States Chess Federation „Golden Knights" von 1985, wobei er das Turnier 1990 mit dem Rekordergebnis von 18:0 beendete. Im Jahre 1986 erhielt er den FIDE-Meister-Titel; er war mehrere Jahre lang ein Schüler von Großmeister Anatoli Lein. Die Zahl seiner Nahschachturniere ist zur Zeit gering, aber er nimmt an zahlreichen Fernschachturnieren teil.

Herr Reichmann ist ein überaus erfolgreicher Finanzmakler – auch ein Spiel des Verstandes – und er ist Präsident der Lance Capital Inc., einer Gesellschaft, die Forschungen über Weltwirtschaft und Kapitalmärkte betreibt, vorwiegend zu Handelszwecken.

Es ist der Wunsch von Herrn Reichmann, daß das Schachspiel bei den Menschen aller Nationen und insbesondere bei der Jugend an Popularität gewinnt. Er hat den Eindruck, daß die Austragung der ersten Wettkampfhälfte in New York und der damit verbundene Reiz genau das zu bewirken vermag. Neben der Freude am Schach als einer Form der Kunst ist Herr Reichmann auch der Meinung, daß das Studium des Schachs, gepaart mit einer guten Erziehung, einen großen Beitrag zur Entwicklung des Geistes leisten kann.
Herr Reichmann wohnt in New York City. Er ist verheiratet und Vater von vier Söhnen.

Efim Geller, Anatoli Lein

Einige Daten und Zahlen

Das aktuelle Match war mehr als ein bloßer Wettstreit um die Schachweltmeisterschaft. Es war ein Kampf zwischen zwei erbitterten Rivalen: dem 27-jährigen Garri Kasparow, Weltmeister seit 1985, und seinem Vorgänger auf dem Schachthron, dem 39 Jahre alten Anatoli Karpow, Weltmeister von 1975-85.
Seit 1984 hatten diese zwei in Spielweise und Temperament grundverschiedenen Großmeister bereits nicht weniger als vier Wettkämpfe gespielt – ein bisher einmaliges Duell in der Geschichte des Schachspiels. Um diese Weltmeisterschaft in ihrem historischen Zusammenhang zu sehen, müssen wir sechs Jahre zurückgehen.

Frühere Wettkämpfe

Im Jahre 1984 hatte Kasparow erstmalig das Recht, Karpow um den Welttitel herauszufordern. Der Wettkampf, bei dem der Gewinner als erster sechs Siege zu erreichen hatte, begann am 10. September 1984 in Moskau. Fünf Monate später, nach 48 Partien, war der Kampf noch nicht vorbei: Karpow führte 5:3, aber Kasparow hatte gerade zwei Siege in Folge verbucht. Zu diesem Zeitpunkt fällte Florencio Campomanes, der Präsident des Internationalen Schachverbandes, die umstrittene Entscheidung, das Match für ungültig zu erklären, wobei noch im Jahre 1985 ein neuer Wettkampf zu spielen sei.
Für dieses zweite Match, das auch in Moskau stattfand, wurde eine Änderung der Regeln vereinbart. Dabei sollte die Zahl der Partien festgelegt sein, und zwar auf 24, aber Karpow hatte als Weltmeister zwei Vorteile: im Falle eines unentschieden endenden Wettkampfes würde er seinen Titel behalten, während er bei Verlust zu einem Rückkampf berechtigt wäre. Kasparow errang einen dramatischen Sieg mit 13:11 und wurde so der 13. Weltmeister, der jüngste in der Geschichte.

Im folgenden Jahr, 1986, nahm Karpow sein Recht auf einen Rückkampf wahr, der an getrennten Orten stattfand: in London und Leningrad. Wieder ging das Match über volle 24 Partien, und wieder ging Kasparow als knapper Sieger hervor, diesmal mit 12½:11½.

Weltmeisterschaftskämpfe werden normalerweise alle drei Jahre ausgetragen, und so war es nur ein Jahr später, 1987, als das nächste „reguläre" Match stattfand. In dieser Zeit waren die Regeln erneut verbessert worden: das Recht des Weltmeisters auf einen Rückkampf (im Falle seiner Niederlage) wurde abgeschafft. Karpow qualifizierte sich wieder als Herausforderer, und in Sevilla, wo beide Spieler verständlicherweise Zeichen von Erschöpfung an den Tag legten, endete ein meist farbloses Match, das nur durch sein dramatisches Ende belebt wurde, mit 12:12 unentschieden. Kasparow hatte seinen Titel für weitere drei Jahre verteidigt.

Die Kandidatenturniere 1988-90

Als besiegter Herausforderer beteiligte sich Karpow an den nächsten Kandidatenturnieren im Viertelfinale. Indem er Hjartarson (Island) 3 ½ : 1 ½, Jusupow (UdSSR) 4 ½ : 3 ½ und Timman (Holland) 6 ½ : 2 ½ schlug, erhielt er erneut das Recht, Kasparow um den Titel herauszufordern.

Regelungen für den Wettkampf 1990

Bei der Mehrzahl internationaler Schachveranstaltungen (einschließlich Kandidatenturniere) gilt die jetzt übliche Zeitbegrenzung: 40 Züge in zwei Stunden mit weiteren 20 Zügen in einer Stunde vor dem Abbruch. Aber in diesem Weltmeisterschaftskampf kam noch die alte Zeitbegrenzung zur Anwendung: 40 Züge in zweieinhalb Stunden, Abbruch nach fünf Stunden Spielzeit und danach weitere 16 Züge pro Stunde.
Das Match war aufgeteilt zwischen New York und Lyon, wobei 12 Partien an jedem der beiden Orte zu spielen waren. Aber in dem Fall, daß ein Spieler in New York erheblich in Führung ginge, sollte die Zahl der dort gespielten Partien reduziert werden.
Jeder Spieler war berechtigt, drei Auszeiten zu beanspruchen.
Der offizielle Preisfonds für das Match war drei Millionen Dollar, davon 5/8 für den Sieger und 3/8 für den Verlierer. Im Falle eines unentschiedenen Wettkampfes würde Kasparow seinen Titel behalten, aber das Preisgeld würde geteilt werden.
Hauptschiedsrichter für das Match war der Holländer Geurt Gijssen.

Die Teams beider Spieler

Jeder Spieler hatte ein ganzes Team von Sekundanten zur Unterstützung bei den Vorbereitungen, den Analysen von Hängepartien etc.
Kasparows Team (alle aus der UdSSR) bestand aus Zurab Azmajparaschwili, Sergej Dolmatow, Mikhail Gurewitsch, Giya Georgadse und Alexander Schakarow; dazu gehörte auch die Mutter des Weltmeisters, Klara Kasparowa, die als Kopf der Delegation fungierte.
Karpows Team wurde angeführt von Nicolai Krogius und bestand ferner aus Ronald Henley (USA), Lajos Portisch (Ungarn), Andrej Kharitonow, Alexej Kuzmin, Mikhail Podgayets und Igor Saizew.

Statistik und frühere Begegnungen

Hier die Ergebnisse aller früheren Begegnungen mit Karpow, aus der Sicht von Kasparow:

Weltmeisterschaftskämpfe

1984-85	Moskau	+3	−5	=40
1985	Moskau	+5	−3	=16
1986	London/Leningrad	+5	−4	=15
1987	Sevilla	+4	−4	=16
Gesamtergebnis:		+17	−16	=87

Andere Begegnungen

1981	Moskau	+0	−0	=3
1987	Brüssel	+0	−0	=1
1988	Amsterdam	+2	−0	=2
1988	Belfort	+0	−1	=0
1988	Moskau	+0	−0	=1
1989	Skelleftea	+0	−0	=1
Gesamtergebnis:		+2	−1	=8

Kasparows Erklärung

Nächste Woche beginnt für mich die Verteidigung der Weltmeisterschaft zu einer Zeit, in der mein Land sich in einer Lage des Aufruhrs und der Verzweiflung befindet. Ich bin tief bekümmert und verwirrt durch das Chaos und Elend in meiner Heimat, der Folge von 73 Jahren kommunistischer Diktatur. Ich frage mich sogar, ob es angebracht ist, daß ich drei Monate lang Schach spiele und dabei im Wohlstand lebe, während meine Mitbürger um ihr tägliches Brot kämpfen müssen und die Rechtsstaatlichkeit um sie herum zusammenbricht.

Infolgedessen habe ich beschlossen, diesen Wettkampf nicht unter der kommunistischen Fahne zu spielen, die für mich Unterdrückung und Tyrannei repräsentiert, sondern unter der weiß-blau-roten russischen Republikflagge, die heute in meinem Land ein Symbol des Protestes und der Hoffnung auf die Zukunft geworden ist.

Manche Leute mögen durch diese Geste in Verwirrung geraten sein. Die westliche Presse sieht den sowjetischen Präsidenten sehr positiv, der hier weitgehend als großer Sozialreformer und sogar als Anwalt der Demokratie in seinem Land verstanden wird. Dies ist unverständlich für mich und für Millionen anderer in der Sowjetunion, die gesehen haben, wie er rigoros Gewalt angewendet hat, um unabhängige demokratische Bewegungen von den baltischen Republiken bis zum Transkaukasus zu zerschlagen. Heutzutage werden in der Sowjetunion brutale Methoden angewendet, um mit Mühe das kommunistische System aufrechtzuerhalten, zu einer Zeit, in der die meisten verantwortungsbewußten Menschen dieses System als eine Krankheit ansehen.

Deshalb spiele ich diesen Wettkampf etwas beruhigter, wenn die kleine weiß-blau-rote Flagge neben mir steht. Sie demonstriert meine Solidarität mit meinen Landsleuten in Rußland, die jeden Tag für ihre Freiheit protestieren.

Garri Kimowitsch Kasparow
Schachweltmeister

Der Wettkampf aus der Sicht von Kasparow

Dieses Interview mit Viktor Chepizchny gab Weltmeister Garri Kasparow speziell für das vorliegende Buch unmittelbar nach seinem Sieg über Anatoli Karpow im fünften Weltmeisterschaftskampf zwischen diesen beiden Kontrahenten.

Das Match endete buchstäblich wenige Stunden vor Beginn des Neuen Jahres 1991. Dies mußte für Sie doch das schönste Neujahrsgeschenk sein?

Natürlich war es herrlich, das Neue Jahr so zu begrüßen; aber dieser Sieg kann in keiner Weise als Geschenk bezeichnet werden. Er wurde in einer sehr harten Schlacht errungen. Je weiter die Zeit fortschreitet, umso schwieriger ist es für mich, meinen Titel zu verteidigen, und jedes neue Match wird zunehmend wichtiger.
In diesem Wettkampf haben wir unterschiedliche Dinge riskiert. Karpow riskierte, ein weiteres Treffen auf höchstem Niveau nicht zu gewinnen, während ich alles verlieren konnte, wofür ich die letzten zehn Jahre gekämpft und was ich die letzten fünf Jahre gehalten hatte.

Es ist bekannt, daß die Basis für Ihren Erfolg in der äußerst gründlichen Vorbereitung auf jedes wichtige Ereignis liegt. Für dieses neue Aufeinandertreffen mit Ihrem ständigen Gegner haben Sie wohl lange vor dem Match mit der Vorbereitung begonnen.

Nachdem dies bereits unser fünfter Wettkampf war, konnte man erwarten, daß die von beiden Spielern geleistete Vorbereitungsarbeit von höchster Qualität sein würde. Außerdem unterschied sich dieses Match von den vorhergehenden dadurch, daß es ein normales Drei-Jahres-Interval gab. Wir hatten schließlich genügend Zeit zur Ruhe nach der Hektik der vier vorigen Wettkämpfe. Trotzdem wurden frühere Erfahrungen in Betracht gezogen und die sollten, verstärkt durch einen solchen Zeitraum, zu guten Ergebnissen führen. Ohne Umschweife gesagt, hat sich Karpow für diesen Wettkampf viel besser vorbereitet als jemals zuvor. Es ist wichtig, diese Tatsache festzuhalten, zumal ich mich zum ersten Mal in meiner Praxis mit einem besser präparierten Gegner auseinandersetzen mußte.
Warum konnte sich Karpow besser vorbereiten? Weil er vor dem eigentlichen Match einen harten Selektionsprozeß zu durchlaufen hatte. Drei Kandidatenwettkämpfe sind ein gutes Training. Dadurch ist man zweifellos im Vorteil, wie ich aus eigener Erfahrung weiß. Man bekommt gute Form und Selbstvertrauen. Siege über starke Gegner verleihen einem Inspiration. Man hat ein gut etabliertes Team, das eineinhalb Jahre im selben Rhythmus zusammenarbeitet, mit bewährten Systemen, wohl überlegten Konzepten und gut organisierter Arbeit.

Im Gegensatz dazu wurden wesentliche Teile meines Teams erst unmittelbar vor dem Match selbst zusammengestellt. Dies sollte jedoch keineswegs als die Hauptursache betrachtet werden. Die enorme von mir gesammelte Erfahrung in der Vorbereitung und die Fähigkeit, das richtige strategische Konzept zu finden, in der ich Karpow stets überlegen war, könnten sich als wichtigere Faktoren erwiesen haben.
Im Januar 1990 begann ich mit der Planung meiner Vorbereitung, indem ich mir überlegte, wie ich meine Arbeit einteilen könnte, und wo und mit wem ich mein Trainingsprogramm absolvieren sollte. Aber es gibt Ereignisse, die wir nicht unter Kontrolle haben.

Sie denken an die Januar-Ereignisse in Baku, in deren Folge Sie nicht nur ihre erste Trainingsetappe abbrachen, sondern auch gezwungen waren, zusammen mit Ihren Verwandten aus Ihrer Heimatstadt zu fliehen?

Ja, natürlich.

Sie hatten kein Zuhause mehr, und man kann sich gut vorstellen, welche Probleme auf Sie zukamen. Konnten Sie trotzdem Ihr geplantes Vorbereitungskonzept für diesen Wettkampf voll durchziehen?

Es wäre eine Untertreibung zu sagen, die Vorbereitung sei nicht voll durchgezogen. Die Art der Vorbereitung, die ich gewohnt war, fehlte völlig. Vor jedem Weltmeisterschaftskampf rechnete ich immer, daß etwa hundert Arbeitstage notwendig wären. In diesem Falle kamen nur 60 Trainingstage heraus, aber diese waren überhaupt nicht vergleichbar mit jenen ungetrübten Tagen der Vorbereitung am Strand des Kaspischen Meeres, wie wir sie früher hatten. Schachliche Interessen waren eng verflochten mit anderen elementaren Problemen. Da war die erzwungene Flucht aus Baku und die Verpflichtung, für meine Verwandten zu sorgen, die nunmehr Flüchtlinge waren. Ebenso die allgemeine Krise im Lande und mein Engagement im politischen Leben. Ferner gab es Umgestaltungen in der Organisation des Wettkampfes, der zwischen Amerika und Europa aufgeteilt war, sowie auswärtige Trainingstermine. All das war sehr schwierig und ungewohnt. Der normale Lebensablauf war gestört. Und das vor einem solchen Match! Es gab weder genügend Zeit, noch Reserven an nervlicher Energie, noch innere Ruhe. Das einzige, was ich zustandebrachte, war die Entwicklung des strategischen Konzepts für die kommende Begegnung; aber auch das gelang nur annähernd.

Und welche Strategie haben Sie vorgesehen?

Im großen und ganzen strebte ich nach maximaler Komplexität mit beiden Farben, um Karpow keinerlei Erholung zu gewähren. Somit hat sich meine Einstellung grundlegend geändert, verglichen mit den vorigen Wettkämpfen, insbesondere dem letzten Match in Sevilla, bei dem ich auf die weißen Steine vertraute und mit Schwarz solid und weitgehend fehlerfrei spielte. Die Wahl einer solchen Strategie war größtenteils auf Eindrücke vom vorigen Match zurückzuführen. Dort erreichte weder Karpow noch ich einen deutlichen Vorteil mit den weißen Steinen. Ich erzielte 3:2, Karpow 2:1 Punkte. Daher schien es so, als würde sich die Vergangenheit wiederholen. Allein im Wettkampf zeigte sich der Irrtum einer solchen Annahme. Was noch wichtiger war: durch den geplanten Verlauf kam es lange Zeit nicht zu notwendigen Korrekturen der Match-Strategie während des Wettkampfes.

Von welchen Eröffnungen haben Sie sich am meisten erhofft?

Mit Schwarz wählte ich zwei Eröffnungen, Königsindisch und Grünfeldindisch: sie sind hochkompliziert und erfordern maximale Konzentration, eine große Menge Arbeit und gründliche Analyse. Leider bin ich nicht imstande gewesen, hier ein hohes Vorbereitungsniveau zu erreichen. Mit Weiß andererseits war ich in der Lage, mich ausgezeichnet vorzubereiten. Schon vor dem eigentlichen Match wurde klar, daß Weiß dominieren würde. Und so kam es auch. In dieser Situation war es wesentlich, bedeutende Änderungen der „schwarzen" Strategie vorzunehmen, wenn nicht vor dem Match, so zumindest währenddessen, um, wenn möglich, Spielraum für Manöver zu haben.
Aber nachdem ich in der Zeit vor dem Match physisch und psychisch müde war und unter schwerem Zeitdruck, vermied ich es instinktiv, den Arbeitsaufwand zu erhöhen. Und deshalb wurde dieser Aufwand reduziert. Naturgemäß fiel alles unter diese Reduktion, was für Schwarz „überflüssig" schien, wie etwa die Vorbereitung ruhiger Eröffnungsvarianten. Dies sollte sich später herausstellen, zum Beispiel in der 23. Partie. Anstatt entsprechend der Situation eine ruhige Eröffnung mit Aussichten auf Remis zu spielen, stürmte ich wieder vorwärts. Und dieser unmittelbare Drang nach Initiative, der vor allem nicht meinem Vorbereitungsniveau entsprach, war die Ursache vieler Schwierigkeiten, die ich im Match hatte. Mit jeder Partie wurde zunehmend deutlicher, daß dies nicht richtig war, da ja die weißen Steine – wie in keinem anderen unserer Wettkämpfe – klar dominierten. Und außerdem hatte ich, offen gesagt, keine Ahnung, wie gut mein Gegner vorbereitet sein würde.

Während des Wettkampfes war das schnell zu erkennen.

Ja, aber während des Matches ist es immer viel schwerer, etwas zu tun. Und dann ist hier ein anderer wichtiger Faktor, den ich bereits erwähnt habe. Es ist mir nicht gelungen, mein Vorbereitungsprogramm voll durchzuziehen, das auf 60 Tage beschränkt werden mußte, noch dazu mit vielen Unterbrechungen und Ablenkungen durch andere Dinge. Es ist ganz offensichtlich, daß nach Kürzung der Vorbereitungszeit das Programm selbst ebenfalls reduziert wird; es wird gekürzt. Und deshalb machte ich wieder etwas falsch, was sich beinahe als fatal erwies. Ich wollte nicht nur mit Schwarz kompliziert spielen, sondern begann auch, theoretische Pfade zu meiden. Dabei plante ich mehrfach einen unregelmäßigen Aufbau, nahm absichtlich minderwertige Stellungen in Kauf, nur um die Theorie zu vermeiden und die Spannung aufrechtzuerhalten. Solche Taktik ist für mich völlig atypisch, und gegebenenfalls habe ich meinen eigenen Schachstil unterdrückt. Normalerweise wich Karpow theoretischen Duellen aus. Und schließlich ist es mein Bekenntnis, die besten Züge machen zu wollen. Und nun ging ich selbst dazu über, mehr entsprechend dem Stil von Karpow zu spielen und mich so wie er zu verhalten, zum Beispiel im Wettkampf von 1985, als er schlecht vorbereitet war. Im Grunde war es ein Versuch, die Lücken zu stopfen, auf Kosten der Abweichung nach einer Seite.

Somit hat sich Ihr Repertoire mit Schwarz als sehr unzureichend erwiesen.

Es lag nicht so sehr am Repertoire als vielmehr an der ungenügenden Vorbereitung. Ich erkannte das alles sehr gut, und aus diesem Grunde beschloß ich, alle meine Kräfte zusammenzunehmen und zu versuchen, Karpow schon unmittelbar zu Beginn des Matches zu „vernichten", wobei ich sozusagen einen „Blitzkrieg" geplant hatte.

Und im Grunde hatten Sie ja, nach dem Verlauf der ersten Partien zu schließen, ganz reelle Chancen, Ihr Ziel zu erreichen. Vor allem dann, wenn Sie die 3. Partie gewonnen hätten.

Ich hatte einfach nicht genügend nervliche Energie. Hätte ich vor dem Match nur ein paar Wochen Ruhe gehabt, so ist es leicht möglich, daß der „Blitzkrieg" erfolgreich gewesen wäre. Schließlich hätte ich aus den ersten sechs Partien drei weitere volle Punkte holen können. Natürlich hätte sich dann ein ganz anderer Kampf entwickelt, denn gerade dann, wenn mir zu Beginn eine Serie von Siegen gelungen wäre, halte ich es für unwahrscheinlich, daß Karpow durchgehalten hätte.

Man hatte den Eindruck, daß auch Ihre physische Kondition nicht die beste war. Meiner Meinung nach fehlten Ihnen im New Yorker Wettkampf einfach die Kräfte in der fünften Spielstunde.

Das ist richtig. Um für einen schwierigen und langen Wettkampf voll gerüstet zu sein, muß man dafür gründlich vorbereitet und gut ausgeruht sein.
Meine einzige normale Vorbereitungsphase lag unmittelbar vor dem Match selbst, in Amerika, am Strand des Atlantischen Ozeans. Das ist wenig mehr als ein Monat in einem ganzen Jahr. In Spanien habe ich einfach versucht, die vielen unvorhergesehenen und ungünstigen Ereignisse zu bewältigen, die mich zu Beginn des Jahres erschüttert hatten. Aber 30 Tage sind eine sehr kurze Zeit, um dann einen zermürbenden, drei Monate langen Kampf erfolgreich zu bestehen. Zunächst war ich auch nicht fähig, sinnvolle physische Vorbereitung zu betreiben.

Wie in Zagulba?

Ja. Natürlich hatte es eine Ausstrahlung auf das gesamte Match, daß ich zum ersten Mal seit zehn Jahren nicht in der Lage war, mein Trainingsprogramm in meiner Heimatstadt Zagulba nahe Baku zu absolvieren. Mein ganzes Leben hindurch hatte ich mich regelmäßig nur an einem Ort, in vertrauter Umgebung, vorbereitet. Jeden Tag Laufen am Strand des Kaspischen Meeres, ausgiebiges Schwimmen, regelmäßiges Fußball- und Tennisspielen. Nach solchem Training konnte ich jede Menge körperliche Beanspruchung aushalten. Und von heute auf morgen war mir all das versagt, ganz zu schweigen von der Tatsache, daß ich meine Heimat verloren hatte. Alles war zerstört, und ich war völlig durcheinander. Im Hinblick auf all das hatte ich die Absicht, zu Beginn des Wettkampfes alles zu geben, um einen entscheidenden Vorteil zu erlangen. Aber als dies keinen Erfolg hatte, kamen Depressionen, und ich fühlte mich furchtbar müde.

Es ist gut, einen „Blitzkrieg" mit Weiß zu beginnen. Aber zum vierten Mal in diesen Wettkämpfen hatten Sie in der ersten Partie Schwarz. Hatte Sie das Ergebnis dieser Partie (Remis) aus der Fassung gebracht?

Natürlich, ich war fassungslos. Ich will Ihnen sagen, warum es nicht sehr angenehm ist, in der ersten Partie eines Wettkampfes Schwarz zu haben. Im Prinzip hat man eine Partie mehr mit Schwarz zu spielen. In der Praxis fällt die 24. Partie aus dem allgemeinen Schema heraus; sie hat als solche keinen Einfluß auf das Match, da nur das Ergebnis wichtig ist. Aber in einem langen Wettkampf ist die Farbe der Steine, mit denen man die erste Runde spielt, nicht so wichtig.
Was die erste Partie dieses Wettkampfes betrifft, so hatte das Spiel wie üblich experimentellen Charakter, und ich verschob meine geplante Attacke auf die 2. Runde, in der ich Weiß hatte.

Waren Sie bei Ihrer Vorbereitung vor dem Match in der Lage, die Eröffnungsvorbereitung Ihres Gegners richtig vorherzusehen?

Man könnte sagen, daß mit Schwarz keinem der beiden Spieler eine sichere Vorhersage möglich war. Ich hatte Varianten im Auge, die Karpow normalerweise gegen die Königsindische und die Grünfeld-Verteidigung spielte. Er spielte überhaupt nichts dieser Art! Strenggenommen ist fast alles, was ich für das Match mit Schwarz vorbereitet hatte, in der Praxis nicht gebraucht worden. Die einzige Ausnahme war die 3. Partie. Aber das war reiner Bluff! In allen übrigen Partien traf ich auf Varianten, auf die ich nicht speziell vorbereitet war.
Wenn ich mit Weiß spielte andererseits, standen Karpow große Überraschungen bevor. Er erwartete natürlich 1. e4, konnte aber kaum erwartet haben, daß dieser Zug dominieren würde. Es war in der Tat der einzige Zug! Die 24. Partie zählt dabei nicht! Und im allgemeinen war er nicht in der Lage, eine Antwort darauf zu finden. In einer Partie spielte er die Russische Verteidigung und erreichte nach

Meinung der Beobachter schnell Ausgleich (meines Erachtens stand er auch da schlecht). Überdies „steckte er seine Nase“ nicht in die Hauptvariante der Russischen Verteidigung. Er spielte nicht ein einziges Mal Caro-Kann; denn er hat genau erkannt, daß ich, wenn ich regelmäßig 1.e4 spiele, sicher sehr gut auf diese Eröffnung vorbereitet sein würde. Im wesentlichen mußte sich Karpow mit der Spanischen Partie verteidigen, aber er hatte damit wenig Erfolg. Eine meiner Leistungen, fand ich, war auch meine Vorbereitung der Schottischen Partie, deren Anwendung Karpow natürlich nicht erwartet hatte. Die 14. Partie, in der diese alte Eröffnung gespielt wurde, hatte einen neuen Aufbau, der diese Eröffnung belebt und modernisiert. Und als Folge davon geriet Karpow schließlich in eine schlechte Stellung.

Aber gab es nicht auch ähnliche Überraschungen von Karpows Seite?

Warum nicht? In der allerersten Partie spielte er ganz unerwartet die Sämisch-Variante. Als ich und meine Trainer die Königsindische Verteidigung vorbereiteten, dachten einige von ihnen, die Sämisch-Variante würde nicht vorkommen. Diese Variante ist sehr kompliziert und führt oft zum Spiel auf entgegengesetzten Flügeln. Ich glaube, Karpows Wahl dieser Variante wurde durch die Tatsache bestimmt, daß ich dagegen unterschiedlich spiele, das heißt, daß ich kein klar umrissenes Repertoire habe. Und im wesentlichen entspricht das den Tatsachen. In der Anfangspartie wählte ich eine Art Nebenvariante und erreichte ein ausgezeichnetes Spiel. Es ist hochinteressant, daß wir später, als meine Trainer und ich auf der Reise begannen, eine Entgegnung auf das Sämisch-System vorzubereiten, im Hinblick auf die günstige Lage beschlossen, auf ein paar Abweichungen zu setzen, die später erst angewandt wurden: in den Partien 21 und 23. Ihre Qualität bedarf keines Kommentars. In beiden Fällen war die Position von Schwarz aus der Eröffnung heraus äußerst verdächtig.

Warum haben Sie nicht die Eröffnung der ersten Partie wiederholt?

Der springende Punkt ist, daß Weiß in dieser Variante lang rochieren kann. Das ist die stärkste Fortsetzung, gegen die sich Karpow in der Anfangspartie entschieden hatte. Aber am Ende – da bin ich sicher – hätte er gerade dies gewählt.

Worauf setzten Sie Ihre besonderen Hoffnungen mit Schwarz, auf Königsindisch oder auf die Grünfeld-Verteidigung?

Auf Königsindisch. Unsere Überlegung war, daß Karpow königsindische Stellungen nicht sehr verläßlich spielt. Im allgemeinen entspricht der Charakter des Spiels in der Königsindischen Verteidigung, bei der Schwarz seine Chancen hat, meinem Geschmack. Aber Karpow fand eine glänzende Möglichkeit: er schloß nicht das Zentrum mit d4-d5. Es sei daran erinnert, daß er das einmal tat, nämlich in der 19. Partie, dann in Vorteil kam und trotzdem sogar beinahe verloren hätte.

Aber er brachte es fertig, solche Stellungen zu meiden, indem er eine Variante fand, bei der es für Schwarz schwierig ist, aktives Gegenspiel zu erlangen. Mit Ausnahme der 11. Partie, in der Weiß stärker spielen konnte.

Sie waren wohl ganz schön müde und erschöpft von Ihrem konstanten und gut trainierten Gegner. War er in diesem Match nicht in einer Verfassung, die für Sie neu war?

So war es, und ich glaube – damit stehe ich nicht allein –, er spielte in einer neuen Art und Weise. Seit 1984, als unser „ewiges“ Duell begann, haben sich unsere beiden Stilarten entwickelt. Aber während ich, wie man sagt, in meinen Stil etwas von Karpows Repertoire aufgenommen habe, scheint es so, als ob er seine Spielweise völlig geändert hat. Diese Spielweise von hoher Qualität, die auf gründlicher Eröffnungsvorbereitung basiert, die ich vorgegeben habe und die Karpow in jeder Hinsicht kritisiert hat, hat er nun selbst angenommen. Die Partien des Wettkampfes zeigen es: Karpow hat die Überlegenheit dieser Spielweise stillschweigend anerkannt. Somit wurde die Auseinandersetzung zwischen den zwei Tendenzen der schachlichen Entwicklung – der technischen und der kreativen – zugunsten der letzteren entschieden.

Hat Karpow in diesem Fall nicht die theoretische Vorbereitung vernachlässigt?

Er hat sie niemals vernachläßigt. Aber für dieses Match war er besser vorbereitet als jemals zuvor. Und was das wichtigste ist, er war zwar nicht überaus gut für eine theoretische Schlacht vorbereitet, aber diese Vorbereitung war genau abgestimmt mit einem strategischen Konzept. Auch war sie auf interessante, kreative Stellungen hin angelegt. Es sei darauf hingewiesen, daß in diesem Match kaum irgendwelche technischen Stellungen vorkamen. Karpow gab seinen üblichen Stil, Punkte aus einfachen technischen Stellungen „herausquetschen“ zu wollen, völlig auf. Er ging zu einer vollkommen andersartigen, unerwarteten, „vollblütigen“ und komplizierten Spielweise über. Und das war eine totale Überraschung für mich.

In der Tat, er war in einer Reihe von Partien der Initiator von aktivem Spiel.

Und das kam ganz häufig vor. Es steht auf einem anderen Blatt, daß er auf volle Übereinstimmung von seiten seines Gegners traf, nachdem ich ebenfalls gerne Komplikationen einging, um einen Kampf zu entfachen. Und dafür kann man auch sehr dankbar sein, daß das Match sich so interessant und unterhaltsam entwikkelt hat; vielleicht der beste von allen fünf Wettkämpfen. Natürlich könnte man sich über die große Anzahl von Fehlern beklagen, was sehr auffällig war. Aber Fehler kamen in Weltmeisterschaftskämpfen immer vor, und dieses Match war keine Ausnahme. Wer sich jedoch die Mühe macht, die Partien des Matches sorgfältig zu analysieren, wird ihren wahren Wert zu schätzen wissen.

Für die Schachtheorie erwies sich das Match als besonders fruchtbar. Das ist sofort erkennbar. Es gab eine Menge Neuerungen.

Die theoretischen Ergebnisse des Matches werden zweifellos einen großen Einfluß auf die Entwicklung der modernen Eröffnungstheorie haben. Dies ist das Ergebnis qualitativ neuer und gründlicher Vorbereitung. Ich glaube, daß die Varianten, die beide Spieler im Match präsentiert haben, für ihr sehr hohes Niveau kennzeichnend waren. Auch in dieser Hinsicht übertraf unser fünftes Match alle vorhergehenden. Karpow zeigte einige besondere Leistungen: Sein Aufbau gegen die Grünfeld-Verteidigung, die gewählte Reihenfolge der Züge, muß sehr hoch bewertet werden. Der Aufbau gegen Königsindisch mit Le2 und Le3 ist außergewöhnlich unangenehm für Schwarz. Vieles davon blieb hinter den Kulissen, aber meine Trainer und ich analysierten es zum großen Teil, so daß wir den wahren Wert beurteilen können.
Ich versetzte Schwarz nacheinander einige schwere „Schläge" in der „ewigen" Eröffnung, dem Ruy Lopez. Zum Beispiel der Zug 9. f3 in der 2. Partie, die 18. Partie insgesamt und die 20. Partie. Dennoch habe ich das Spanische „Epos" im theoretischen Sinne nicht klar gewonnen, da die Bewertung der Eröffnungen in bestimmten Partien trotzdem nicht immer eindeutig war. Aber in der Hauptsache war ein neuer Stellungstyp getestet, sehr kompliziert und interessant, in dem ich mich sehr viel wohler fühlte als Karpow.

Aber die Ergebnisse der Spanischen Gefechte waren für den Herausforderer katastrophal. Wie erklären Sie das?

Der springende Punkt ist, daß die sich ergebenden Stellungen eindeutig nicht Karpows Geschmack entsprachen. Es sind Stellungen, in denen man den besten Zug finden muß, was er nicht besonders mag.

Warum hat sich Karpow dann ständig auf diese Stellungen eingelassen?

Vielleicht weil er dasselbe strategische Konzept wie ich geplant hatte. Karpow wurde von diesen Stellungen durch einen einfachen Umstand angezogen: drei Ergebnisse sind möglich! Er wollte auch mit Schwarz gewinnen, wobei er damit rechnete, daß ich mit Weiß die Stellung überziehen könnte, und dann hätte er Gewinnchancen. Vor Beginn des Wettkampfes hat er offensichtlich nicht ernsthaft an einen günstigen Ausgang geglaubt, und deshalb dachte er, daß solche Chancen genutzt werden müssen. Es war eine andere Geschichte, daß er dann in Stellungen geriet, die objektiv mehr meiner als seiner Natur entsprechen. Es sei erwähnt, daß er die scharfe Saizew-Variante in den Partien 2, 4, 20 und 22 anwandte; das heißt entweder zu Beginn des Matches, als noch alles wiedergutgemacht werden konnte, oder am Ende, als er nichts mehr zu verlieren hatte. In der Mitte des Wettkampfs spielte er eine solidere Variante, die für Schwarz als sicher bezeichnet werden kann. Jene Abspiele, bei denen die moderne Theorie

Weiß einen Vorteil in dieser Variante verspricht, bringen offensichtlich gar nichts. Ich habe sie lange und sorgfältig angeschaut. Aber in den Partien 12 und 18 spielte ich einen Aufbau, der die ganze Variante völlig widerlegen dürfte.

Meinen Sie, daß Karpow sogar schon vor dem Match vorhatte, sein Spiel auf drei Ergebnisse hin auszurichten? War das sein Ziel?

Ohne Zweifel! Die 2. und 4. Partie zeigen das. Vor allem die 4. – auf drei Ergebnisse. Karpow nahm die Gelegenheit wahr und agierte wie ein Spekulant. Entweder unterschätzte er die Tatsache, daß ich diese Stellungen besser spiele als er, oder er setzte sich absichtlich darüber hinweg. Ich glaube, all das war eine Folge einer Analyse unserer vorigen Begegnungen, bei denen ich Risiken mied, vor allem in Sevilla, wo ich sogar als Weißer versuchte, das Spiel „trocken" zu gestalten. Offensichtlich zog auch er falsche Schlüsse aus dem vorigen Match. Wir stützten unsere Analysen auf früheres Material, zogen aber zum großen Teil die Entwicklung des Stiles nicht in Betracht, die beide Spieler während der letzten drei Jahre erfahren haben. Es scheint so, als hätten wir beide die Veränderungen übersehen, die in uns vorgegangen waren. Ich fing an, schärfer zu spielen, wobei ich mich mit mehr Vertrauen auf Komplikationen einließ. Auch Karpow begann, aktiver zu spielen, und war bereit, Risiken einzugehen, ganz anders als im Jahre 1987.

Warum haben eigentlich gewisse Beobachter Karpow vorgeworfen, er habe zu Beginn Angst gehabt?

Zu Beginn war Karpow in der Tat ängstlich. Aber man darf nicht vergessen, daß er auf eine massierte Offensive traf. Ich war auf einen „Blitzkrieg" versessen und spielte mit großer Energie, mutig und stark.

Trotzdem stand Karpow seinen Mann.

Karpow verlor nur eine Partie und kam wirklich mit dem Schrecken davon. Wie schon gesagt, hatte ich nicht genügend Energie, und ich verbrauchte meine Reserven, ohne viel zu erreichen. Meine Führung erwies sich als unsicher und kurzlebig. Meine Niederlage in der 7. Partie kam daher, daß ich völlig unvorbereitet war. Am Anfang des Wettkampfes verbrauchte ich zuviel Kraft, ich gab mein Bestes. Und ein natürliches Nachlassen trat ein. Vorwiegend psychologischer Natur. Je länger das Match dauerte, umso klarer wurde es, daß meine Vorbereitung mit Schwarz überhaupt keiner Kritik standhielt. Jede ungeradzahlige Partie, in der ich Schwarz hatte, wurde zu einer schwierigen Prüfung. In Partie 7 wählte ich eine Art Nebenvariante. Und wenn es mir schließlich mehr oder weniger gelang, die Stellung zu retten – „gerettet, Gott sei Dank!" –, so hat sich das mehrfach wiederholt. Diese Niederlage hat eindeutig eine psychologische Ursache: sie liegt in der Tatsache begründet, daß es mir nicht gelungen war, meinen Erfolg zu Beginn auszubauen.

Und wie ging es mit Ihrer psychologischen Vorbereitung?

Insgesamt nicht schlecht. Freilich gelang es mir nicht, mich von meinem Hauptfehler zu befreien: ich komme erst in Schwung, wenn ich schlecht stehe. Das ist wohlbekannt und wurde durch unser letztes Match bestätigt.
Ein interessantes Detail: in den vielen Jahren meiner Rivalität mit Karpow gewann ich gegen ihn niemals zwei Partien hintereinander, mit Ausnahme der Partien 47 und 48 vom ersten Match. In kritischen Phasen habe ich mich zusammengenommen und spielte sehr viel stärker. Aber einen Zustand der totalen Kampfbereitschaft das ganze Match hindurch aufrechtzuerhalten, ist sehr schwierig. Nur zu Beginn des Matches und während seiner zweiten Hälfte in Lyon habe ich einigermaßen sicher gespielt. Zum großen Teil bestand meine psychologische Instabilität in einem Nachdenken über meine umfassende Vorbereitung.

In Weltmeisterschaftskämpfen ist psychologischer Streß nicht zu vermeiden. Über eine Dauer von drei Monaten eines sehr schwierigen Kampfes mußten Sie eine Menge unangenehmer Momente, Zweifel an den eigenen Fähigkeiten und Enttäuschungen ertragen, und Sie hatten streßreiche Situationen zu bestehen. Wie gelang es Ihnen, sich von diesen Belastungen Erleichterung zu verschaffen?

All das muß man natürlich aushalten. Ich war enttäuscht, als ich es nicht fertiggebracht hatte, meine enormen Stellungsvorteile zu Beginn des Wettkampfes in eine Punkteführung zu verwandeln. Zweifel? Man kann Zweifel niemals vermeiden. Nach den ersten sechs Partien begann für mich eine schwierige Periode, eine, die jeden Spieler in einen Zustand der Panik hätte versetzen können. Ich konnte gewonnene Stellungen nicht gewinnen; mir gelang es auf wunderbare Weise, Stellungen zu retten, die kurz zuvor günstig gewesen waren. Ich verstand, warum dies alles geschah, aber es war überhaupt nicht klar, wie man damit fertig werden könnte. Im allgemeinen lebten wir mit dem Streß. Glücklicherweise gab es auch viele positive Eindrücke. Wie haben wir uns von der nervösen Anspannung erholt? Mit Spaziergängen im Park: sowohl in New York als auch in Lyon war ein solcher ganz in der Nähe. Manchmal bin ich gelaufen, manchmal habe ich Tennis gespielt. Aber, um ehrlich zu sein, bei diesem Match wurde der physischen Vorbereitung unerhört wenig Aufmerksamkeit geschenkt. In dem Park von Lyon gab es auch eine ausgezeichnete Menagerie. Das half mir, mich abzulenken und zu entspannen. Nach dem Match hat Karpow auf die Frage von Journalisten „Hatten Sie irgendwelche Parapsychologen?" etwas Unverständliches gemurmelt, aber ich antwortete: „Sehr wohl! Den Hirsch und die wilde Ziege, die ich jeden Tag auf meinen Spaziergängen gefüttert habe."

Was dachten Sie über das Erscheinen des bekannten Sportpsychologen Zagainow in Karpows Team gegen Ende des Matches?

Ich dachte mir gar nichts dabei; dies ist Sache seiner Biographie. Und schließlich war er dort nicht der einzige Psychologe. Sind nicht Krogius und Akimow auch Experten auf diesem Gebiet? Vielleicht brauchte sie Karpow.

War also in Ihrem Team kein Psychologe?

Nein, da war keiner. Und nicht nur, daß kein Psychologe da war. Zum ersten Mal hatte mein Team keinen Cheftrainer, so wie Alexander Nikitin, der viele Jahre mit mir gearbeitet hat.

Warum haben Sie sich getrennt?

Er ging selber, ohne die Gründe zu erklären. Wie er in einem Interview sagte: „Kasparow und ich haben sich ohne Aufhebens getrennt." Im vorigen April besprach ich mit ihm die Strategie für das kommende Match ... Aber er ging, und ich habe nicht versucht, ihn zurückzuhalten. Vielleicht dachte er, daß er der enormen Anspannung, die ohne Ausnahme zu allen Weltmeisterschaftskämpfen gehört, nicht länger gewachsen sein würde.
Auf alle Fälle hatte ich gewisse Probleme, als da nicht mehr diese Persönlichkeit war, die unserem „operativen Hauptquartier" vorstand. Mein Team war jung. Dennoch hatten fast alle Trainer mit mir schon einige Zeit lang gearbeitet: Zurab Azmajparaschwili und Sergej Dolmatow in Sevilla und Mikhail Gurewitsch in Leningrad. Alexander Schakarow war mir seit meiner Kindheit immer behilflich. Und nur Giya Georgadse war ein neues Mitglied. Kurz gesagt, ich hatte selber die Funktionen des Cheftrainers zu tragen: Organisation der Arbeit der Trainer, Verteilung konkreter Aufgaben, Entwicklung neuer Ideen, und auch ... Spielen des Wettkampfes! Solche Arbeit war neu für mich, und ich glaube nicht, daß ich sehr erfolgreich damit war. Die Trainer taten ihre Arbeit gewissenhaft. Freilich gab es Aufgaben, die ihre Kräfte überstiegen. Das theoretische Duell fand gleichsam auf fremdem Territorium statt. Die Eröffnungen, die analysiert werden mußten, waren solche, die praktisch niemand von meinen Trainern spielt. Sie mußten sich in Stellungen vertiefen, von denen sie lange Zeit nur eine ungefähre Ahnung hatten.
Außerdem sind drei von ihnen starke Großmeister. Sie näherten sich der Einschätzung von dieser oder jener Stellung vom praktischen Standpunkt her: „Es ist spielbar!" Aber ich habe eine ganz andere Einstellung. Trotzdem gelang es ihnen oft, mich zu „überreden". Wie zum Beispiel in Partie 23. Ja, es war eine spielbare Position erreicht. Aber ich bin gewohnt, die beste Fortsetzung zu finden. Und wenn ich weiß, daß der Gegner in einer bestimmten Fortsetzung von einem Vorteil überzeugt ist, laß ich mich nicht auf sie ein. Meine Kollegen meinen, daß das möglich sei. Dies soll keineswegs ein Vorwurf sein, aber es zeigt die unterschiedliche Einstellung zum Schach, der ich begegnen muß. Aus diesem Grunde waren wir nicht in der Lage, mit der ungünstigen Entwicklung in Teilen der theoretischen Schlacht fertig zu werden. Und im allgemeinen waren wir in der Eröffnungsvorbereitung unfähig, Karpow zu übertreffen oder auch nur sein Niveau zu erreichen. In diesem Fall wurde das Schicksal des Matches auf dem Brett entschieden.

Wie gelang es Ihnen dann, einen so schweren und gut vorbereiteten Gegner zu überspielen?

Ich habe einfach besser Schach gespielt als er. In jedem Stadium der Partie. Die letzte Phase, in der es mir gelang, Karpow zu überspielen, war das praktische Endspiel. Dort, wo es nötig war, das Maximum aus der Stellung „herauszuquetschen", tat ich das. Aus drei abgebrochenen Partien, aus denen ich nur einen halben Punkt erzielen hätte können, machte ich zwei Punkte. Ich hatte ein hoffnungsloses Endspiel, ein schwieriges und ein besseres. An dieser Stelle wurde das Schicksal des Matches entschieden. Ich habe Karpow im praktischen Endspiel überspielt.
Karpow machte Punkte in Stellungen, wo ich einiges verpatzt habe. Er nützte einfach alle Chancen, die ich ihm gab.
Da war ein weiterer Faktor, der zu dieser Niederlage führte: ständige Probleme mit der Zeit. Insgesamt verbrauchte Karpow viereinhalb Stunden mehr Zeit für seine Züge als ich. Mit anderen Worten: er spielte zwei Partien mehr. Ihm fehlte eindeutig die Zeit, vielleicht wegen seines Alters. Regelmäßige Zeitprobleme sind ein Warnsignal. Er versuchte fortwährend, schneller zu spielen. Übrigens war das ein Grund, warum er immer wieder Spanisch spielte: 15-20 Züge können in wenigen Minuten absolviert werden, wie von selbst. Und trotzdem wurde beim 30. Zug seine Zeit bereits knapp.

Könnten Sie diejenigen Partien des Matches aufführen, die Sie für die besten halten, Ihre eigenen und die Ihres Gegners?

Meine eigenen: Partie 2, 18 und 20. Ich war mit ihnen sehr zufrieden. Partie 3 hätte brillant werden können. Das war sehr schade!
Karpow hatte ebenfalls eine Anzahl guter Partien: die 17. und 23. zum Beispiel. In der 14. kamen viele Fehler vor, aber was für eine kämpferische und interessante Partie! Partie 4 war gleichfalls gut. Alles sehr wertvolle Partien.

Warum hat die Verteidigung so oft triumphiert?

Der springende Punkt ist, daß der Angreifer bekanntlich wesentlich mehr Energie verbraucht als der Verteidiger. Um zu gewinnen muß man sein Bestes geben. Aber was Reserven betrifft, glänzte keiner der beiden Spieler mit Kraft und nervlicher Energie. Außerdem hat keiner von uns vergessen, vorsichtig zu sein.

Davon abgesehen, haben Sie recht oft enttäuscht durch Ihre deutlich erkennbare Ungeduld, indem Sie danach strebten, den gegnerischen König so schnell wie möglich zu erobern, auch in jenen Stellungen, in denen es ruhige, rein technische Möglichkeiten gab, einen großen Vorteil zu realisieren. Offensichtlich war das auch die Folge Ihrer falschen strategischen Methode?

Nicht nur. In der Mitte des Matches gab es eine ausgedehnte Serie von Partien ... ohne einen Sieg für mich. Das hat mich schwer genervt. Dadurch ist zu erklären, warum ich mich manchmal direkt auf den Gegner 'stürzte'. Aber ist nicht auch der Angriff der schnellste Weg zum Gewinn?

Leider zeigt sich oft, daß diese Methode keineswegs zum Gewinn führt. Würden Sie, wenn Sie zurückblicken, nicht zugeben, daß Ihre „Blitzkrieg"-Strategie falsch war?

Eine Strategie ist nicht besser oder schlechter als irgendeine andere. Alles hängt von der Vorbereitung ab. Bei der Form, die ich während des Matches hatte, hätte jede Strategie ihre Nachteile gehabt.

Großmeister Krogius schrieb in einer der Zeitungen, daß Sie Ihre Trainer wechseln, „um von ihnen viele neue Ideen zu bekommen".

Es ist wohlbekannt, daß im wesentlichen meine Trainer von mir neue Ideen bekommen. Daher trifft das, was Krogius sagt, auf Karpow zu, dessen Team er in der ersten Matchhälfte leitete. Dort dienen die Wechsel tatsächlich zur Entwicklung neuer Ideen. Das war hinreichend bekannt seit der Zeit der Wettkämpfe von Karpow gegen Kortschnoi. Meine Trainer haben bestätigt, daß von jeweils zehn neuen Ideen, die im Match angewandt wurden, neun von mir kamen. Darüberhinaus verfolgte ich sogar während der Wiederaufnahme abgebrochener Partien die ganze Zeit über Pläne, die ich selber gefunden hatte. Das war besonders offensichtlich in der 8. Partie, in der es mir gelang, ein hoffnungsloses Endspiel zu retten.

War die Atmosphäre in Ihrem Team in Ordnung? Gab es irgendwelche Konflikte?

Die Atmosphäre war freundlich, besser als in früheren Wettkämpfen. Es gab keine Konflikte, auch nicht in den schwierigsten Situationen.

Aber kamen irgendwelche Klagen von Ihren Trainern?

Es gab einige, natürlich. Aber Sieger werden, wie man sagt, nicht verurteilt. Wenn man das Match gewonnen hat, ist es wohl nicht angebracht, über Klagen zu sprechen.

Aber wie haben die Trainer auf Ihre Fehler reagiert?

Mit Toleranz. Sie glaubten, ich würde sowieso gewinnen, da sie mich für deutlich stärker als Karpow hielten. Diese Einstellung hinterließ auch ihre Spuren bei ihrer Arbeit; ihr Rat war nicht immer ausreichend für die betreffende Situation.

War es für Sie eine Überraschung, daß sich der ungarische Großmeister Lajos Portisch dem Team von Karpow anschloß?

Ja, ich erfuhr davon erst unmittelbar vor dem Match. Mit seinem Auftreten im gegnerischen Team erkläre ich mir Karpows qualitativ neuen Stand der Vorbereitung. Ich glaube, daß die besten Eröffnungssysteme, die Karpow mit Weiß anwandte, mit Hilfe von Portisch vorbereitet waren.

Welche zum Beispiel?

Sowohl gegen Königs- als auch gegen Grünfeldindisch. Erstens sind sie Teil seines Eröffnungsrepertoires, und zweitens lieferte er eine Menge neuer Ideen, wozu Karpows frühere Trainer nicht fähig waren. Schließlich kenne ich sie gut.

Also, der „Blitzkrieg“ gelang nicht wie erhofft. Aber trotzdem ist der Start geglückt, Sie übernahmen die Führung und hielten die Initiative …

Die Tatsache, daß der geplante Überfall nicht gelungen ist, brachte mich gewaltig aus der Fassung. Ich erkannte, daß das Match unvermeidbar in eine Phase längeren Kampfes eintreten würde. Und nach meiner Niederlage in Partie 7 begann eine langanhaltende Krise, die sich durch die dramatische 8. Partie verstärkte. Der Abschnitt von Partie 7 bis 9, als ich ganz von der Rolle war, war der schwierigste. Ich hatte die 8. Partie recht gut angelegt und erreichte eine strategisch gewonnene Stellung. Es war nur noch nötig, wenige genaue Züge zu machen, damit sie endgültig gewonnen werden konnte. Ich habe sie nicht gemacht. In Zeitnot verlor ich dann praktisch diese Partie, die sich so gut entwickelt hatte. Und nur durch ein Wunder und durch höchste Konzentration von Willen und meiner ganzen Kraft gelang es mir, mich in ein hoffnungsloses Endspiel zu retten.

Es schien so, als hätten Sie erledigt sein können, falls Sie diese abgebrochene Partie nicht gerettet hätten, in der Sie zur Überraschung vieler eine zähe, aber passive Verteidigung gewählt haben, die überhaupt nicht Ihrem Stil entspricht (die aber offensichtlich die beste Lösung war).

Im allgemeinen ist das so, wie wenn man drei Partien in Folge verliert. Aber trotzdem war die Stellung nicht leicht. In Partie 9 war ich wieder nur um Haaresbreite von der Niederlage entfernt. In der 10. Partie wich Karpow einem Kampf aus, und in der 11. wandte ich eine sehr interessante Neuerung an: ich opferte die Qualität in einer gut analysierten Stellung; das Opfer war völlig korrekt. Es ergab sich eine sehr hübsche Partie. Und in Partie 12 errang ich einen großen Vorteil, war aber unfähig, ihn zu nutzen, obwohl mir die Stellung sehr gelegen war. Das Umschwenken der Dame zum Königsflügel, näher zum feindlichen König, war sehr offensichtlich. Und die Tatsache, daß ich mich nicht auf diese Fortsetzung eingelassen habe, zeigt, daß ich zu diesem Zeitpunkt nicht die entsprechende Stimmung oder das Selbstvertrauen dazu hatte.

Diese Partie besiegelte das Ergebnis der ersten Matchhälfte in New York: 6:6. Hätten Sie sich sehr gewünscht, ein positives Score in Amerika zu erreichen?

Natürlich, ich habe in Amerika viele Freunde, und ich spürte, daß mich die Öffentlichkeit stark unterstützt hat. Aber es kam nicht zu einer Führung. Und im wesentlichen mit Recht.

Trotzdem war das für viele eine Überraschung und auch für Sie selbst.

Offen gesagt, war ich nach der 8. Partie nicht unzufrieden damit, daß der Gleichstand bis zur Unterbrechung erhalten blieb. Schließlich bestand für mich wirklich die Gefahr des Zusammenbruchs und der Niederlage. Ich sehnte mich schon nach der Unterbrechung, um auszuruhen und um Zeit für weitere Vorbereitung zu haben.

Auf der anderen Seite waren Ihre amerikanischen Freunde zweifellos in Sorge darüber, daß für Sie der Kampf so schwer gewesen war. Aber nicht für eine Minute hatten sie Zweifel an Ihrem Gesamtsieg.

Sie waren wahrscheinlich in Sorge. Aber Amerikaner sind Praktiker. Sie erkannten, daß es die Hauptsache war, das Match zu gewinnen. Und da hatten sie in der Tat keine Bedenken.

Die Organisatoren teilten das Match in zwei Teile. Aber wie, in welche Phasen, wurde es durch den Verlauf des Kampfes an sich geteilt? Worin lag seine innere Dramatik?

Der Beginn des Matches bestand aus den ersten sechs Partien, das Stadium, in dem ich gehofft hatte, meine „blutdürstigen“ Ideen in die Praxis umzusetzen. Dann die stürmische 7. und 8. Partie. Der Schluß der New Yorker Hälfte. Dann die Lyoner Hälfte – im wesentlichen ein neues Match, in dem jeder Spieler die Erfahrungen des vorigen Teils nützte und die neue Vorbereitung, die während der zweiwöchigen Unterbrechung geleistet worden war. Freilich, die 13. und 14. Partie waren bis zu einem gewissen Grad eine Fortsetzung der ersten zwölf. Ich konnte mich vom Verlauf des vorigen Kampfes noch nicht lösen, aber ich spürte schon, daß ich mich trotz einzelner strategischer Fehler langsam steigerte und wieder zu meiner Form fand.

Wahrscheinlich wäre es richtig, die Phase von Partie 7 bis 14 als das zweite Stadium des Wettkampfes zu betrachten, die 7. und 8. als dessen Beginn und die 13. und 14. als dessen Ende. Die 15. bis 17. Partie, die zu einer Krise führten, stehen isoliert. In der 15. bekam Karpow großen Vorteil, doch am Ende verlor er sie fast. In der 16. brach ich seinen Widerstand. Ja, die folgende Partie, die 17., verlor ich. Aber die Hauptsache war, daß endlich diese bedrückende Serie von Remisen gebrochen war.

Ich verlor die 17. Partie mit einem Zug. Ich sah in dieser Stellung viel mehr Gefahren als sonst jemand. Aber weil meine ganze Aufmerksamkeit von diesen, wie sich herausstellte, fiktiven Gefahren in Anspruch genommen war, übersah ich die wirkliche Gefahr. Und ganz genauso wie in der 7. Partie verlor ich mit einem Zug. Ein Bock und die ganze Partie war vorbei. Außerdem kam es zu einer Eröffnungskrise, da diese Stellungen mir nicht gefielen.

Eine interessante Regelmäßigkeit ist Ihnen entgangen: ich verlor jede dritte Partie, die mit einer bestimmten Eröffnung gespielt wurde. Dreimal Königsindisch – die dritte Partie verlor ich; dreimal Grünfeld – das gleiche; und dann wieder dreimal Königsindisch und wieder ein Verlust in der dritten Partie. Das war die Regelmäßigkeit.

Warum haben Sie diese merkwürdige Regelmäßigkeit nicht früher erkannt und eine andere Eröffnung gewählt, sondern erst in Partie 23?

Ich habe sie bemerkt. Aber die 23. Partie war ein spezieller Fall. Und mit der 17. endete das Krisenstadium des Matches; der Wettkampf ging unmittelbar dem

Ende entgegen. Es ist sehr seltsam, daß ich nach dieser Niederlage zu neuem Leben erwachte und anfing, stärker zu spielen. In den nächsten drei Partien hatte ich einen überwältigenden Vorteil. Objektiv gesagt, hätte ich alle drei gewinnen müssen und damit das Match sofort beenden können.

Interessanterweise war es genau zu diesem Zeitpunkt, als I. Akimow in seinem Bericht über die Partien 16 und 17 in einer Zeitung folgende „prophetische" Überschrift brachte: „Er scheint erledigt zu sein." Er hatte natürlich Sie damit gemeint.

Das Schicksal des Matches war da in der Tat entschieden, aber keineswegs zugunsten seines Schützlings. Die Niederlage in Partie 17 war an sich unangenehm, aber der Trend war bereits erkennbar: ich war dabei, meinen Gegner zu überspielen. Mein Remisangebot in einer überlegenen Stellung in der 19. Partie bewahrte Karpow vor einer vernichtenden Niederlage. Übrigens war die Folge dieses Angebots, daß Karpow in der 20. Partie ein Risiko einging und sich auf ein offenes Spiel einließ. Er traf diese Entscheidung wahrscheinlich unter dem Einfluß seiner Psychologen wie Akimow: „Auf geht's, Tolja, er ist fertig!" Und ich war wirklich „fertig" ... zu gewinnen. In dieser Stimmung ging ich in die 20. Partie. Vielleicht ist diese Stellung für Schwarz nicht so schlecht, aber wichtig ist eben ihr Charakter. Die Hauptsache ist, daß sich alle weißen Figuren im Angriff befinden, und wenn ich in meiner normalen Form bin... Übrigens bekam Karpow Angst, als er spürte, daß ich in Kampfstimmung war; er merkte das an der Schnelligkeit, mit der ich meine Züge machte. Ich dachte nicht einmal alles bis zum Ende durch, sondern warf einfach meine Figuren in die Nähe des schwarzen Königs, und der Angriff entwickelte sich von selbst.
Und zuvor kam die 18. Partie, in der Karpow einen neuen Plan anwandte. Er machte die Züge der Eröffnung sehr schnell. Aber ich glaube, daß er nicht ganz überzeugt war von seiner vorbereiteten Variante. Seine Intuition hat ihn nicht getäuscht: in seinen Vorbereitungen hat er den Zug 21.Dc4! übersehen.

Wie konnte das passieren?

Man kann sehr leicht einen Fehler in der Analyse machen. Ich weiß, wie das geschieht. Neben dem Zug 14.Lf4!, der in der Partie kam, gab es schließlich noch eine Menge anderer Möglichkeiten, übrigens auch sehr gefährliche, für Schwarz. Alles mußte man anschauen; aber alles zu analysieren, ist unmöglich. In der Analyse wird 21.Dd2 automatisch gemacht. Um keinen Bauern zu verlieren! Nur am Brett beginnt man zu verstehen, worauf es ankommt.

Sie fanden den stärksten Zug am Brett ohne besondere Schwierigkeit?

Er ist offensichtlich genug. In der Analyse liegt er in einer Nebenvariante tief verborgen. Aber in einer konkreten Stellung ist er nicht schwer zu finden. Es war klar, daß das Festhalten an meinem Mehrbauern dazu führen würde, daß die gegnerischen Läufer frei werden und daß ich mir selber Schwächungen zufüge. Bei der Partiefortsetzung hingegen behielt ich für den Bauern mein Zentrum, ließ dem

Schwarzen die Schwäche auf c7, blockte den gegnerischen Läufer und gewann auch mehrere Tempi. Hierbei gab es nicht viel zu überlegen. Dieser Sieg gab mir Vertrauen und hat im Gegenzug Karpows Zuversicht erschüttert, das Match erfolgreich beenden zu können. Dies konnte man sehen an der Art, wie er sich verhielt, und an seinen Äußerungen, als wir die Stellung nach der Partie analysierten. Eines muß man Karpow lassen: auch nach dieser Niederlage kämpfte er noch beharrlich. Er kämpft immer bis zum Ende.

In dieser Phase des Matches waren Sie in guter Form, im Aufschwung. Auf der anderen Seite waren Sie gut vertraut mit den kämpferischen Qualitäten Ihres Gegners, und Sie haben erkannt, daß er selbst in der hoffnungslosesten Situation nicht ohne Kampf aufgeben würde. Warum war dann der letzte Teil des Wettkampfes für Sie nicht so angenehm?

Weil psychologischer Druck seine Wirkung zeitigte: „Das Match geht zuende, das Match geht zuende!" Und außerdem war der Aufbau, den ich in Partie 21 gewählt habe, fragwürdig. In einer äußerst verdächtigen Stellung konnte ich nur noch „schwindeln". Trotzdem habe ich bis zu einem bestimmten Punkt nicht schlecht gespielt; dann machte ich einen Fehler und gab Karpow eine Chance. Die darauf folgende Stellung war sehr schwierig für mich. Selbst jetzt weiß ich noch nicht, wie sie richtig einzuschätzen ist. Wie Dolmatow sagte, zeigte sich in diesem Endspiel menschliche Hilflosigkeit im Schach. Die zwei Teams verbrachten insgesamt etwa 20 Stunden mit der Analyse der Abbruchstellung und konnten dann immer noch nicht entscheiden, ob sie remis oder verloren war. Übrigens gab Karpow den stärksten Zug ab. Ich traf eine rein psychologische Entscheidung: dem Pfad zu folgen, den Karpow am wenigsten von allen erwartete, obwohl ein anderer Plan objektiv stärker war. Karpow konnte der Anspannung nicht standhalten, kam in Zeitnot, und die Partie endete mit Remis. Oder, besser gesagt, ich errang einen moralischen Sieg, der im wesentlichen den Schlußpunkt auf das ganze Match setzte.

Aber dann brach wieder die Schwäche meines Charakters durch. Ich konnte mich in der 22. Partie nicht dazu bewegen zu spielen. Ich wählte sogar eine Eröffnung, die mich zum Spielen zwingen würde. Aber ich begann erst richtig zu spielen, als ich mit Gefahr konfrontiert wurde. Und ich überspielte meinen Gegner sogar, wobei ich mit einer Figur weniger Chancen erhielt. Ich hätte diese Chancen nützen und versuchen sollen, das Match sofort zu beenden. Stattdessen jedoch forcierte ich ein Remis. Und in der Folge wurde ich für meine Friedfertigkeit bestraft.

In der 19. Partie wollte ich wegen enormer Erschöpfung in einer Stellung mit offensichtlichem Vorteil nicht weiterspielen, und dann mußte ich in der 21. Partie eine schwierige Hängestellung retten. In der 22. habe ich nicht gekämpft, und die Quittung war die 23. oder, besser gesagt, die 24.! Die 23. Partie – das war eine Geschichte für sich.

Die 23. Partie war ein psychologischer Wendepunkt, ein Leistungsabfall nach dem sehr schweren Kampf. Ich hatte meinen Titel für weitere drei Jahre bereits gehalten. Wäre das Punkteverhältnis ausgeglichen gewesen, so hätte ich die

Kraft dazu gehabt. Aber ich führte eben mit 12 : 10, und da 'flippte' ich einfach aus. Anstatt etwas anderes, etwas neues zu spielen ...
Dies ist eine wohlbekannte Regel. Als ich im Wettkampf von 1985 mit Karpow die 24. Partie zu spielen hatte, war ich bereit, die Grünfeld-Verteidigung zu spielen. Ich wollte das solide Damengambit durch etwas Aktiveres ersetzen, aber Karpow kam mir entgegen, indem er 1. e4 spielte, und ich wandte Sizilianisch an.
Aber nun, als die Chance bestand, eine riskante Eröffnung durch eine solidere zu ersetzen, nahm ich diese Chance nicht wahr. In Lyon spielte ich einen früher vorbereiteten Aufbau. Dieser Aufbau ist gut, wenn man zwei Punkte zurückliegt, aber nicht im umgekehrten Fall. Um das Maß voll zu machen: ich war nicht bereit zur Lösung der schwierigen Probleme, die auf mich zukamen, und verlor rasch. Um fair zu sein, muß gesagt werden, daß Karpow in dieser Partie sehr stark spielte. Im wesentlichen wurde ich mit Recht bestraft und mußte in der 24. Partie büßen.

Die 24. Partie hat ihre eigenen Gesetze. Hat sich diese Wahrheit in diesem Ihrem fünften Match erneut bestätigt?

Mit Sicherheit. Die 24. Partie ist immer ein spezieller Fall. Ich sagte zu meinen Trainern: „Ich weiß, wie ich gegen Karpow mit Weiß gewinnen kann, aber ich weiß nicht, wie ich auf Remis spielen soll." Es wurde entschieden, solid und sicher zu spielen, und ich wählte ein geschlossenes Spiel.

Zum ersten Mal in diesem Wettkampf haben Sie nicht mit dem Königsbauern eröffnet. In der 24. Partie erwartete ich eine Schottische Partie.

Erinnern Sie sich an die 14.? Können Sie sich vorstellen, eine solche Stellung in der 24. zu spielen? Auch wenn man weiß, daß diese Stellung objektiv gut ist? Außerdem gibt es da viele andere ähnliche Abspiele, auch zweischneidige. Diese Eröffnung ist für einen Gewinn gedacht! Ich hätte Schottisch in Partie 22 spielen können. Vielleicht hätte ich es spielen sollen. Und generell hatte ich eigentlich nicht das Recht, in Partie 24 1. e4 zu spielen, wegen eines einfachen Grundes: dieser Zug hatte mir den Sieg gebracht, er hat seine Mission erfüllt. Dies ist eine königliche Waffe! Wieso hätte ich sie gebrauchen sollen, nachdem ich wußte, daß ich ein Remis wollte?!

Sie sagten, daß Sie in der 24. Partie büßen mußten ...

Das stimmt. Ich brauche den psychologischen Druck nicht zu erklären, der auf den Spielern in der letzten Partie lastete; denn vom Endergebnis hing ja so viel ab. Obwohl ich eine solide Eröffnung wählte, ein ruhiges Spiel ergab sich nicht. Nach der Eröffnung machte ich eine Reihe von Fehlern, nicht sehr auffällige, aber Karpow bekam reelle Chancen, das Match auszugleichen, und mein ganzes Leben lang hätte ich den Schandfleck zu tragen, daß unser Match „geschoben" worden wäre. Glücklicherweise haben beide Spieler Nerven. Auch Karpow spielte mehrfach ungenau, und dann in Zeitnot hat er sein Konzept völlig verloren. Nachdem ich einen enormen Materialvorteil erreicht hatte, sagte ich zu ihm: „Ich biete Remis aus einer sehr starken Position!" Er nahm mein Angebot an. Ich glaube, in diesem Fall ist der Endstand des Matches nicht von Bedeutung. Für mich endete es in Wirklichkeit nach Partie 22.

Wie Sie selbst sagten, riskierten Sie in der 24. Partie nicht nur, einen beträchtlichen Teil des Geldpreises zu verlieren, abgesehen von dem Millionen-Dollar-Preis der französischen Juwelenfirma Korloff, sondern Sie riskierten auch den Vorwurf, sie hätten einen Pakt mit Ihrem Gegner geschlossen, was das Endergebnis des Matches betrifft. Wie Ihre „Mißgönner" dachten, sollte es mit Gleichstand durch gegenseitiges Einverständnis enden. Das heißt, daß diese absurden Gerüchte, die nach Ihrem Remisangebot in einer besseren Stellung in Partie 19 besonders stark aufkamen, auch zu Ihnen vorgedrungen sind? Wie erklären Sie sich diese Gerüchte?

Sie können sehr leicht erklärt werden. Es war sehr verlockend, beide Spieler mit einem Schlag zu diskreditieren, und insbesondere mich. Darin zeigen sich die Empfindungen, welche die Schachelite für mich hegt.

Wodurch sind diese Empfindungen hervorgerufen?

Es gibt keinen Grund, einen Spieler zu mögen, der eine Elozahl von 2800 hat. In neun Jahren habe ich nicht eine einzige Begegnung verloren. Wie kann man das aushalten? Es war verständlich, wenn Fischer das fertigbrachte, ein Schach-Fanatiker, der nichts anderes kannte als Schach. Aber ich mache eine Menge anderer Dinge, und dennoch überspiele ich die stärksten Großmeister.

Es gibt wahrscheinlich auch andere Gründe. Spasski sagte zum Beispiel, daß Sie die Schachwelt „gesprengt" haben.

Ich bin dabei, eine Welt des professionellen Schachs zu gestalten; ich versuche, das zu tun, was Schach rechtmäßig verdient. Ich weiß nicht, wie schnell und erfolgreich alles gehen wird; aber das Programm, das ich im Jahre 1985 entworfen habe, ist nun in seiner Vollendung begriffen. Das ist nicht leicht, und es stößt auf den Widerstand der Schachelite. So wie es ist, sind die Verhältnisse gut für die führenden Großmeister; sie brauchen keine Veränderungen. In der GMA geht meine Aktivität gegen den Strich, weil die Schaffung neuer Turniere einen schnellen Wechsel von Generationen mit sich bringt; d.h. die erfolgreichen Großen werden von jungen Spielern viel schneller aus der Arena vertrieben als sie es wollen. Die Schachwelt hat sich in den letzten Jahren stark verändert. 1985 spielten Karpow und ich für 72000 Rubel, heute für 3 Millionen Dollar. Auch deshalb bin ich unbeliebt. Sehr sogar! 1972 hat Botwinnik Spasski vorgeworfen, er hätte das Match an Fischer für 100000 Dollar verkauft. Für ihn war es ein untragbarer Gedanke, daß Spasski für seine Niederlage in Reykjavik mehr bekam, als Botwinnik für alle seine Siege zusammen erhalten hatte. Die Geschichte wiederholt sich. Nun beschuldigt mich Spasski selbst, ein Abkommen mit Karpow zu haben.

Wie stellen Sie sich professionelles Schach vor?

Ein professioneller Sport ist einer, der sich selbst trägt. Es ist eine Frage von Preisen in Wettbewerben, umfangreicher Berichterstattung im Fernsehen, der Aufnahme von Schach in Lehrpläne der Schulen, von allem, was Schach zu einer angesehenen Form der menschlichen Aktivität macht. Was man erreichen muß, ist, daß Schach ständig auf den Fernsehschirmen erscheint, so daß es in jedes Haus kommen und in den Besitz von Millionen Familien übergehen kann. Dann werden Schachprofis auftreten, die Simultanveranstaltungen geben, Vorlesungen halten und Schach in Schulen und Vereinen lehren. Und Schach wird zu einem Feld menschlicher Aktivität werden, das Ansehen und Respekt in der ganzen Welt erlangen wird.

Ihr Match fand unter Schachfans großes Interesse und spielte zweifellos eine große Rolle für die Popularität des ehrwürdigen Spiels. Wenngleich, es sei daran erinnert, nach Ihrem zweiten Match gewisse Experten ein Nachlassen des Interesses an der Schlacht der zwei „Ks" vorausgesagt haben. Und hier haben wir schon Ihr 5. Match. Dieselben Hauptpersonen, aber es scheint, die Fans haben die Vorhersagen einmal mehr widerlegt?

Seitdem das Preisgeld für das Match erhöht wurde, bedeutet das, daß das Interesse daran ebenfalls gewachsen ist. Man sollte das Interesse für das Match in unserem Land nicht mit dem in der Welt insgesamt verwechseln. Zur Zeit haben wir zu viele andere Probleme, als daß wir uns viel mit dem Match befassen könnten. Im Westen nimmt das Interesse an Schachveranstaltungen auf höchstem Niveau zweifellos noch weiter zu. Es gibt da ein einfaches, aber überzeugendes kapitalistisches Indiz: Sie zahlen Geld, das bedeutet, daß es interessant ist!

Die Zeit ist nicht mehr fern, daß ein Schachcomputer in den Kampf der Supergroßmeister eingreifen kann. Mit Sicherheit würde ein solches Match universales Interesse wecken!

Computerprogramme haben beachtliche Erfolge erzielt. Wir wissen, daß einige von ihnen bereits Siege über Großmeister, einschließlich Karpow, errungen haben. Aber zu einem ernsthaften Kampf auf dem Spitzenniveau ist noch ein weiter Weg. Nicht früher als 1995. Ich weiß, daß viele Programmierer in dieser Richtung arbeiten, aber es ist nicht so einfach, es gibt Probleme. Im Moment neige ich zur Skepsis.

Gut, aber während Ihres Wettkampfes mit Karpow gab es ein Problem mit einem Computer, der bei der Analyse der Abbruchstellung in der 16. Partie behilflich war.

Während des Wettkampfes gab es kein solches Problem. Es war von Karpow und Akimow ausgedacht worden. Dies wurde aufgedeckt. Alle, die mit Computern im Match arbeiteten, gaben das der Presse bekannt. Selbst solche wohlbekannten Schachprogramme wie „Deep Thought" und „Mephisto" waren unfähig, einen Gewinn in der Abbruchstellung der 16. Partie zu finden. Aber in Zukunft kann so ein Problem auftauchen. Computer werden zunehmend stärker, und bald werden selbst solche komplizierten Endspiele ihre Leistungsfähigkeit nicht mehr übersteigen.
Im Prinzip bedarf das System der Weltmeisterschaften einer Umgestaltung. Es ist klar, daß es da Reformen geben muß. Es ist ganz offensichtlich, daß Auszeiten abgeschafft werden sollten. Das Match sollte an festgelegten Tagen gespielt werden, so daß das Fernsehen seine Berichterstattung über das Ereignis genau planen kann.

Ein „schwarzes Loch“ wie vor der 22. Partie sollte nicht vorkommen. Eine Woche Unterbrechung in einem Match, das schon fast zu Ende war! Wieder eine technische Auszeit! Und wieder zum Vorteil von Karpow, weil mein Team im wesentlichen bereits aufgelöst war; jeder erwartete das Ende des Wettkampfes. Dadurch ergab sich für meinen Gegner eine zusätzliche Chance.

Würde es ohne Auszeiten nicht recht beschwerlich werden? Was ist, wenn ein Spieler krank wird?

Wenn das vorkäme, wäre es eine Tragödie. Aber die Erfahrung hat gezeigt, daß Auszeiten nicht aufgrund von Krankheit genommen werden. Normalerweise wird während eines Matches niemand krank. Im professionellen Sport gibt es strenge Regeln. Beim Abbruch von Partien muß etwas getan werden. Das Ergebnis sollte am selben Tag bekannt sein. Dies ist eine professionelle Einstellung. Gleichzeitig würde das nicht nur das Eingreifen von Trainern sondern auch von Computern ausschließen. Auf alle Fälle ist die Zeit reif für Reformen. Ich glaube, daß dies das letzte Match unter den gegebenen Bedingungen gewesen sein wird.

Meister suchen sich ihre Gegner nicht aus. Aber auf wen würden Sie im nächsten Match gerne treffen? Und wie groß ist die Wahrscheinlichkeit, daß sich die Tradition fortsetzt und die Welt Zeuge sein wird von einem sechsten Wettkampf zwischen Kasparow und Karpow?

Ich würde natürlich gerne auf einen neuen Gegner treffen. Das wäre in kreativer Hinsicht interessant, und psychologisch, und in Bezug auf die Vorbereitung. Was Karpows Aussichten betrifft, so hängt alles von der Stimmung ab, in der er Lyon verließ. Wenn er glaubt, daß er Chancen hat, mich zu schlagen, so wird er kämpfen und kann sich mit Erfolg durch die neuen Ausscheidungskämpfe spielen. In mehrfacher Hinsicht ist er den anderen Kandidaten überlegen. Auf jeden Fall wird jemand, der Karpow stoppen will, sehr stark spielen müssen. Bis jetzt ist es nicht klar, wer das tun kann. Der gefährlichste Gegner für Karpow, glaube ich, ist Boris Gelfand.

Ist der Kreis Ihrer zukünftigen Gegner so klein? In diesem Fall können Sie ja schon mit der Vorbereitung für das Match von 1993 beginnen!

Zur Zeit bin ich bereit zu wetten: diese zwei gegen alle anderen.

Und in welcher Stimmung hat Karpow Ihrer Meinung nach Lyon verlassen?

Da würden Sie besser ihn fragen. Aber ich glaube, daß es eine traurige Stimmung war. Er erkannte besser als andere, daß er das Match überzeugend verloren hatte. Ich erinnere mich, wie während unseres ersten unbegrenzten Wettkampfes ein Satiriker mich witzigerweise einen „Langspielplattenspieler“ nannte. Ich lag zu dem Zeitpunkt 5:0 im Rückstand, aber ich gab nicht auf. Und am Ende kam ich mit Würde aus dieser schwierigen Situation heraus. Karpow und ich haben fünf Wettkämpfe miteinander gespielt, und er hat davon nicht einen gewonnen. So ist es eigentlich er, der sich als „Langspielplattenspieler“ erwiesen hat. Freilich, er tröstet sich mit dem Score in unseren entscheidenden Partien, in denen seiner Meinung nach mein Vorteil nicht so deutlich war. Aber hierbei schließt er jene fünf Siege mit ein, die er zu Beginn unseres ersten unbegrenzten Wettkampfes errungen hatte, dessen Ergebnis übrigens annuliert wurde. In den folgenden fünf Jahren jedoch hat er nichts, worüber er stolz sein könnte. Es wäre gut, wenn Karpow daran denken würde, daß er in seiner ganzen Laufbahn nicht ein einziges Match gegen einen Weltmeister gewonnen hat. So daß er besser daran täte, überhaupt keine Vergleiche anzustellen.

Ihre Konfrontation mit Karpow ist allgemein bekannt. Aber in diesem Match haben Sie jedermann angenehm überrascht mit Ihren gemeinsamen Analysen am Ende der Partien.

Eine Schachpartie ist ein Teil des Lebens, der von beiden Spielern erlebt wird. Die enorme Anspannung braucht ein Ventil, eine Art von Entlastung. Außerdem ist das ein kreativer Vorgang; es ist interessant herauszufinden, was der Gegner an diesem oder jenem kritischen Punkt der Partie gerade dachte, was er sah und welche deiner Pläne von ihm nicht erkannt wurden. Und so hatten wir immer wieder nach der Partie ganz unwillkürlich kurze Diskussionen. Aber das bedeutet nicht, daß sich unsere persönlichen Beziehungen verbessert hätten.

Die Verschiedenheit Ihrer Ansichten jenseits des Schachbretts erlauben in Zukunft kaum eine Vorhersage einer allgemeinen Verbesserung Ihrer Beziehungen zu Karpow. Aber man hat den Eindruck, daß Ihre Konfrontation auf der politischen Ebene einiges von ihrer Schärfe verloren hat.

Ich habe mich einfach voraus entwickelt, auf ein anderes Niveau hin. Und früher war es auch nicht Karpow selbst, sondern die Organisationen, die hinter ihm standen. Das Territorium, auf dem wir uns bekämpften, war verschwunden. Das staatliche Sportkommittee und der Schachverband der UdSSR existieren nicht mehr – für mich ohnehin nicht. Alles was bleibt ist unsere Konfrontation auf dem Schachbrett.

Aber trotzdem, hatte Ihr Match denn gar keinen politischen Anstrich? Ein Hinweis darauf war die Farbe der Flaggen, unter denen Sie erschienen. Anfangs hat Ihre Entscheidung, unter der russischen Trikolore zu spielen, keinen besonderen Protest von seiten des Kommunisten Karpow hervorgerufen. Bei der Eröffnungsfeier sagte er, es sei ihm gleich, unter welcher Fahne Sie auftreten würden. Aber dann änderte er offensichtlich seine Meinung.

Es war einfach so, daß sie zunächst nicht wußten, was zu tun sei. Karpows Delegation wartete auf Instruktionen aus Moskau. Und als sie nachgaben, wurde dieselbe Entscheidung gefällt wie seinerzeit in Baguio, als Kortschnoi gezwungen wurde, die Schweizer Fahne abzunehmen, und gleichzeitig wurde die sowjetische Fahne entfernt. Und hier waren sie von der Präsenz der russischen Trikolore so verärgert, daß sie ebenfalls bereit waren, ihre eigene rote Flagge zu opfern.

Haben Sie diese Entscheidung mit Gelassenheit hingenommen?

Gut, formell hatten sie das Recht auf ihrer Seite. Ich hatte einfach begonnen, die Trikolore als eine Art Abzeichen zu tragen. Meine Absicht war, einen Protest auszudrücken, meine Solidarität mit den Russen zu demonstieren und nicht, einen Skandal zu provozieren.

Waren Sie nicht verärgert über die psychologische Attacke des Gegners bei der Eröffnungsfeier? Als er plötzlich, während die Veranstaltung im wesentlichen schon begonnen hatte, den Vorschlag machte, die bestehenden Regeln zu ändern und im Falle eines unentschiedenen Wettkampfes weiterzuspielen bis zum ersten Sieg.

Erstens war das keine Überraschung. Zweitens war die Ungereimtheit dieser Ausführungen für jedermann so offensichtlich, daß sich sogar Karpow selbst dabei nicht wohl fühlte. Es ist allgemein bekannt, daß er selber Privilegien hatte, von denen andere Weltmeister nicht einmal träumen konnten. Gegen mich stand ihm sowohl der Gleichstand als auch ein Rückkampf zur Verfügung. Warum hält der Meister den Titel, wenn das Match unentschieden endet? Weil der Herausforderer ihn nicht besiegt hat. Das ist Tradition. Wenn jemand das Recht hätte, sich dagegen zu wenden, dann sicher nicht Karpow. Aber logische Argumente in Diskussionen mit ihm sind einfach überflüssig. Nein, ich habe auf all diese psychologischen Tricks mit Gelassenheit reagiert. Und außerdem nahm sie niemand ernst.

Möglicherweise war dies vorbereitet vom Doktor der Psychologie Krogius, der zum ersten Mal Leiter der Mannschaft des Exweltmeisters war, um Sie auf die Probe zu stellen und unsicher zu machen?

Ich weiß es nicht. Was hat das für eine Bedeutung? Dies sind bereits Schatten aus der Vergangenheit. Vielleicht sind sie zum letzten Mal erschienen.

Für Ihren Sieg im Match wurde Ihnen ein Preis verliehen, der von französichen Juwelieren hergestellt wurde: ein mit Diamanten bestücktes Monogramm in der Form von zwei sich überlappenden Buchstaben 'K', dessen Wert auf eine Million Dollar geschätzt wurde. Wann trafen Sie die Entscheidung, es zu versteigern, um den Erlös daraus dem Hilfsfonds für armenische Flüchtlinge aus Baku zur Verfügung zu stellen?

Ich traf diese Entscheidung nach Partie 20, als der Gewinn des Wettkampfes Realität wurde. Dieses Match war gegen jemanden, der das kommunistische System repräsentierte. Zu Beginn des Jahres 1990 erlitt das armenische Volk eine Tragödie, die von den Kommunisten hervorgerufen war. Es war ganz klar, daß dieser Preis, der meinen Sieg symbolisiert, dem Volk helfen sollte, das unter diesem System zu leiden hatte.

Aber nach Karpows Kommentaren in der Presse zu schließen, ist er neuerdings ein großer Demokrat.

Viele haben nun ihre Gesinnung gewandelt, und er ist nicht der schlechteste von ihnen.

Von Natur aus sind Sie ein sehr aktiver Mensch. Sie fühlen sich wahrscheinlich von den Rahmenbedingungen des Schachs eingeengt. Daneben gibt es für Sie auch Politik, öffentliche Aktivitäten, Organisationsarbeit, Literatur und eine ganze Menge anderer Dinge. Was bedeutet Ihnen dann das Schach?

In der Tat habe ich viele Interessen. Aber all das ermöglicht mir, das Leben in vollem Umfang zu leben. Und Schach ... Schach ist trotzdem die Hauptsache. Alles, was ich im Leben erreicht habe, hat in irgendeiner Weise mit dem Schach zu tun. Die in erbitterten Schachduellen gesammelten Erfahrungen, die Atmosphäre des Kampfes, die meinen gesamten Weg zur Spitze im Schach begleitet hat, die daraus hervorgehende Kampfkraft; das alles hilft mir im Leben, richtige Lösungen in ungewöhnlichsten Situationen zu finden und die Zukunft richtig vorherzusehen. Schach hat mich als Individuum geformt. Mit einem bildlichen Vergleich ausgedrückt: Schach ist für mich wie ein Trampolin – ein Sprung hoch, und zurück, für eine neue Ladung Energie.

So haben Sie nicht die Absicht, das Schach aufzugeben?

Ich sehe überhaupt keinen Grund dafür, warum ich das Schach aufgeben sollte. Am Brett fühle ich mich recht zuversichtlich, und meine Entwicklungsmöglichkeiten sind bisher nicht erschöpft – ich bin erst 27. Natürlich, die ganze Zeit hindurch in Wettbewerben siegreich zu sein und regelmäßig meinen Weltmeistertitel zu halten, ist nicht leicht: es erfordert große Anstrengung und einen enormen Aufwand an nervlicher Energie. Aber ich blicke mit Optimismus in die Zukunft, und ich bin überzeugt, daß ich im Jahre 1993, im nächsten Match, meinen Titel des stärksten Schachspielers der Welt halten werde.

Anmerkung zum Partienteil:

Neben den Notationszügen ist jeweils die verbrauchte Bedenkzeit angemerkt, woraus sich zusätzliche Hinweise auf die konkrete Partiesituation ergeben.

DIE ERSTE PARTIE
8. Oktober 1990

Die erste Partie in einem Wettkampf auf dieser hohen Ebene wird normalerweise von einer vorsichtigen und zurückhaltenden Strategie bestimmt. Die Tatsache, daß sich dieselben Gegner nun bereits zum fünften Mal in Folge in einem Match um die Weltmeisterschaft gegenübersaßen, sollte keinen wesentlichen Einfluß auf den Verlauf dieses ersten Treffens haben. Ja, Kasparow und Karpow haben sich gegenseitig genau studiert und können schon aus den geringfügigsten äußeren Anzeichen Rückschlüsse auf Spiellaune und allgemeine Verfassung ihres Gegners ziehen. Dies reicht natürlich keineswegs aus. Ein Spieler muß sich an die neue Umgebung gewöhnen, die unvermeidliche Anfangsnervosität in den Griff kriegen, gut in die Partie hineinkommen, sowie – und das ist am wichtigsten – herausfinden, in welcher Form er und sein Gegner sich befinden. Auf der Grundlage dieser Beobachtungen entwickeln beide Spieler ihre Strategie in der Anfangsphase des Wettkampfs.

Die kritische Frage für beide Spieler ist hierbei: welches Eröffnungsrepertoire hat der Gegner während seiner Vorbereitung auf das Match entwickelt? Die Antwort hierauf gab bereits der dritte Zug von Schwarz. An diesem Abend wurde auf der Bühne des gemütlichen Hudson Theatre von Kasparow die scharfe Königsindische Verteidigung gewählt, die in den vorausgegangenen vier Wettkämpfen zwischen den beiden Kontrahenten erst einmal gespielt worden war. Karpow reagierte angemessen: er entschied sich überraschenderweise für das Sämisch-System. Es wurde deutlich, daß beide Spieler von Anfang an sehr kämpferisch gestimmt waren.

Kasparow konnte schnell ausgleichen, beging aber in seinem neunzehnten Zug einen Fehler. Karpow revanchierte sich, indem er eine verborgene Möglichkeit zum Materialgewinn (22. T×e8+!) ausließ, und wenn er auch später noch einen Bauern gewann, so war dies in der entstandenen Stellung doch von keiner Bedeutung mehr.
Aber wollen wir uns die „Feindaufklärung“ der beiden Gegner in der ersten Partie näher ansehen:

KARPOW – KASPAROW
Königsindische Verteidigung

1. d4	0.00	**Sf6**	0.00
2. c4	0.00	**g6**	0.01
3. Sc3	0.00	**Lg7**	0.01

Die erste Überraschung. Anstatt der gewohnten Grünfeld-Indischen Verteidigung, die von beiden Spielern in den vorausgegangenen Wettkämpfen regelmäßig zelebriert wurde, wendet Kasparow diesmal die zweischneidige Königsindische Verteidigung an. Vor dem erstem Aufeinandertreffen der beiden Ausnahmespieler in den Jahren 1984-85 mutmaßten viele Experten, daß diese Verteidigung, die einen festen Platz im Schwarzrepertoire des Herausforderers innehatte, das Hauptthema der theoretischen Auseinandersetzung bilden würde. Aber nur einmal – in der 17. Partie des Matchs von 1987 – erinnerte sich Kasparow an die Königsindische Verteidigung. Nun, im Eröffnungsspiel des fünften Wettkampfs der beiden Dauergegner in Folge, gräbt Kasparow als Weltmeister diese alte aber wirkungsvolle Waffe wieder aus.

4. e4	0.01	**d6**	0.01
5. f3	0.01		

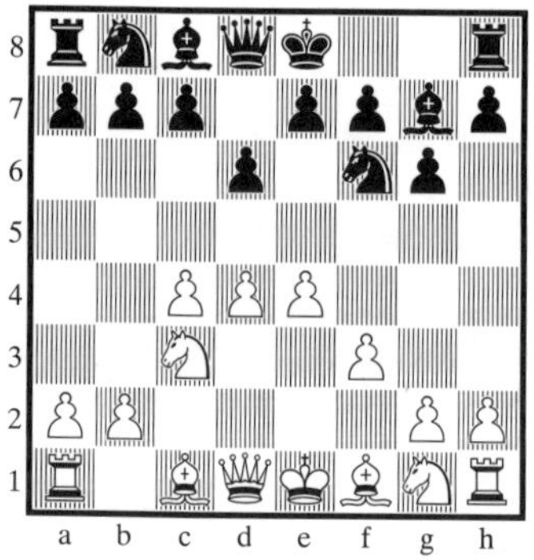

Eine überraschende Antwort. Karpow hat die Sämisch-Variante bisher nur sehr selten angewendet. Von den ersten Zügen an ist klar, daß beide Spieler den kompromißlosen Kampf suchen.

Die ursprüngliche Idee von 5. f3 war, lang zu rochieren und mit g2–g4 und h2–h4–h5 einen Angriff am Konigsflügel folgen zu lassen. Der Nachteil dieses Planes liegt in seiner Langsamkeit. Als Eduard Gufeld, ein eingefleischter Anhänger der Königsindischen Verteidigung, einmal gefragt wurde, was er von dem Zug 5. f3 hielte, antwortete er witzig: „Da fragen Sie besser den Springer auf g1!"

Das Spiel von Schwarz beruht in der Sämisch-Variante auf der Unterminierung des weißen Zentrums durch die Bauernvorstöße ...e5, ...c5 oder ...b5.

In der vorliegenden Partie wird ...e5 zugunsten eines Bauernvormarschs am Damenflügel aufgeschoben, der gleichzeitig eine Demonstration der Stärke gegen eine mögliche lange Rochade von Weiß darstellt.

5. ...		**0–0**	0.06
6. Le3	0.01	**c6**	0.06
7. Ld3	0.04	**a6**	0.09

7. ... e5 8. d5 b5 kam in Kasparows Praxis bereits vor, aber das Bauernopfer scheint nicht völlig korrekt zu sein.

Ein neueres Beispiel für diese Variante ist die Partie Gulko – Kasparow (Linares 1990).

8. Sge2	0.06	**b5**	0.10
9. 0–0	0.09	**Sbd7**	0.15
10. Tc1	0.16		

Dieser Zug richtet sich gegen die Idee 10. ... b×c4 11. L×c4 Sb6 12. Lb3 a5: nach 13. Sa4 kann der schwarze Läufer nicht nach a6 gehen. Eine andere Möglichkeit in dieser Stellung ist 10. a3. In der Partie Taimanow – Geller (Moskau 1967) folgte 10. ... b×c4 11. L×c4 a5 12. Tc1 La6 13. L×a6 T×a6 14. Sa4 Da8 15. Sec3 Tb8, und Schwarz glich aus.

Die Fortsetzung 10. c×b5 a×b5 11. b4 kommt ebenfalls in Betracht. Die Partie Geller – Fischer (Havanna 1956) ging weiter mit 11. ... e5 12. Dd2 e×d4 13. S×d4 Lb7 14. Tfd1 Se5 15. Lf1 Sfd7 16. a4, und Weiß hatte leichten Vorteil.

10. ...		**e5**	0.22
11. a3	0.36		

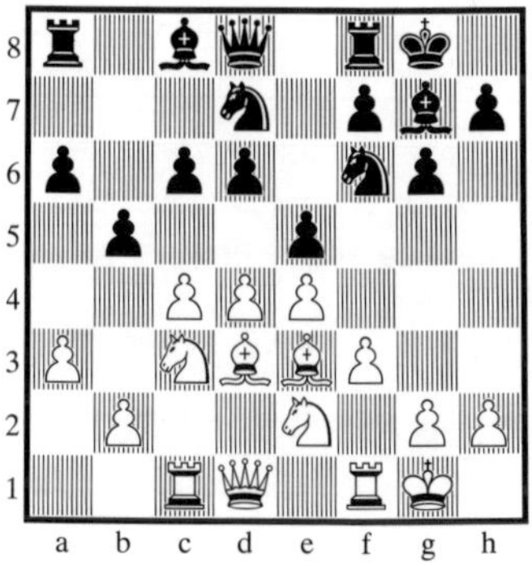

Ein neuer Zug, der aber ungenau ist, wie wir bald sehen werden. Früher oder später muß Weiß doch auf b5 nehmen, und er hätte dies am besten gleich getan. Nach 11. c×b5 ist das Wiedernehmen 11. ... c×b5 ungenügend, denn nach 12. d5! entsteht eine blockierte Stellung mit Raumvorteil für Weiß und mangelnden Befreiungsmöglichkeiten des Schwarzen.

In der Partie Diez del Corral – Spassky (Palma de Mallorca 1969) wurde 11. b3 versucht, aber nach 11. .. e×d4 12. S×d4 Se5 13. c×b5 a×b5 14. Le2 d5 hatte Schwarz ein leichtes Übergewicht.

11. ... **e×d4** 0.45
12. S×d4 0.36 **Lb7** 0.46
13. c×b5 0.50 **c×b5!** 0.55

Das ist der springende Punkt! Schwarz aktiviert nun seinen Läufer auf der langen Diagonalen, und der isolierte Bauer d6 kann im geeigneten Moment vorrükken.

14. Te1 1.20 **Se5** 1.13

Schwarz hat seine Figuren harmonisch entwickelt und bequemes Spiel erlangt. Es ist nicht verwunderlich, daß Karpow so lange über seinem letzten Zug nachbrütete. Ein aktiver Plan für Weiß besteht darin, Druck auf der d-Linie auszuüben, aber das ist im Moment noch nicht möglich. Also verdient die prophylaktische Aufstellung des Exweltmeisters unseren Beifall: In Erwartung einer Öffnung der Stellung bringt Karpow seine Läufer vor Angriffen in Sicherheit und räumt gleichzeitig die Mittellinien für die Schwerfiguren.

15. Lf1 1.22 **Te8** 1.16
16. Lf2 1.30 **d5** 1.35

Dieser Vorstoß hatte noch Zeit; stattdessen war 16. ... Tc8 vorzuziehen. Aber vielleicht suchte Kasparow, zufrieden mit dem günstigen Eröffnungsverlauf in der ersten Partie, eine sofortige Klärung der Stellungsprobleme.

17. e×d5 1.32 **S×d5** 1.37
18. S×d5 1.44

Einige Experten im Presseraum schlugen 18. Se4 vor, aber eine solche Spielweise entspräche nicht Karpows Stil. Nach 18. ... Sf4 19. Sc5 Dg5 würde sich Weiß gefährlichen Drohungen gegenübersehen, zum Beispiel 20. g3 Ld5 21. Le3 Sed3, oder 21. Se4 L×e4 22. T×e4 Sed3.

18. ... **D×d5** 1.52

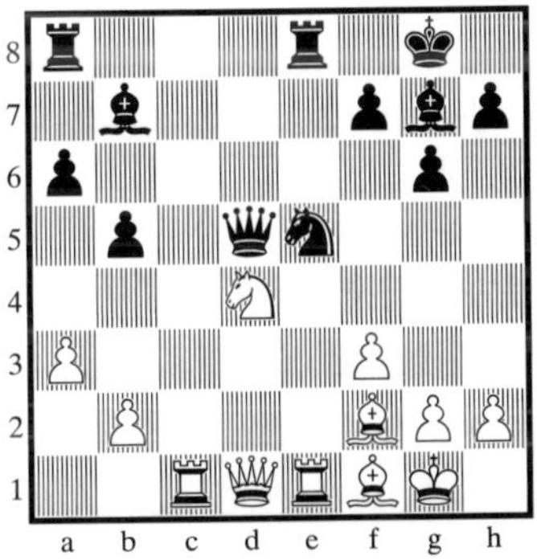

18. ... L×d5 mit der Idee, anschließend die Dame nach f6 oder g5 und Tad8 zu spielen, kam ernsthaft in Betracht. Der Versuch, dies mit 19. Sb3 zu verhindern, wird kombinatorisch widerlegt: 19. ... S×f3+ 20. g×f3 Dg5+ nebst 21. ... T×e1 22. D×e1 L×b3. Nach 19. Sc2 ist wieder ein Opfer auf f3 möglich, diesmal mit dem Läufer: 19. ... L×f3 20. D×d8 Ta×d8 21. g×f3 S×f3+ 22. Kg2 S×e1+ 23. L×e1 L×b2 mit Vorteil für

Schwarz. Das einfache 19. ... Lc4 ist auch möglich. Vielleicht hatte Kasparow Angst vor 19. a4, aber auch hier genügt 19. ... Lc4 20. a×b5 a×b5 21. S×b5 L×f1 gefolgt von ... Sd3.

18. ... L×d5 19. f4! Sc4 20. T×e8+ D×e8 21. Sf5! g×f5 22. D×d5 mit Angriff, Karpow, SI 50 – Anmerkung des Übersetzers.

19. a4! 1.50

Weiß muß sich beeilen! Falls es Schwarz gelingt, seinen Damenturm nach d8 zu spielen, erlangt er klaren Vorteil. Hier kann man übrigens ein Charakteristikum von Karpows Spielweise beobachten: In der ersten Partie eines Wettkampfes spielt er sehr verhalten und wird nur dann aktiv, wenn sein Gegner ihn dazu zwingt.

19. ... **Lh6?** 1.52

Schnell gespielt, aber eine nicht ganz verständliche Entscheidung. Die schwarze Idee kommt beispielsweise nach 20. Tc7 Lf4 zum Tragen, aber der Weltmeister „vergaß“ wohl, daß der angegriffene weiße Turm einfach wieder auf sein Ursprungsfeld zurückgehen kann.

19. ... Tad8 hätte zu interessantem, für Schwarz nicht ungünstigem Spiel geführt, zum Beispiel 20. a×b5 a×b5 21. L×b5 S×f3+ (das verführerische 21. ... Sg4 scheitert an 22. T×e8+ T×e8 23. L×e8 S×f2 24. L×f7+! K×f7 25. Tc7+ Kf8 26. Se6+ D×e6 27. Dd8+) 22. D×f3 T×e1+ 23. T×e1 L×d4 mit gleichem Spiel. Im Falle von 21. S×b5 De6 kompensiert die schwarze Aktivität den Bauern, zum Beispiel 22. Dc2 Df6 23. Lg3 Lh6 24. Tcd1 (24. L×e5 T×e5 25. T×e5 D×e5 löst die Probleme des Weißen auch nicht, denn Schwarz erlangt starken Druck auf den schwarzen Feldern) 24. ... S×f3+ 25. g×f3 D×f3 26. Lg2 Le3+ 27. Kh1 T×d1 28. T×d1 Lf2! mit Gewinn. Deshalb muß Weiß in dieser Variante 23. Sd4 spielen. Nach 23. ... T×d4 24. L×d4 S×f3+ 25. g×f3 Dg5+ 26. Lg2 (26. Dg2 ist schlecht angesichts von 26. ... L×d4+ 27. Kh1 T×e1 28. T×e1 L×f3) 26. ... L×d4+ 27. Kh1 Le5 28. Df2 Df4 29. Dg3 D×c1 30. T×c1 L×g3 33. Kh2 Te2, hat Schwarz keine Probleme.

19. ... Ted8 war übrigens auch gut spielbar.

20. Ta1! 1.50 **Sc4** 2.09

Dies führt zum Verlust eines Bauern. Notwendig war 20. ... b4.

21. a×b5 1.53 **a×b5** 2.10

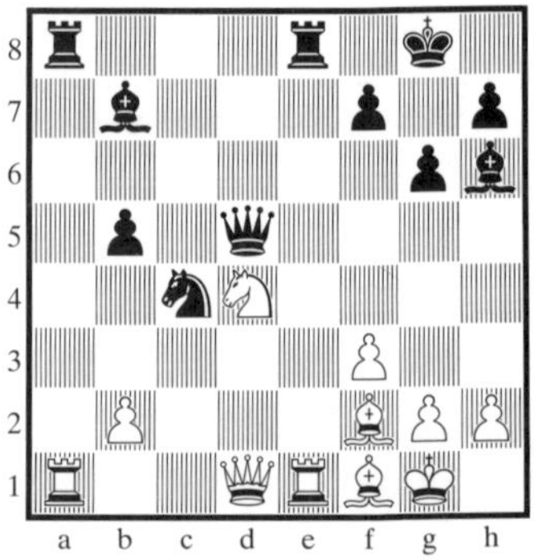

22. T×a8? 1.58

Dieser Zug liegt auf der Hand, ist aber ein Fehler. Korrekt war der Abtausch auf e8, der einen Bauern gewinnt, ohne daß Schwarz dafür irgendwelches Gegenspiel erhält: 22. T×e8+ T×e8 23. S×b5 D×d1 24. T×d1 S×b2 25. Tb1 Lg7 26. Ld4 Sa4 27. L×g7 K×g7 28. Sd6!. Die Pointe besteht darin, daß der Turm auf e8 das Opfer einer Springergabel wird! 23. ... S×b2 hilft auch nicht; Weiß antwortet am einfachsten 24. D×d5 L×d5 25. Sc7 Td8 26. Ld4 Lg7 27. L×b2 L×b2 28. Td1 mit Figurengewinn, während er nach 23. ... D×b5 24. b3 Ld5 25. Ta4 einen Mehrbauern behält.

Am folgenden Tag wurde bekannt, daß auch „Deep Thought“, der weltberühmte Schachcomputer von IBM, diese Stellung analysiert und sein Urteil abgegeben hatte: Mit 22. b3 konnte

Weiß ebenfalls einen Bauern gewinnen. Die Analyse wurde von Karpows Team überprüft und nach einiger Zeit wurde ihre Korrektheit bestätigt. Zwei Antworten wurden in Betracht gezogen:
a) 22. ... T×e1 23. T×a8+ L×a8 24. D×e1 Sd2 (24. ... Sd6 25. S×b5! S×b5 26. De8+ und 27. D×b5) 25. L×b5 S×b3 26. De8+, und jetzt 26. ... Lf8 27. S×b3 D×b3 28. Lc5 und es wird matt, oder 26. ... Kg7 27. S×b3 D×b3 28. Ld4+ f6 29. De7+ Kg8 30. Dd8+ Lf8 31. Lc5 Df7 32. Lc4, was ebenfalls zum Matt führt.
b) 22. ... Sd6 23. T×e8+ T×e8 24. S×b5! S×b5 25. D×d5 L×d5 26. L×b5, und Weiß hat einen gesunden Mehrbauern vorzuweisen.
Diese Analyse ist augenscheinlich korrekt, aber die vom Computer nicht bedachte Möglichkeit 22. ... Sd2!? führt zu einer verwickelten Stellung (23. T×a8 T×a8 24. L×b5 Lf4) mit ausreichender Kompensation für den Bauern. Es ist für Weiß nicht leicht, einen vernünftigen Plan zu finden, und Schwarz kann seine Position mit .... h5 usw. verstärken.

22. ...		**T×a8**	2.10
23. Db3	2.03		

23. S×b5 brachte nichts ein wegen 23. ... D×d1 24. T×d1 S×b2 25. Tb1 Lg7 26. Ld4 Sa4, aber nicht 23. ... S×b2 24. Db1, oder 23. ... D×b5 24. b3 Ld5 25. Te5!.

23. ...		**Lc6**	2.12
24. Ld3	2.06		

Nach 24. S×c6 D×c6 25. Dc2 Tc8 (möglich ist auch das aktivere 25. ... Td8) hält Schwarz ebenfalls das Gleichgewicht aufrecht.

24. ...		**Sd6!**	2.13

Ein vorübergehendes Bauernopfer. Kasparow hat genau berechnet, daß er nach einigen Zügen das materielle Gleichgewicht wiederherstellen wird.

25. D×d5	2.08	**L×d5**	2.13
26. S×b5	2.09	**S×b5**	2.13
27. L×b5	2.09	**Lg7**	2.14
28. b4	2.14	**Lc3**	2.15
29. Td1	2.14	**Lb3**	2.15
30. Tb1	2.23		

Nicht besser ist 30. Tc1 Ld2! 31. Tb1 Lc2 32. Tb2? Ta1+ 33. Lf1 Ld3.

30. ...		**La2**	2.15

Der weiße Turm muß auf der Grundreihe bleiben und kann sich daher der Verfolgung durch den Läufer nicht entziehen.
Remis.

DIE ZWEITE PARTIE
10. Oktober 1990

Schon wieder eine kleine Überraschung – Kasparow eröffnete die Partie mit dem Königsbauern, was er in seinen bisherigen Treffen mit Karpow nicht eben häufig tat. Zuletzt spielte er 1. e4 in dem London/Leningrad-Match 1986. Wie vor vier Jahren wendete Karpow mit Schwarz seine Hauptwaffe an – Spanisch.

Man kann den Exweltmeister für seine Kühnheit nur bewundern, denn aus dem großen Komplex der Spanischen Partie wählte er genau jene Variante, die ihm 1986 in der vierzehnten und sechzehnten Partie gegen Kasparow zwei schmerzliche Niederlagen eingebracht hatte. Vielleicht bestärkte ihn seine Begegnung mit Iwantschuk in Linares 1989 (bis zum 18. Zug mit dieser Partie identisch) in dieser Entscheidung, denn dort erreichte er mit Schwarz völlig problemlos ein Remis. Mit den Zügen 19 und 20 leitete Kasparow jedoch einen neuen Plan ein, der dem Schwarzen erhebliche Schwierigkeiten bereitet.

Weiß erlangte großes positionelles Übergewicht, und es war nicht weiter verwunderlich, daß er schließlich eine klare kombinatorische Lösung fand, das Opfer zweier Leichtfiguren gegen einen Turm.
Es ist richtig, daß viele Experten dieses Opfer zunächst für fehlerhaft hielten – der weiße Springer, der sich bis zur 8. Reihe durchgeschlagen hat, geht zwangsläufig verloren. Aber bald wurde das Konzept des Weltmeisters deutlich: In der erreichten Stellung fehlte den schwarzen Figuren jegliche Koordination, während die weißen Türme, normalerweise eher schwerfällig, vortreffliche Wirkungsmöglichkeiten erhielten. Karpow verbrauchte viel Bedenkzeit, fand aber keine zufriedenstellende Verteidigung. Nach der Zeitnotphase hatte Schwarz nicht nur eine Qualität weniger, sondern auch die schlechtere Stellung. Der Schiedsrichter hatte bereits das Kuvert für den Abgabezug vorbereitet, als Karpow seinem Gegner zu dessen Sieg gratulierte.

Nach seiner ersten Partie mit Weiß hatte der Weltmeister also die Führung im Match übernommen. Wie Kasparow nach der Partie mitteilte, hatte die erfolgreiche Neuerung im 19. Zug seit 1984 auf ihre Stunde gewartet.

KASPAROW – KARPOW
Spanisch

1. e4	0.01	**e5**	0.02
2. Sf3	0.01	**Sc6**	0.02
3. Lb5	0.01	**a6**	0.02
4. La4	0.01	**Sf6**	0.02
5. 0–0	0.01	**Le7**	0.02
6. Te1	0.02	**b5**	0.02
7. Lb3	0.02	**d6**	0.02
8. c3	0.02	**0–0**	0.02

9. h3	0.02	**Lb7**	0.04
10. d4	0.02	**Te8**	0.04

Mit diesem Zug beginnt eine Variante, die von Karpows ständigem Trainer, Großmeister Igor Saitzew entwickelt worden ist, und die der Exweltmeister seit vielen Jahren vertrauensvoll anwendet, wenn er mit Schwarz gegen 1. e4 spielen muß.
Der Grundgedanke dieser Spielweise besteht darin, durch Verzicht auf ...h6 (wie in der Smyslow-Variante) beschleunigt Druck gegen e4 zu erhalten und gleichzeitig das bekannte Standardmanöver des weißen Damenspringers in der Spanischen Partie Sb1–d2–f1–g3 zu verhindern.

11. Sbd2 0.02

Die Praxis hat gezeigt, daß Weiß die momentane Schwächung des Punktes f7 nicht ausnutzen kann. Zum Beispiel 11. Sg5 Tf8 12. f4 e×f4 13. L×f4 Sa5 14. Lc2 Sd5, mit etwa gleichem Spiel.

11. ...		**Lf8**	0.05
12. a4	0.04		

Natürlich geht nun der Zug 12. Sf1 nicht, denn Weiß verliert dann den e-Bauern. Weiß muß demnach nach einem anderen Plan Ausschau halten. Der Springerausfall nach g5 bringt auch jetzt nichts ein wegen 12. ... Te7 13. f4 h6 14. Sdf3 De8! 15. f×e5 d×e5 16. d×e5 Td8!, mit Vorteil für Schwarz (Arnason – Geller, Reykjavik 1986).
12. Lc2 wurde versucht, mit der Idee, den weißfeldrigen Läufer von Schwarz durch d4–d5, b2–b3 und c3–c4 vom Spiel auszuschließen und auch 12. a3 ist gespielt worden, beispielsweise im Match Timman – Portisch, Antwerpen 1988, wo 12. ... h6 13. Lc2 Sb8 14. b4 Sbd7 15. Lb2 g6 16. Tb1 Tb8 zu einer komplizierten Stellung mit ungefähr gleichen Chancen führte.

12. ... **h6** 0.06

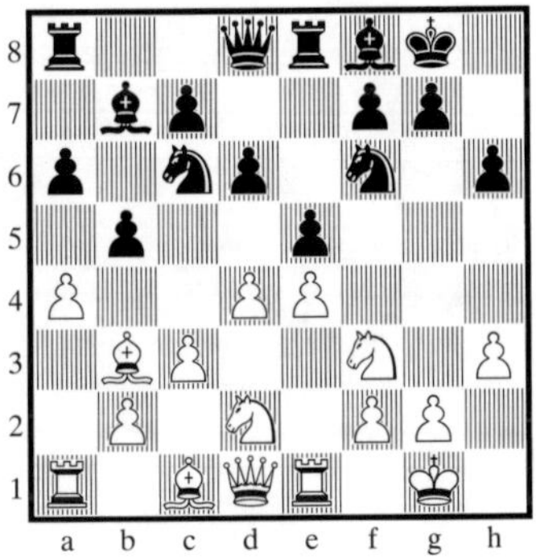

In der 46. Partie des abgebrochenen Weltmeisterschafts-Wettkampfs in Moskau 1984-85 folgte stattdessen 12. ... Dd7 13. a×b5 a×b5 14. T×a8 L×a8 15. d5, und nach 15. ... Sd8? 16. Sf1 h6 17. S3h2 Sb7 18. Lc2 Sc5 19. b4 Sa6 20. Sg4 erlangte Weiß spürbares Übergewicht.
Aber in der 5. Partie des darauffolgenden Wettkampfs (Moskau 1985) brachte Karpow mit 15. ... Sa5 eine Verbesserung, die dem Schwarzen vollwertiges Spiel sichert.

13. Lc2	0.05	**e×d4**	0.08
14. c×d4	0.05	**Sb4**	0.08
15. Lb1	0.05	**b×a4**	0.10

Damit ist eine Schlüsselstellung im Saitzew-System erreicht.
Der schwarze Druck gegen den Bauern e4 verhindert eine Umgruppierung der weißen Figuren, so daß Weiß zunächst sein Zentrum verstärken muß, bevor er sich um die Mobilisierung des Damenflügels kümmern kann.
Ein alternativer Plan für Schwarz besteht übrigens im sofortigen Angriff auf das weiße Zentrum mit 15. ... c5.

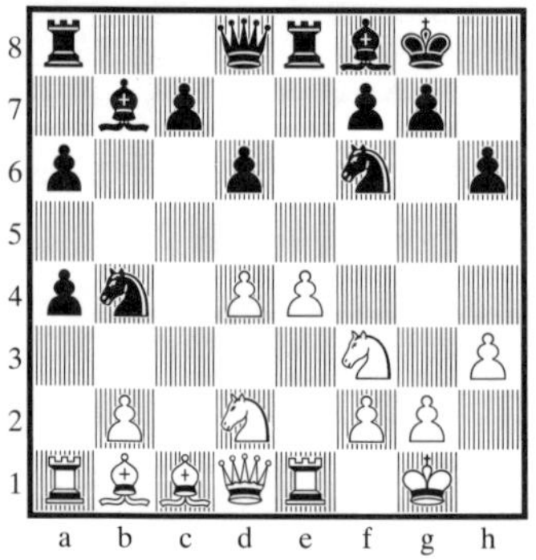

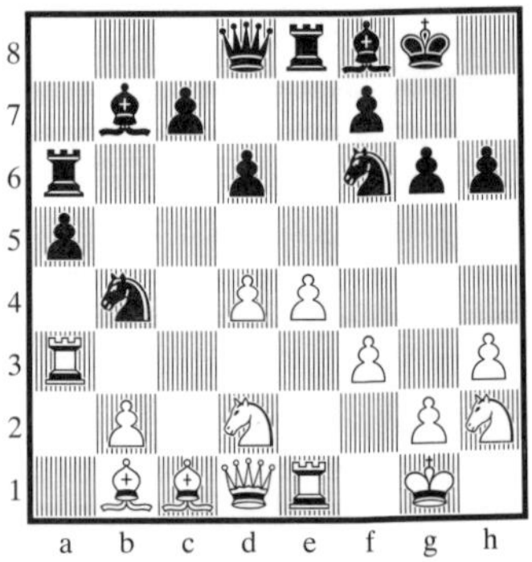

16. T×a4 0.06 **a5** 0.10
17. Ta3 0.06

Der Turm kommt auf diese Weise über die dritte Reihe ins Spiel und kann auf den Feldern e3 oder g3 eingesetzt werden.

17. ... **Ta6** 0.11

Dies ist ein ähnliches Manöver. Der auf den ersten Blick seltsam anmutende Zug wird mit der Idee gespielt, den Turm später (nach einem Zug des d-Bauern: d6–d5) für die Verteidigung des Königsflügels einzusetzen.

18. Sh2 0.13

In einer Partie A. Sokolow – Geller, Riga 1985, entwickelten sich die Ereignisse nach 18. Tae3 folgendermaßen: 18. ... a4 19. Sf1 d5 20. e5 Se4 21. S1d2 c5 22. S×e4 d×e4 23. L×e4 L×e4 24. T×e4 c4, und Weiß verfügt nicht über die Möglichkeit e5–e6. Schwarz hat zwar einen Bauern weniger, aber die Blokkade auf den weißen Feldern gibt ihm vollwertiges Gegenspiel.

In der ersten Partie des Kandidatenfinals Timman – Karpow, Kuala Lumpur 1990, versuchte der niederländische Großmeister 18. Sh4, aber dieser Zug wurde glatt widerlegt: 18. ... S×e4 19. S×e4 L×e4 20. L×e4 d5! 21. Tae3 Tae6 (21. ... d×e4!? 22. T×e4 T×e4 23. T×e4 Dd5!) 22. Lg6!? D×h4 23. T×e6 T×e6 24. T×e6 f×e6 25. Le3 Df6.

18. ... **g6** 0.11
19. f3! 0.15

Eine bedeutende theoretische Neuerung. Kasparow verwirft die Standardfortsetzung und sichert sein Bauernzentrum ab, um anschließend die Entwicklung des Damenflügels zu beenden. Schwarz hat überhaupt kein aktives Gegenspiel zur Verfügung, und muß sich auf die Defensive beschränken, die in dieser Stellung äußerste Genauigkeit erfordert.

Zum Vergleich hier die bereits erwähnte Partie Iwantschuk – Karpow, Linares 1989, in der Iwantschuk 19. f4 zog: 19. f4 d5 20. e5 Se4 21. Sg4 c5 22. S×e4 d×e4 23. d×c5 L×c5+ 24. Le3 Lf8 25. Sf6+ T×f6 26. D×d8 T×d8 27. e×f6 Sd3 28. Td1 L×a3 29. b×a3 Ld5, und die Spieler einigten sich auf Remis.

19. ... **Dd7** 0.21

Die erste Ungenauigkeit. Der weiße Springer wird auf c4 einen idealen Standort finden, und man hätte ihm den Zugang zu diesem Feld mit 19. ... La8 verwehren sollen, denn auf 20. Sc4 hätte dann 20. ... d5 folgen können.

20. Sc4! 0.36 **Db5** 0.24
21. Tc3 0.38 **Lc8** 0.34

Hier hätte sich Karpow mit 21. ... d5, was zu einer äußerst scharfen Stellung führt, um Gegenspiel bemühen sollen. Allerdings bleiben die weißen Drohungen nach 22. Sa3 Db6 23. e5 Sd7 24. f4 c5 25. Le3 sehr gefährlich.

22. Le3 0.44 **Kh7** 1.03
23. Dc1 0.59

Der Zug 23. Dd2, der das Feld c1 für eine eventuelle Turmverdoppelung freiläßt, war ebenfalls spielbar. Aber Kasparow hat seinem Königsturm eine andere Rolle zugedacht: Nach Sh2–g4 und Abtausch auf g4 schwebt ihm ein Einsatz auf der h-Linie vor.

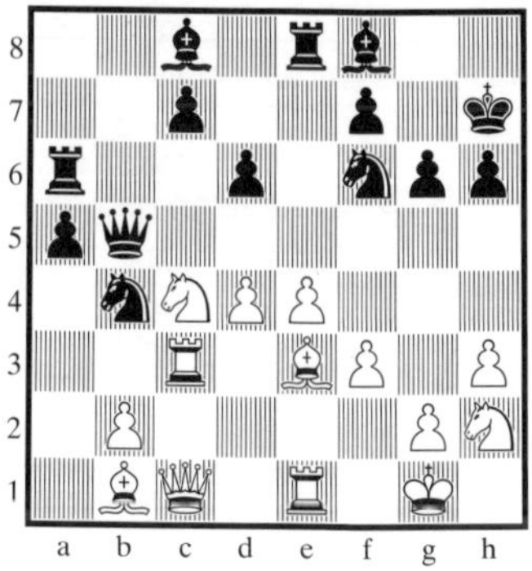

23. ... c6? 1.06
Dies ist ein schwerer taktischer Fehler. Dieser Zug schwächt nicht nur das Feld d6, sondern schließt auch den Turm a6 von der Verteidigung des Königsflügels aus, was viel gravierender ist. 23. ... Db8 (mit der Drohung ...d5) war vorzuziehen, zum Beispiel 24. Sa3 c6 25. Sg4 Sg8 mit nur leichtem Vorteil für Weiß, da der Springer a3 nicht am Spiel teilnimmt und das Feld c4 wegen ...d5 nicht betreten darf.

24. Sg4 1.18 **Sg8** 1.26
Der letzte Fehler des Schwarzen in dieser Partie. 24. ... L×g4 25. h×g4 Db8 mit der Absicht, den weißen Angriff auf der h-Linie durch eine Gegenaktion im Zentrum zu kontern, war unumgänglich. Beispielsweise 26. Kf2 d5 27. L×h6 L×h6 28. Th1 Sg8 29. Se5 T×e5 (oder 29. ... Da7) 30. d×e5 D×e5, und Schwarz hält dem gegnerischen Angriff stand.

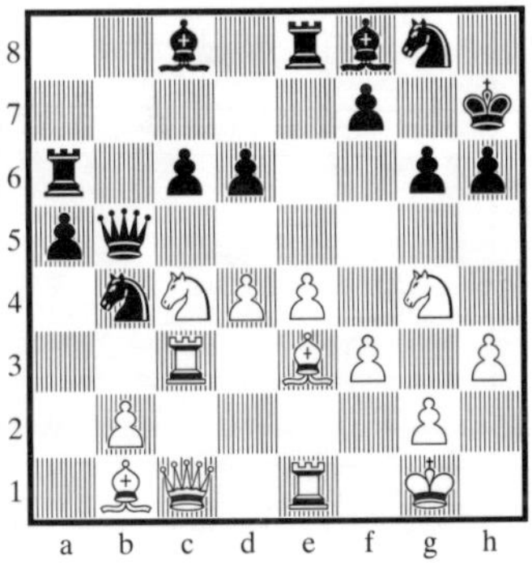

25. L×h6!! 1.34
Ein überraschender Schlag. Viele Experten glaubten an ein Versehen des Weltmeisters, weil doch später der Springer auf e8 verlorengeht. Aber das Problem lag hier weniger in der exakten Berechnung einer Variante als vielmehr in der konkreten Bewertung der entstehenden Position. Bald wird deutlich, daß der Weltmeister alle Folgen seiner Kombination richtig vorausgesehen hat.

25. ...		**L×h6**	1.28
26. S×h6	1.35	**S×h6**	1.28
27. S×d6	1.35	**Db6**	1.28
28. S×e8	1.39		

Hier dachte Karpow lange nach. Offenbar hatte er nun erkannt, wie gefährdet seine Stellung war. Sicher zog er auch das sofortige 28. ... Dd8 in Betracht, womit der drohende Angriff vielleicht für eine Weile aufzuhalten gewesen wäre, was aber dem Schwarzen angesichts des großen positionellen Übergewichts von Weiß keine realen Hoffnungen auf eine Rettung der Partie mehr geboten hätte.

28. ...		**D×d4+**	1.50
29. Kh1	1.40	**Dd8**	1.50
30. Td1	1.48	**D×e8**	1.50
31. Dg5	1.48		

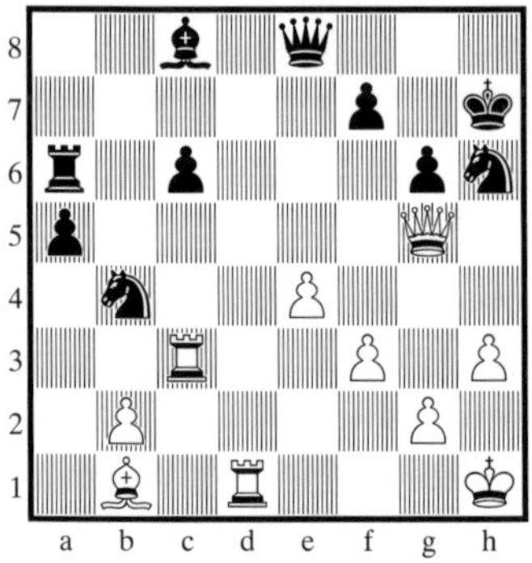

Diese Stellung ergab sich zwangsläufig aus der siebenzügigen Kombination von Kasparow. Weiß besitzt nun ein Übergewicht an Angriffskräften, und seine Figuren arbeiten hervorragend zusammen, während ihre schwarzen Widersacher wirkungslos über das Brett verstreut sind, wobei der Springer b4 sogar am Spielgeschehen überhaupt nicht teilnimmt.

31. ... **Ta7** 1.58

31. ... Sg8 mit der Absicht, auf 32. Td8 mit 32. ... De7 zu antworten, scheitert am Zwischenschach 32. Dh4+, was nach 32. ... Kg7 33. Td8 De6 34. f4 zu einer überwältigenden Stellung für Weiß führt.

31. ... De6! (Timman) 32. f4 f6 33. Dc5 Ta8 und Schwarz steht zwar schlechter, kann aber immerhin noch kämpfen. (Anmerkung des Übersetzers)

32. Td8 1.51 **De6** 1.58
33. f4 1.54 **La6** 2.11

Auch 33. ... Td7 34. f5 Dd6 (34. ... T×d8 35. f×e6 Td1+ 36. Kh2 T×b1 37. e7) 35. T×c8 Dd1+ 36. Kh2 D×b1 37. Th8+ K×h8 38. D×h6+ Kg8 39. f6, mit unabwendbarem Matt ist nicht besser.

34. f5 1.57 **De7** 2.21
35. Dd2 2.01

Nach 35. Th8+ K×h8 36. D×h6+ Kg8 37. f×g6 f6 ist der Ausgang der Partie noch völlig offen. Kasparows zeitweiliger Rückzug ist der sicherste Weg zum Gewinn.

35. ... **De5** 2.26

35. ... Sd5 scheitert an 36. Th8+.

36. Df2 2.04 **De7** 2.28
37. Dd4 2.05 **Sg8** 2.28
38. e5 2.06 **Sd5** 2.29
39. f×g6+ 2.18 **f×g6** 2.29

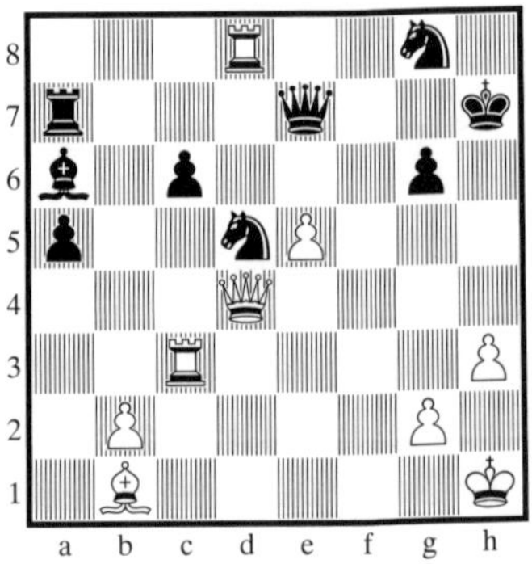

40. T×c6 2.20 **D×d8** 2.29
41. D×a7+ 2.21 **Sde7** 2.29
42. T×a6 2.22 **Dd1+** 2.30
43. Dg1 2.22 **Dd2** 2.30
44. Df1 2.23

Schwarz gab auf.

DIE DRITTE PARTIE
15./16. Oktober 1990

Zwischen der zweiten und der dritten Partie gab es eine längere Pause, denn Karpow nahm nach seiner Niederlage bereits eine der drei Auszeiten, die jedem Spieler laut Reglement zustehen. Eine verantwortliche Entscheidung, denn schließlich waren ja erst zwei der 24 Partien gespielt! Aber der enttäuschende Beginn des Wettkampfs machte ganz offenbar erneute Überlegungen über die vorgesehene Wettkampfstrategie, vielleicht auch Abänderungen, notwendig. Möglicherweise wurde auch die genaue Überprüfung einer bestimmten Eröffnungsvariante erforderlich.

Wie in der ersten Partie wählte Kasparow die Königsindische Verteidigung, und allgemein wurde vermerkt, daß er diese Eröffnung im soeben begonnenen Match ganz offenbar zu einer seiner Hauptwaffen mit Schwarz auserkoren hatte. Karpow, unzufrieden mit dem Ausgang der Eröffnungsdebatte in der ersten Partie, verzichtete diesmal auf die Sämisch-Variante.
Im 9. Zug brachte Kasparow eine Neuerung (eine Bestätigung dafür, daß er die Königsindische Verteidigung genau vorbereitet hat!), die den Gegner dazu einlud, die Qualität für einen Bauern zu gewinnen. Aber damit war des Opferns noch nicht genug!

Nachdem Karpow eine günstige Möglichkeit ausgelassen hatte (13. Dd3!), offerierte der Weltmeister im 14. Zug ein positionelles Damenopfer gegen zwei Leichtfiguren. Karpow nahm dieses großzügige Geschenk nicht sofort an, und als er schließlich doch zugriff, stellte sich heraus, daß dem Weißen eine langwierige Verteidigung bevorstand. Die schwarzen Steine waren blendend koordiniert und beherrschten das Zentrum, während ihre Kontrahenten immer weiter zurückgedrängt wurden und die stärkste weiße Figur, die Dame, gar unter dem Mangel an sinnvoller Betätigung zu leiden hatte. Schließlich suchte Karpow Erleichterung, indem er die Dame zurückgab. Die Materialverteilung war nun nicht mehr ganz ungewöhnlich. Schwarz besaß zwei Bauern für die Qualität und war deutlich im Vorteil. Kurz vor dem Abbruch spielte Kasparow jedoch ungenau, und gestattete den weißen Figuren, die lange ersehnte Aktivität zu erlangen. In der Hängepartie waren dann die Züge mehr oder weniger forciert, und nachdem das Material durch mehrere Abtauschaktionen erheblich reduziert worden war, endete diese hinreißende Partie friedlich mit Remis.

KARPOW – KASPAROW
Königsindische Verteidigung

1. d4	0.00	**Sf6**	0.00
2. c4	0.00	**g6**	0.00
3. Sc3	0.00	**Lg7**	0.01
4. e4	0.00	**d6**	0.01
5. Sf3	0.01	**0–0**	0.01
6. Le2	0.01	**e5**	0.02
7. Le3	0.02		

Die Gligorić-Variante. Weiß stellt die Rochade zunächst zurück und nimmt dem Schwarzen so die Möglichkeit zum Bauernsturm am Königsflügel, wie er nach 7. 0–0 Sc6 8. d5 Se7 möglich wäre. Nun fehlt der schwarzen Offensive nach beispielsweise 7. ... Sc6 8. d5 Se7 9. Sd2 das Hauptangriffsziel, der weiße König. Mit seiner Spielweise vermeidet Weiß auch die Vereinfachungen nach 7. 0–0 Sc6 8. Le3 Te8 9. d5 Sd4 mit Ausgleich.

7. ...		**De7**	0.06

Spielbar ist auch 7. ... Sg4. Nach dem Textzug droht 8. ... e×d4 9. S×d4 S×e4, und Weiß muß daher die Stellung im Zentrum klären.

8. d×e5	0.07	**d×e5**	0.07
9. Sd5	0.07	**Dd8!?**	0.07

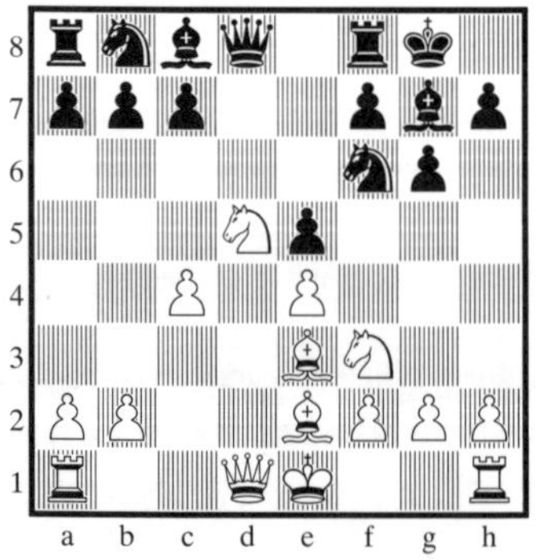

Dieser Zug ist in einer ernsthaften Partie noch nicht gespielt worden, aber obwohl sich das Geschehen im Folgenden, wohl hauptsächlich durch den Überraschungseffekt, zugunsten von Schwarz entwickelt, ist es eher unwahrscheinlich, daß diese Idee Nachahmer finden oder von Kasparow selbst noch einmal angewendet werden wird.
Die Normalfortsetzung in dieser Stellung ist 9. ... S×d5 10. c×d5 Td8 11. 0–0 Sd7 12. Dc2 Sf6 13. Lg5 h6 14. L×f6 L×f6 15. Tac1 mit minimalem Vorteil für Weiß (Portisch – Geller, Portorož 1973).

10. Lc5	0.21		

Es stellte sich schließlich heraus, daß diese Position bereits in einer Partie Peek – Confell, Dieren 1988, auf dem Brett war, wo Schwarz aber bereits nach 10. ... Te8?? 11. Le7! die Waffen streckte.

10. ...		**S×e4**	0.07

Das Opfer der Qualität gegen einen Bauern gibt dieser Partie einen ungewöhnlichen Charakter.

11. Le7!	0.30		

Bevor Weiß den Turm auf f8 nimmt, zwingt er die schwarze Dame auf ein ungünstiges Feld.

11. ...		**Dd7**	0.08
12. L×f8	0.32	**K×f8**	0.09
13. Dc2?	0.36		

Nach diesem Fehler behält der Nachziehende recht. Die Dame ist auf c2 ungünstig postiert und kann von den schwarzen Leichtfiguren angegriffen werden. Außerdem darf Schwarz, wenn es ihm gelingt, seine Stellung zu konsolidieren, auf mehr als ausreichende Kompensation für das geopferte Material hoffen: einen dominierenden königsindischen Läufer und ein starkes Bauernzentrum. Die einzige Möglichkeit, das schwarze Konzept in Frage zu stellen, bestand in aktivem Spiel mit 13. Dd3!, zum Beispiel 13. ... Sd6 (am besten) 14. Da3 Sc6 (14. ... c6 15. Sb6) 15. Td1.

13. ... **Sc5** 0.15
14. Td1 0.40 **Sc6!** 0.21

Schwarz ist bereit, zum Beispiel nach 15. Sb6 a×b6 16. T×d7 L×d7, mit nur zwei Leichtfiguren gegen die Dame zu kämpfen!

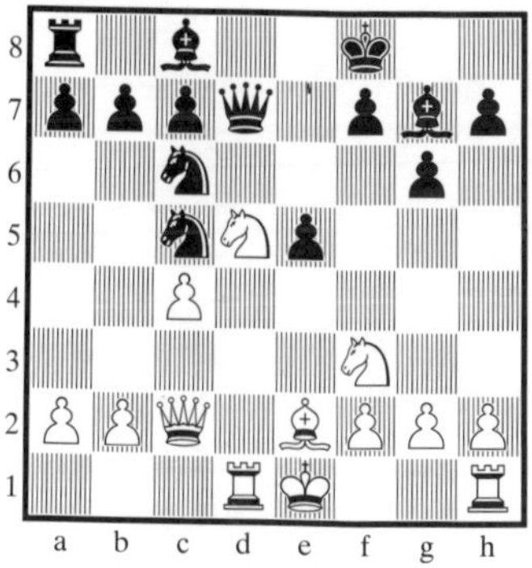

15. 0–0 1.10

Hier bestand die vielleicht letzte Möglichkeit für Karpow, in dieser Partie um die Initiative zu kämpfen, mittels 15. Sg5 Dd8 16. Sf6 Sd4 17. Sg×h7+ Ke7 18. T×d4 e×d4 19. Sd5+ Ke8 oder 15. ... Kg8 16. Sf6+ L×f6 17. T×d7 L×d7 18. Se4 S×e4 19. D×e4 mit zweischneidigem Spiel.

15. ... **Se6** 1.02

Schwarz möchte seinen Springer nach d4 bringen, um die Stellung, wie oben bereits angedeutet, endgültig zu konsolidieren. Diese Drohung überzeugt Karpow, und er nimmt das Damenopfer an.

16. Sb6? 1.30

Trotz allem hätte Weiß das Danaergeschenk ablehnen sollen – die entstehende Position ist einfach zu perspektivlos für ihn. Unserer Meinung nach war 16. Tfe1 Scd4 17. S×d4 S×d4 18. Dc3 vorzuziehen.

16. ... **a×b6** 1.02
17. T×d7 1.30 **L×d7** 1.02

Weiß ist nun zwar materiell im Vorteil, aber die vier schwarzen Leichtfiguren arbeiten sowohl für den Angriff als auch für die Verteidigung perfekt zusammen. Überdies kann Schwarz mit seinen Bauern die weißen Figuren auf die Grundreihe zurücktreiben. Auch das Problem des angegriffenen Bauern a2 ist nicht einfach zu lösen, und alles in allem ist klar, daß Schwarz eine bedrohliche Initiative besitzt und dem Weißen eine schwierige Verteidigung bevorsteht.

18. Dd2?! 1.37

Gute Remischancen bot die Fortsetzung 18. Td1 Sed4 19. S×d4 S×d4 20. T×d4 e×d4.

18. ... **Le8** 1.07
19. b3 1.41 **e4** 1.16
20. Se1 1.43 **f5** 1.38
21. Ld1 1.49

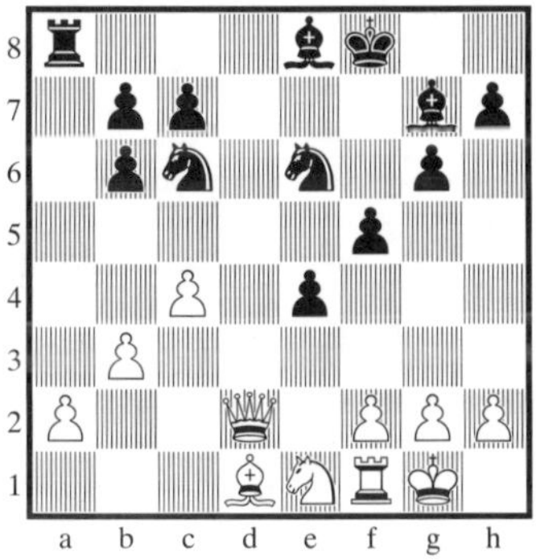

21. ... **Se5** 1.47

21. ... Lf7, was eine weitere Figur entwickelt, war vielleicht noch nachhaltiger.

22. Sc2 1.54

Weiß opfert einen Bauern, um seine Figuren zu aktivieren und Gegenspiel zu erlangen.

22. ... **T×a2** 1.51
23. Dd5 1.56 **Ke7** 1.52

Die Alternative war an dieser Stelle 23. ... Ta5, und sowohl nach 24. D×b7 Lc6 25. Dc8+ Kf7 als auch nach 24. D×e6 Ld7 ist die weiße Dame gefangen. Aber mit 24. Dd2 Ta8 25. f3 erlangt Weiß aktives Spiel.

24. Sb4 2.02 **c6** 2.07

24. ... Lc6 war vermutlich genauer. Nach 25. D×c6 b×c6 26. S×a2 Lh6! (mit der Drohung mittels 27. ... Ld2 den weißen Springer vom Spiel auszuschließen) begünstigt das Vorhandensein der ungleichfarbigen Läufer den Angreifer. Etwas besser ist 25. De6+ K×e6 26. S×a2 b5, wonach Schwarz seinen Doppelbauern auflöst.

25. D×e6+ 2.02 **K×e6** 2.07
26. S×a2 2.03

Als Resultat der gesamten Operation hat Schwarz nun zwei Bauern für die Qualität und stark postierte Leichtfiguren, aber der Doppelbauer auf dem Damenflügel erschwert die Realisierung des Vorteils. Eines der Hauptziele von Schwarz im nächsten Partieabschnitt wird es sein, seinen Doppelbauern-Komplex aufzulösen.

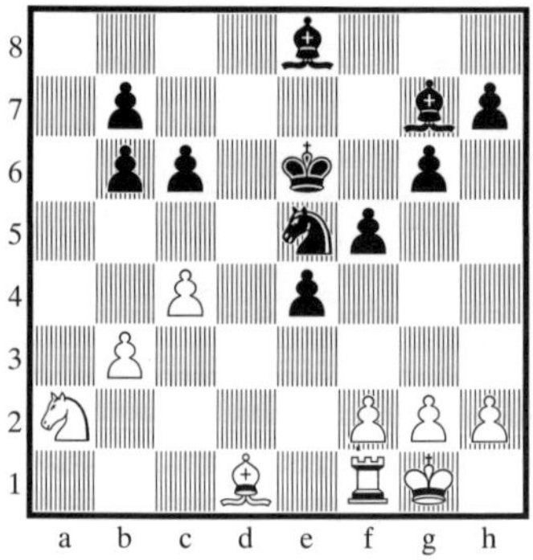

26. ... **Sf7** 2.09

Der Springer strebt nach dem Idealfeld d6, von wo aus er Angriffs- und Verteidigungsfunktionen zu gleicher Zeit optimal wahrnehmen kann.

27. Le2 2.08 **Sd6** 2.11
28. Sb4 2.10 **Lc3** 2.14

Hier gab es die interessante Möglichkeit 28. ... b5 29. c×b5 c5, aber Kasparow möchte mögliche Aktivitäten des Weißen unterbinden, indem er zunächst seine Stellung im Zentrum und am Königsflügel verstärkt.

29. Sc2 2.10 **f4** 2.14
30. Td1 2.14 **h5** 2.18
31. f3 2.15

Weiß darf nicht untätig bleiben. Schwarz erhält nun zwar einen gedeckten Freibauern, andererseits wird das Feld d3 für den weißen Läufer zugänglich.

31. ... **e3** 2.19
32. g3 2.17 **g5** 2.19
33. Ld3 2.17

Der Versuch, die schwarze Bauernphalanx mit 33. h4 aufzubrechen, scheitert an 33. ... Sf5.

33. ... **h4** 2.21

Nun drohte h2–h4 tatsächlich.

34. Kf1 2.20

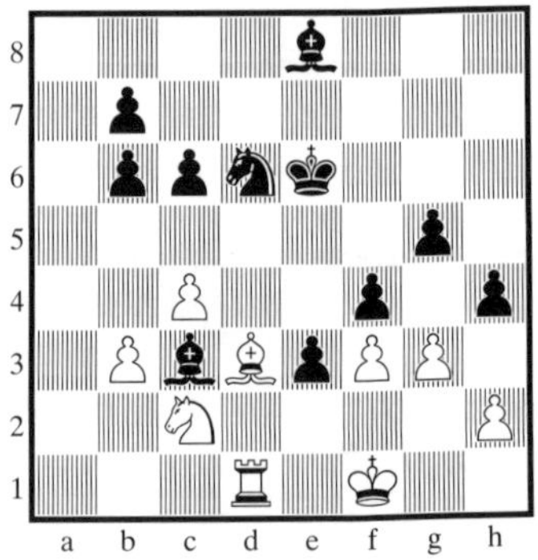

34. ... **c5** 2.21

Schwarz beginnt, auf dem Damenflügel aktiv zu werden. Vielleicht wollte Kasparow das mögliche weiße Gegenspiel auf der g-Linie nach beispielsweise 35. g×f4 g×f4 36. Ke2 nebst 37. Tg1 unterdrükken, aber unserer Meinung nach drohte ihm von dieser Seite keine nennenswerte Gefahr. Schwarz sollte zunächst seine Figuren umgruppieren und dann seinen Plan unter günstigeren Umständen durchführen: 34. ... Le5 35. Ke2 Kf6. Falls nun 36. g×h4 g×h4 37. Tg1 Lh5 38. Tg8, so hat Schwarz 38. ... Sf7 mit der fürchterlichen Drohung ... Sg5. Mit dem Bauern auf c5 ist dieser Plan jedoch wertlos, da Weiß über die Möglichkeit Le4 verfügt.

35.	**Ke2**	2.22	**b5**	2.26
36.	**c×b5**	2.25	**S×b5**	2.26
37.	**Lc4+**	2.25	**Ke7**	2.26

Viele Kommentatoren waren mit diesem Zug Kasparows nicht zufrieden und schlugen stattdessen 37. ... Kf6 vor. Untersuchen wir kurz diese Fortsetzung: 38. Td8 Sc7 39. g×f4 g×f4 40. Tc8 Le5 41. Se1 b5 42. Lg8 Kg7 (Lg6) 43. Sd3 Ld6 44. Td8, und die schwarzen Figuren werden zurückgeworfen. Kasparow gibt lieber einen Bauern, behält aber dafür die Initiative.

38.	**Td5**	2.26	**Lf6**	2.27
39.	**T×c5**	2.27		

Auch die Fortsetzung 39. g×f4 Sc3+ 40. K×e3 S×d5+ 41. L×d5 b5 war nicht besser. Weiß stellt damit zwar materielles Gleichgewicht her, aber Schwarz behauptet einen unbestreitbaren positionellen Vorteil.

39.	**...**		**Sc3+**	2.28
40.	**Kf1**	2.29	**Lg6**	2.29
41.	**Se1**	2.29		

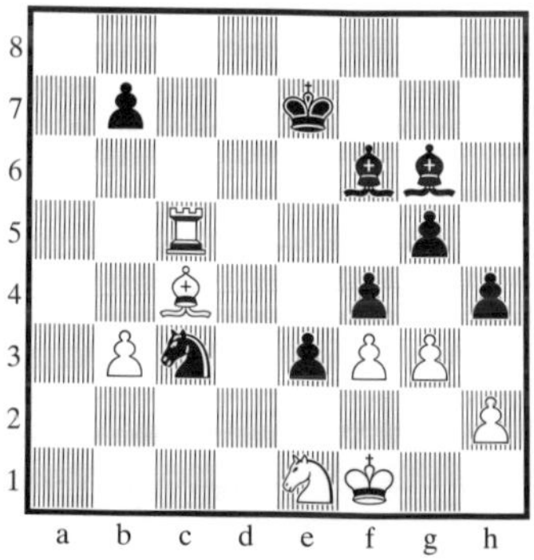

Dies ist die Stellung, in der Kasparow seinen 41. Zug abgab. Viele Großmeister beurteilten die Position zunächst als etwas günstiger für Weiß, wobei sie allerdings ein Unentschieden als wahrscheinlichstes Endergebnis prophezeiten. Die Analyse zeigte dann, daß der gedeckte Freibauer und die aktiven schwarzen Leichtfiguren das geringfügige materielle Plus des Weißen mehr als wettmachen, und daß tatsächlich Kasparow die besseren Aussichten besitzt.

41.	**...**		**Kd6**	2.38

Einige Experten hielten hier den Zug 41. ... b6 für stärker, doch Weiß hat danach ausreichende Verteidigungsmöglichkeiten, zum Beispiel 42. Tc6 b5 43. Ld3 L×d3 (43. ... Le8 44. Ta6) 44. S×d3 h×g3 45. h×g3 f×g3 46. Kg2 Se2 47. Se1.

42.	**Ta5!**	2.29		

42. Tc8 war deutlich schlechter wegen 42. ... Lf5 43. Tf8 Lh3+ 44. Kg1 Ld4 45. g×f4 e2+ 46. Kh1 g×f4! (natürlich nicht 46. ... Lf2? 47. f×g5 L×e1 48. g6). Nun verliert Weiß nach 47. Tf4 Lf2 oder 47. Te8 Le3 oder 47. Td8+ Ld7 immer eine Figur.

42.	**...**		**f×g3**	2.38
43.	**h×g3**	2.31	**h×g3**	2.38
44.	**Sg2**	2.31	**b5**	2.39
45.	**Ta6+**	2.32	**Ke7**	2.39
46.	**Ta7+**	2.42	**Ke8**	2.39

Auch 46. ... Kd8 47. Le2 Lf5 (47. ... Ld4 48. Ta6) 48. Tf7 Sd5 49. Kg1 Lh3 50. T×f6 S×f6 51. S×e3 bringt nur Ausgleich.

47.	**Ta8+**	2.45	**Ld8**	2.39

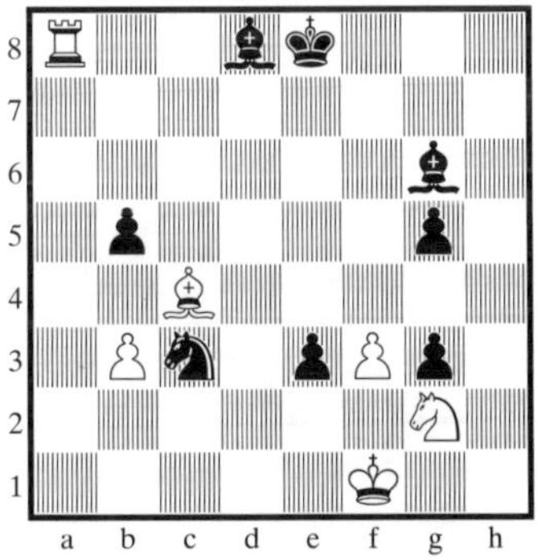

48.	**S×e3!**	3.05	**b×c4**	2.41
49.	**S×c4**	3.05	**g4**	2.53
50.	**Kg2**	3.11	**Se2**	2.58
51.	**Se5**	3.15	**g×f3+**	2.58
52.	**K×f3**	3.16	**g2**	2.58
53.	**T×d8+**	3.16	**Remis**	

DIE VIERTE PARTIE
17. Oktober 1990

Heute verschwanden die Flaggen vom Schachtisch: sowohl die dreifarbige russische Nationalfahne, unter der Kasparow antrat, als auch Karpows rotes Banner. Der „Flaggenkrieg" schien allerdings hauptsächlich den Offiziellen in Karpows Mannschaft Kopfzerbrechen zu bereiten, die Spieler waren mehr am Ausgang des Geschehens auf den 64 Feldern interessiert.
Nach der stürmischen und nervlich belastenden dritten Partie, die zwei Tage gedauert hatte, war eine Steigerung eigentlich kaum zu erwarten. Dennoch besaßen beide Spieler die Kraft und den Kampfgeist für eine noch faszinierendere und kompliziertere Auseinandersetzung.
Erneut entschied sich Karpow für die Saitzew-Variante. Die Wahl einer superscharfen Fortsetzung im 17. Zug sollte wohl allen, insbesondere aber seinem Gegner, signalisieren, daß der Exweltmeister vom Betriebsunfall in der zweiten Partie nicht im geringsten beeindruckt und fähig war, einen solchen Schlag „wie nichts" wegzustecken. Kasparow nahm die Herausforderung nur zu gerne an, und tat sein Bestes, um Verwirrung auf dem Brett zu stiften: Er brach alle Brücken hinter sich ab, indem er sämtliche Damenflügelbauern opferte und einzig und allein Interesse für den gegnerischen König an den Tag legte. Obwohl es so aussah, als sei in der entstandenen spannungsgeladenen Stellung jedes Tempo Gold wert, besaß der Weltmeister dann auch noch genügend Mut, Gelassenheit und Erfindungsgabe für stille Züge wie 27. g3!.
Großmeisterveteran Miguel Najdorf, der im Laufe dieses Jahrhunderts gewiß schon manche Denkwürdigkeit auf dem Schachbrett zu sehen bekam, geriet ganz außer sich vor Begeisterung und versuchte, seine Kollegen im Pressezentrum davon zu überzeugen, daß völlig ungeachtet ihrer Stärke, keinem anderen Spieler auf der Welt eine solch überraschende Fortsetzung überhaupt in den Sinn gekommen wäre.
Ja, in dieser Partie gab es weiß Gott genügend Überraschungen, und nur eines schien gewiß: „Heute gibt es kein Remis!" Doch diese Voraussage sollte sich nicht bewahrheiten. Zuerst spielte Kasparow ungenau und ließ die stärkste Angriffsfortsetzung aus. Danach, direkt vor der Zeitkontrolle, machte Karpow einen „kooperativen" Zug, der seinem Gegner Dauerschach ermöglichte.

KASPAROW – KARPOW

Spanisch

1. e4	0.03	**e5**	0.00
2. Sf3	0.03	**Sc6**	0.00
3. Lb5	0.03	**a6**	0.00
4. La4	0.03	**Sf6**	0.01
5. 0–0	0.04	**Le7**	0.01
6. Te1	0.04	**b5**	0.01
7. Lb3	0.04	**d6**	0.01
8. c3	0.04	**0–0**	0.01
9. h3	0.04	**Lb7**	0.02

Erneut ist die Saitzew-Variante am Brett.

10. d4	0.04	**Te8**	0.02
11. Sbd2	0.04	**Lf8**	0.02
12. a4	0.05	**h6**	0.06
13. Lc2	0.05	**e×d4**	0.07
14. c×d4	0.05	**Sb4**	0.07
15. Lb1	0.06	**c5**	0.07

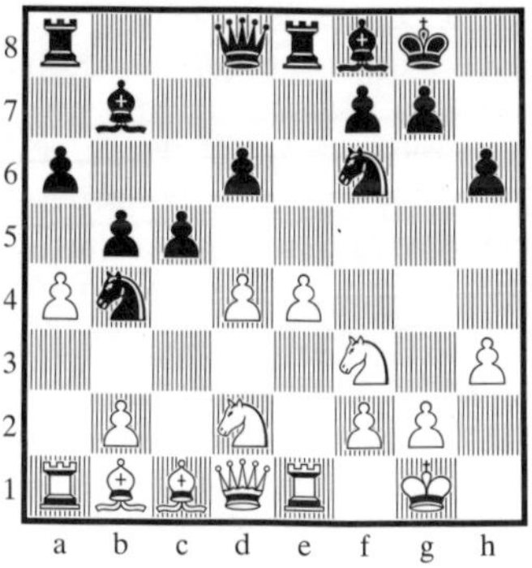

Nach dem Desaster in der zweiten Partie mit 15. ... b×a4 setzt Karpow diesmal auf eine Fortsetzung, die er im 86er-Match zweimal gegen Kasparow anwandte.

16. d5 0.06

Weiß schließt das Zentrum und schränkt den Wirkungsbereich des Läufers b7 ein, um sich danach ungestört dem gegnerischen Königsflügel widmen zu können.

16. ... **Sd7** 0.08

17. Ta3 0.07

Auf 17. Sf1 folgt 17. ... f5, und der Springerzug erweist sich als Zeitverlust.

17. ... **f5** 0.09

Es ist schon verwunderlich, daß ein solch riskanter Zug überhaupt spielbar ist. Der schwarze Königsflügel wird unwiderruflich geschwächt, und dieser strategische Faktor wird den ganzen weiteren Spielverlauf bestimmen. Noch überraschender ist aber, daß sich eine derartig scharfe Fortsetzung in Karpows Repertoire befindet – und nicht zum ersten Mal! So wurde 17. ... f5 in der 9. Partie des Kandidatenfinals Timman – Karpow, Kuala Lumpur 1990, gespielt, wo 18. Tae3 f4 folgte.

In der 14. und 16. Partie des Weltmeisterschaftskampfs 1986 spielte Karpow allerdings 17. ... c4 mit der Absicht, einen Springervorposten auf d3 zu schaffen.

18. e×f5 0.15 **Sf6** 0.10

19. Se4 0.15 **L×d5** 1.03

Es ist mehr als überraschend, daß Karpow in einer Stellung, die er vor der Partie bereits genau analysiert haben muß, fast eine Stunde nachdachte. In der Partie de Firmian – A. Ivanov, Las Vegas 1989, spielte Schwarz 19. ... Sb×d5, und es ging weiter mit 20. Sh2 S×e4 21. L×e4 T×e4 22. T×e4 Sc3 23. T×c3 L×e4 24. Tg3 Kh8 25. Dg4 Ld5 26. Ld2?. An dieser Stelle empfiehlt Ivanov in seinen Anmerkungen zur Partie (Informator 48) 26. b4!? Df6 27. Ld2 c×b4 (27. ... Da1+? 28. Sf1 Lc4 29. Lc3 D×f1+ 30. Kh2 mit Gewinn) 28. Lb4 Tc8 (falls 28. ... Da1+, so 29. Sf1 mit der Idee, 29. ... Tc8 mit 30. f6 zu beantworten) 29. Dd1!? D×f5 30. Sg4 mit Kompensation für das geopferte Material. Diese Variante ist zwar interessant, überzeugt aber nicht. Kannte Karpow sie überhaupt? Jedenfalls wählt er eine andere Fortsetzung.

20. S×f6+ 0.39 **D×f6** 1.04

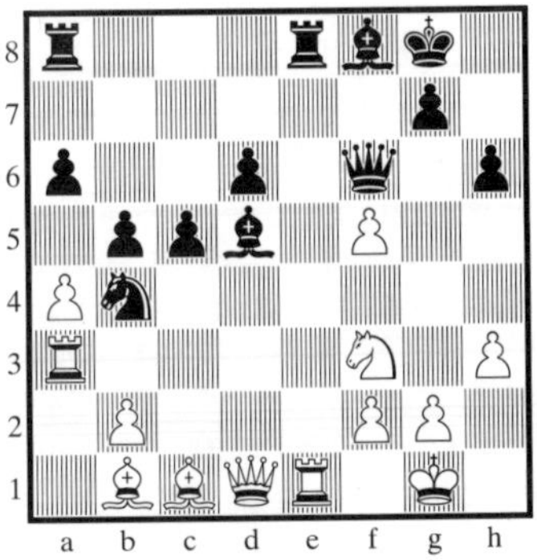

21. Ld2?! 0.51

Dieser Zug wurde in der soeben erwähnten Analyse von Ivanov empfohlen. Auch hier wäre interessant zu wissen, ob Kasparow mit ihr vertraut war.
Unseres Erachtens ist Kasparows Plan in dieser Partie korrekt, die Ausführung jedoch fehlerhaft. Zunächst hätte der Abtausch auf b5 erfolgen sollen: 21. a×b5 a×b5 (21. ... T×e1+ 22. S×e1 a×b5 23. Sc2 mit klarem Vorteil für Weiß) 22. Ld2 und Weiß erhält Angriff wie in der Partie, ohne daß er dafür eine Menge Material opfern müßte. Mögliche Varianten 22. ... T×a3 23. b×a3 T×e1+ 24. L×e1 L×f3 25. g×f3 Sa6 26. a4 oder 22. ... L×f3 23. T×f3, in beiden Fällen mit klarem Übergewicht für Weiß.

21. ... **D×b2** 1.17
22. L×b4 0.57 **Lf7!** 1.22

Schwarz behält den wichtigen weißfeldrigen Läufer am Brett, der die chronischen Schwächen der schwarzen Königsstellung beschützt.

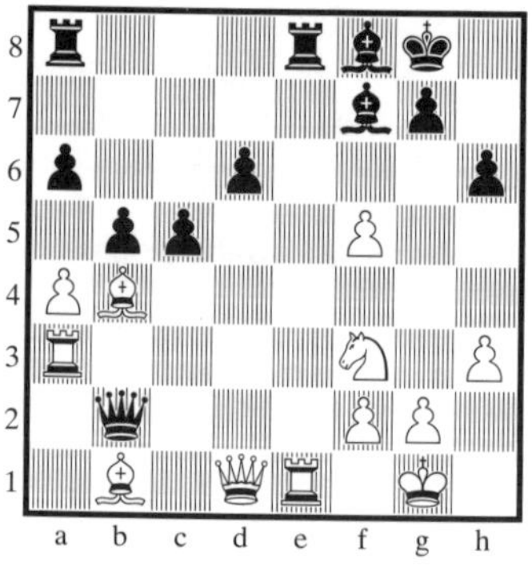

23. Te6! 1.12

Kasparow findet die einzige Möglichkeit, sich Angriffschancen zu erhalten. Im Falle von 23. a×b5 D×b4 24. T×a6 T×e1+ 25. S×e1 (25. D×e1 D×e1+ 26. S×e1 Tb8) 25. ... Te8 hat Schwarz Vorteil (insbesonders dann, wenn es zum Endspiel kommt).

23. ... **D×b4** 1.30

Hier und später ist ... L×e6, womit dem weißen Läufer b1 die Diagonale geöffnet wird, zu riskant für Schwarz. Jetzt würde Weiß zum Beispiel nach 23. ... L×e6 24. f×e6 c×b4 25. Tb3 Df6 26. Dd3 g6 (oder 26. ... T×e6) 27. T×b4 gefährlichen Angriff erhalten.

24. Tb3 1.34 **D×a4** 1.33
25. Lc2 1.34 **Tad8!** 1.55
26. Tbe3 1.38 **Db4** 1.56

Auf Kosten zweier Bauern hat sich Weiß seine Angriffsstellung erhalten. Nun muß er versuchen, Schwarz zum Nehmen auf e6 zu zwingen, damit der weißfeldrige Läufer am Königsangriff beteiligt wird. Es ist bemerkenswert, daß die schwarze Dame durch die eigenen Bauern vom König getrennt ist, was natürlich die weißen Angriffschancen erhöht.

27. g3! 1.49

Kasparow macht ein günstiges Ausweichfeld für seinen König frei und bereitet gleichzeitig auch den Springerzug nach h4 vor.
Sofortiges 27. De2 träfe auf die starke Entgegnung 27. ... Dc4 28. Ld3 Dc1+ 29. Kh2 c4 30. Lc2 L×e6.
27. g4 mit der Drohung g4–g5 war verlockend. Aber offensichtlich fühlte Kasparow instinktiv, daß sich die Schwäche des Feldes f4 später bemerkbar machen könnte.

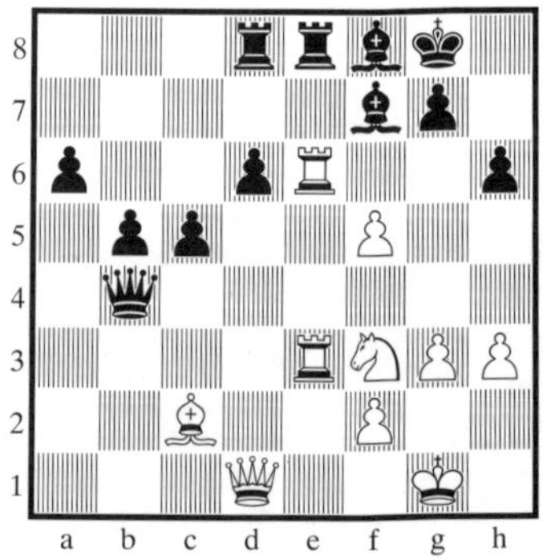

27. ... **a5** 2.13

Man hat den Eindruck, daß dem Schwarzen hier keine nützlichen Züge zur Verfügung stehen. Das Matchbulletin bringt zwar eine Variante, die von Viktor Kortschnoj und Larry Christiansen während der Partie vorgeschlagen wurde, und die günstig für Schwarz aussieht: 27. ... d5 28. Se5 d4 29. Tb3 L×e6! 30. T×b4 L×f5! 31. L×f5 T×e5. Aber Weiß kann stärker fortsetzen. Alle Folgen von 27. .. d5 am Brett vorauszusehen, wäre wohl kaum möglich gewesen, die entstehende komplizierte Stellung erschließt sich erst einer ausführlichen Analyse. Möglicherweise mißfiel Karpow die Schwächung des Feldes e5, das der weiße Springer in einigen Varianten besetzen kann.

Aber betrachten wir nun einige mögliche Fortsetzungen nach 27. ... d5: 28. T×e8 T×e8 29. T×e8 L×e8 30. De2 Lf7 (Andere Läuferzüge laufen auf das Gleiche hinaus) 31. Se5 Le8 (31. ... Le7 ist schlecht wegen 32. S×f7 K×f7 33. De6+ Ke8 34. f6 g×f6 35. Lg6+ Kd8 36. Lf5 Ke8 37. Dg8+ Lf8 38. Lg6+, und Weiß gewinnt den Läufer) 32. Sc6 L×c6 33. De6+ Kh8 34. f6 mit Mattangriff. Stünde der weiße Bauer in dieser Variante auf g4 (vgl. die Anmerkung zum 27. Zug von Weiß), so hätte Schwarz nun noch die Ressource ...Df4!.

So aber bleibt ihm keine andere Möglichkeit, als mit 30. ... Dc3 (statt 30. ... Lf7) die weißen Leichtfiguren zu belästigen. Denkbare Folgen nach 31. D×e8:

a) 31. ... D×f3 verliert wegen 32. De6+ Kh7 33. f6+ Kh8 34. f×g7+ L×g7 35. Lf5! Ld4 36. D×h6+ Kg8 37. Le6+ nebst Matt, oder 32. ... Kh8 33. Df7 Ld6 34. De8+ Kh7 35. f6+ mit Gewinn.

b) 31. ... D×c2! 32. De6+ Kh7 (32. ... Kh8 33. Se5 De4 34. Sg6+ Kh7 35. S×f8+ Kh8 36. Sg6+ Kh7 37. Dc8) 33. Dg6+ Kg8 (33. ... Kh8 34. Se5 Dd2 verliert wegen 35. Kg2!, und gegen Df7 gibt es keine Verteidigung mehr) 34. Se5 Db1+ 35. Kh2 De1, und nun muß Weiß mit 36. Df7+ remis forcieren, denn nach 36. Sg4 Kh8! gerät er sogar in Verlustgefahr.

28. Sh4 1.56

Die Stellung ist reif für entscheidende Maßnahmen: 28. De2 Dc4 29. Ld3 L×e6 (29. ... Dd5 30. Sh4 führt zu Varianten, die weiter unten geprüft werden) 30. f×e6 (nach 30. L×c4 L×c4 hat Schwarz mehr als ausreichende Kompensation für die Dame) 30. ... Dd5 (30. ... Dc1+ stellt die Dame ins Abseits: 31. Kg2 c4 32. Lf5 Le7 33. Sd4 Lf6 34. Sc6 oder 31. ... Le7 32. Lc2 Lf6 33. Dd3, und gegen die Drohung 35. Dh7+ Kf8 36. Sh4 gibt es keine ausreichende Verteidigung. Weiß kann hier aber ein Remis durch Zugwiederholung erzwingen: 31. Le4 Dc4 32. Ld3 Dd5, welches Schwarz nicht sinnvoll vermeiden kann. Er kann aber auch auf Gewinn spielen und zwar entweder mittels des geschäftsmäßigen Zuges 33. L×b5 oder durch eine kühne Fortsetzung seines Angriffs – 33. Sh4 Le7 34. Le4 De5 (34. ... Dc4 35. Dh5 L×h4 36. Df7+ Kh8 37. Dg6 Kg8 38. Dh7+ mit Gewinn) 35. Lb1 L×h4 36. T×e5 d×e5 37. g×h4 T×e6 38. D×b5 mit Vorteil. Die Fortsetzung 34. Sg6! D×e6 35. Lc2 ist sogar noch stärker.

28. ... **d5** 2.15

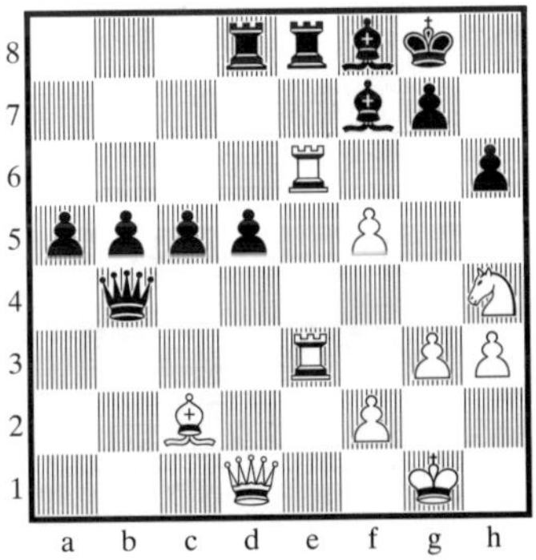

Jetzt kann Weiß nicht mehr länger warten.

29. De2	2.12	**Dc4**	2.15
30. Ld3	2.12	**Dc1+**	2.15
31. Kg2	2.12	**c4**	2.17
32. Lc2	2.13	**L×e6**	2.25

Die für Weiß gefährlich aussehende Alternative 32. ... d4 hätte wahrscheinlich zum Remis geführt: 33. T×e8 T×e8 (33. ... d3? 34. T×d8! d×e2 35. T×e2 mit Mattangriff nach Sg6; ebenfalls unzureichend ist 35. ... Dg5 36. Tb8 b4 37. Sg6 L×g6 38. f×g6 b3 39. Tee8 Df6 40. Le4 mit Gewinn für Weiß) 34. T×e8 d3 35. T×f8+ (aber nicht 35. De7 L×e8 36. D×e8 d×c2 37. Sg6 Da3!) 35. ... K×f8 36. De5, und Schwarz kann das Dauerschach nicht vermeiden.

33. T×e6? 2.19

Ein Fehler, nach dem Weiß um das Remis kämpfen muß. Richtig war 33. f×e6, wonach auch der Läufer am Angriff teilnimmt. Dann hätte Schwarz nach Rettungsmöglichkeiten Ausschau halten müssen: 33. ... Le7 34. Sf5 Da1 35. Dh5 Df6 36. Tf3 D×e6 37. Sd4 Dd6 38. Df7+ Kh8 39. Se6 Lf6 40. Dg6 Kg8 41. T×f6, oder 33. ... Lc5 34. Tf3 (nicht 34. Lf5 Le3 35. Dh5 wegen 35. ... Db2! und Weiß muß Dauerschach geben) 34. ... Td6 35. Lg6 mit starkem Angriff.

Die beste Verteidigung für Schwarz besteht in 33. ... d4!. Es könnte folgen 34. Lf5! Td5! 35. Dh5 T×f5 36. D×f5 d×e3 37. Df7+ Kh7 38. Dg6+. Dies ist vielleicht die einzige Variante, in der sich Weiß mit Remis durch Dauerschach zufriedengeben muß.

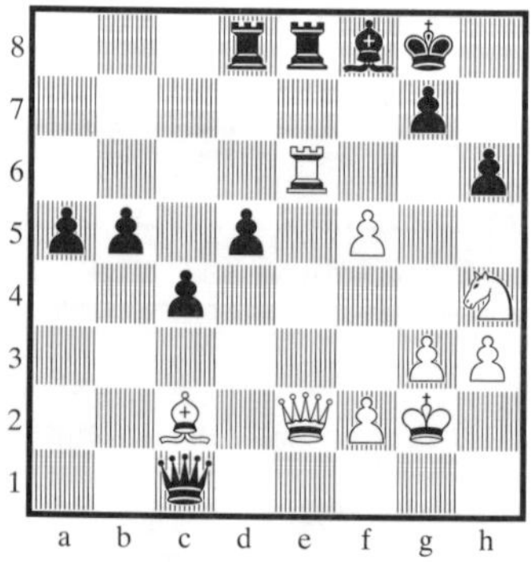

33. ...		**T×e6**	2.26
34. D×e6+	2.21		

Weiß weigert sich beharrlich, die Diagonale für seinen Läufer zu öffnen. Auch diesmal war es richtig, mit dem Bauern wiederzunehmen. Beispielsweise 34. f×e6 Dg5 (es droht e6–e7) 35. Lg6 Df6 36. Lf7+ Kh7 37. Dc2+ g6 38. S×g6 Kg7 39. Sf4, mit sicherem Remis. Oder 34. ... Le7 35. Lg6 L×h4 36. g×h4 Df4 37. e7 Db8 (37. ... Df6 38. e8D+ T×e8 39. D×e8+ Df8 40. Lf7+, oder 38. De6+) 38. De6+ Kh8. In dieser Stellung hat Schwarz keine befriedigende Verteidigung gegen den raschen Vormarsch des weißen f-Bauern: 39. f4! Dc8 40. Df7 c3 41. f5 c2 42. f6 Tg8 43. D×g8+! K×g8 44. f7+ Kh8 45. f8D+! – Excelsior!

Anmerkung des Übersetzers: Der amerikanische Problemkomponist Sam Loyd bezeichnete mit diesem Begriff Aufgaben, in denen die Lösung darin bestand, mit dem Bauern von der zweiten bis zur achten Reihe gewinnbringend (bzw. mattsetzend) durchzumarschieren.

34. ...		**Kh8**	2.26
35. Sg6+	2.22	**Kh7**	2.26
36. De2	2.22	**Dg5!**	2.27

Der Versuch, die gefährliche Röntgenwirkung des Läufers auf c2 durch 36. ... d4 37. f6 d3 zu unterbrechen, hätte nach 38. De4 g×f6 39. S×f8++ zum Remis geführt.

37. f6	2.22	**D×f6**	2.27
38. S×f8+	2.23	**Kg8**	2.28
39. Sg6	2.23		

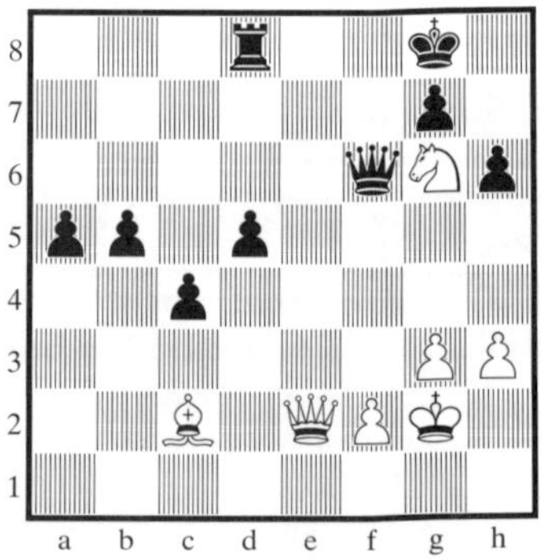

39. ...		**Df7??**	2.28

Nachdem er eine Gewinnstellung erreicht hat, blockiert Karpow unnötigerweise ein wichtiges Fluchtfeld für seinen König und gestattet es dem Gegner, Dauerschach zu forcieren. Der Gewinn war möglich durch 39. ... d4 40. Lf5 Dc6+ 41. Le4 (oder 41. Kg1 Te8 42. Se7+ Kf8) 41. ... d3! (aber nicht 41. ... Te8? 42. L×c6 T×e2 43. Ld5+ Kh7 44. Sf8+ mit Remisergebnis) 42. Se7+ Kf8 43. Df3+ Df6.

40. Se7+ 2.24 **Kf8** 2.28

Hier wurde die Partie abgebrochen, und am nächsten Tag einigten sich die Spieler ohne Wiederaufnahme auf **Remis.**

Ganz einfach gewann zuvor 39. ... a4 40. Lf5 a3 41. Le6+ Kh7 42. Dc2 D×g6 43. Lf5 D×f5 44. D×f5+ Kh8 45. Df3 b4 etc. Auch 39. ... b4 40. Lf5 b3 41. De1 c3 42. De3 c2 43. Le6+ Kh7 44. Dd3 D×g6 etc. reicht aus, nur der Vormarsch des d-Bauern führt tatsächlich zu unklarem Spiel. (Anm. des Übersetzers)

DIE FÜNFTE PARTIE
22. Oktober 1990

Nach der aufregenden 4. Partie nahm der Weltmeister ein „timeout“. Auch erfahrene Kämpen wie Kasparow und Karpow sind nicht unermüdlich! Viele Beobachter stimmten überein, daß sie sich an keine Weltmeisterschaft erinnern konnten, die mit derart heftigem Kampf begonnen hatte.

Doch in einer langen Auseinandersetzung kann ein kräftezehrender Beginn am Ende unliebsame Folgen haben, und daher war es keine Überraschung, daß die fünfte Partie ruhig und in positionellen Bahnen verlief. Karpow war nicht dazu aufgelegt, Widerlegungsversuche gegen das Eröffnungsexperiment des Weltmeisters in der Königsindischen Verteidigung (7. ... Sa6) zu unternehmen, und Kasparow beschränkte sich seinerseits auf akkurate Verteidigung. Der frühe Damenabtausch, dem bald weitere Vereinfachungen folgten, wies den Weg zum Unentschieden.

Natürlich war beiden Großmeistern nach dem aufregenden Start an einer Verschnaufpause gelegen. Doch dies war nicht der einzige Faktor, der den Verlauf der Partie bestimmte. Es gab noch einen psychologischen Grund für Kasparow, der in diesem Wettkampf ansonsten keinem Risiko aus dem Weg ging, gerade in dieser Begegnung Vorsicht walten zu lassen. Die jeweils fünften Partien der bisherigen Wettkämpfe zwischen Kasparow und Karpow hatten nämlich ein katastrophales Resultat für den Weltmeister erbracht: +0 –3 =1. Selbstverständlich kann eine solche Statistik einen ernormen psychologischen Druck ausüben, zumal auf Kasparow, der, wie bekanntlich viele Schachgroßmeister, solchen Vorzeichen große Bedeutung beimißt.

KARPOW – KASPAROW
Königsindische Verteidigung

1.	**d4**	0.00	**Sf6**	0.00
2.	**c4**	0.00	**g6**	0.00
3.	**Sc3**	0.00	**Lg7**	0.00
4.	**e4**	0.00	**d6**	0.01
5.	**Sf3**	0.00	**0–0**	0.01
6.	**Le2**	0.01	**e5**	0.01
7.	**Le3**	0.01	**Sa6?!**	0.01

Wie erwartet (vgl. den Kommentar zur 3. Partie) wiederholt Kasparow das Eröffnungsexperiment, mit dem er in der 3. Partie erfolgreich war, nicht. Zweifellos hatte Karpows Team mittlerweile eine Verstärkung gefunden.

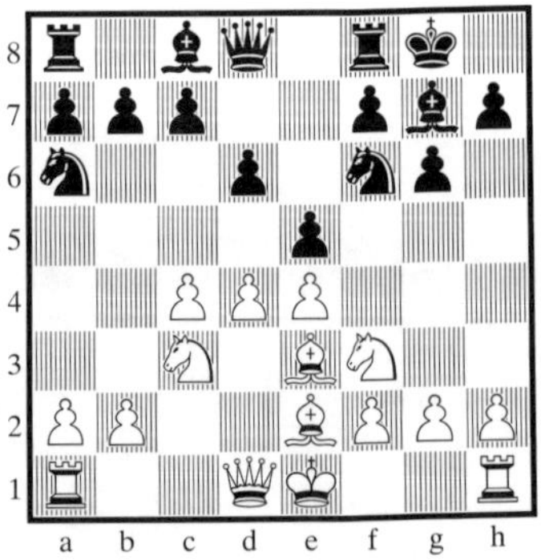

Mit dem Textzug beginnt ein weiteres Eröffnungsexperiment des Weltmeisters.

7. ... Sa6 kam in Großmeisterpartien der letzten Jahre nicht zur Anwendung und findet in Gellers Monographie über die Königsindische Verteidigung nicht einmal Erwähnung. Hier wird für Schwarz 7. ... c6 empfohlen, nach 8. 0–0 e×d4 muß Weiß mit dem Läufer zurücknehmen (9. S×d4 Te8 10. f3 d5), was weniger aktiv ist.
Der Nachteil von 7. ... Sa6 ist offensichtlich. Der Springer zieht an den Rand. Andererseits kann kaum angenommen werden, daß Kasparow nicht genau wußte, was er tat.

8. 0–0 0.11 **c6** 0.02

Wäre ...c6 einen Zug früher geschehen, so hätte Schwarz nun eine größere Auswahl an möglichen Fortsetzungen gehabt.

9. d×e5 0.31 **d×e5** 0.02

Nach diesem Abtausch kann Weiß kaum auf einen signifikanten Vorteil hoffen. 9. Te1 mit Aufrechterhaltung der Spannung im Zentrum kam ernstlich in Betracht.

10. D×d8 0.31 **T×d8** 0.02
11. Tfd1 0.31

Nichts bringt 11. S×e5 S×e4 12. S×e4 L×e5 13. Lg5 ein. Schwarz erlangt durch 13. ... Td4 oder 13. ... Te8 gutes Spiel.

11. ... **Te8** 0.05
12. h3 0.41

Notwendig angesichts der Drohung ...Sg4. Vielleicht hätte im 11. Zug besser der andere Turm die d-Linie besetzt, um im Bedarfsfall den Läufer nach c1 zurückziehen zu können.
Nach 12. Sd2 Sg4 13. L×g4 L×g4 14. f3 Le6 erhält Schwarz eine ausgezeichnete Stellung. 12. Se1 Sg4 13. L×g4 L×g4 14. f3 Le6 15. b3 Lf8 16. Sd3 f6 17. Td2 ist etwas besser, obwohl Weiß hier keinen greifbaren Vorteil erwarten kann.

12. ... **Lf8** 0.18

Kontrolliert die Diagonale a3–f8 und insbesondere das Feld c5.

13. Sd2 0.47

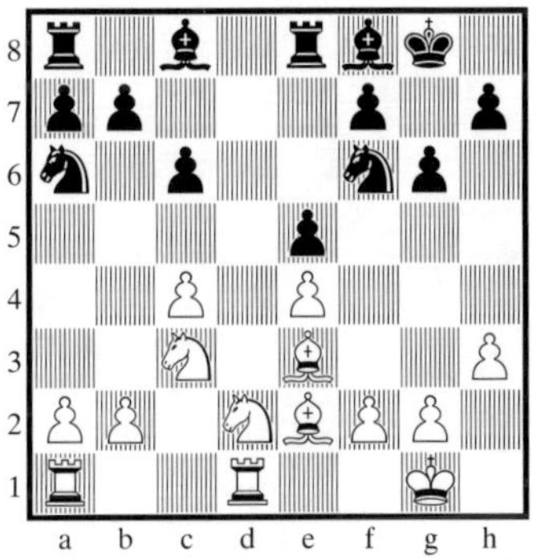

13. ... **b6!?** 0.46

Eine ungewöhnliche Stellungsbehandlung! Nach fast halbstündigem Nachdenken verwirft Kasparow die Normalfortsetzungen 13. ... Lc5 und 13. ... Sc5. Im Falle von 13. ... Lc5 14. L×c5 S×c5 15. b4 Se6 16. Sb3 kontrolliert Weiß das Feld d4 und hat Raumvorteil am Damenflügel. Aber 13. ... Sc5 kam ernsthaft in Betracht, wonach 14. b4 Se6 15. c5 möglich ist.

Analyse-Diagramm

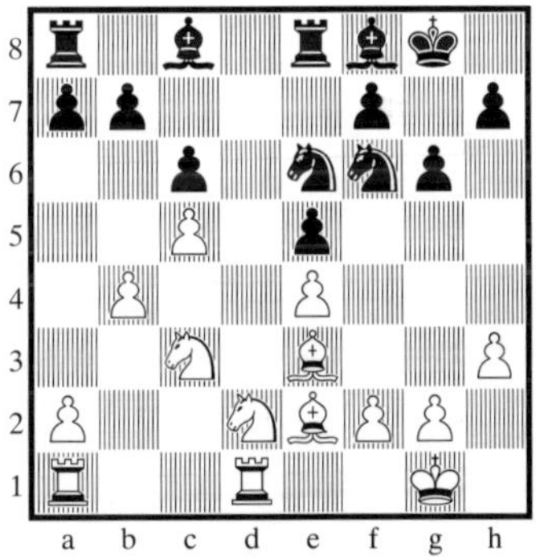

Mit seinem 13. Zug wollte Kasparow offenbar diese Stellung vermeiden. Die Folgen des Standardzuges 15. ... Sd4 sind allerdings höchst unklar, nach 16. Ld3 Le6 17. L×d4 e×d4 18. Se2 könnte der Bauer d4 zum Angriffsziel werden. Dennoch muß Schwarz sich nicht passiv verhalten. So kann er mit 15. ... b6 und Angriff auf die weiße Bauernphalanx am Damenflügel Initiative erhalten. Zum Beispiel 16. Sb3 (16. c×b6 L×b4) 16. ... a5 17. a3 (17. c×b6 a×b4 oder 17. b×a5 b×c5) 17. ... a4, und Schwarz hat sein Spiel vom gegnerischen Druck befreit. Der Versuch, mit 16. Sa4 den Druck aufrechtzuerhalten, bringt nichts ein, zum Beispiel. 16. ... b×c5 17. b×c5 (17. S×c5 S×c5 18. b×c5 Le6 und Schwarz hat keine Probleme) 17. ... Sd7 18. Tdc1 Tb8 mit gleichem Spiel.

14. a3	1.05	**Sc5**	0.48
15. b4	1.15	**Se6**	0.48
16. Sb3	1.19	**La6**	1.12

Schwarz hat die Entwicklung abgeschlossen, aber bei der stabilen Bauernformation des Weißen ist es nicht einfach, aktives Gegenspiel zu erlangen.

17. f3	1.26	**Sh5**	1.21

Droht 18. ... Sg3.

18. Lf2	1.31	**Ted8**	1.31

18. ... Tad8 war stärker und auch natürlicher.

19. Lf1	1.33	**Shf4**	1.49
20. g3	1.43	**Sh5**	1.49

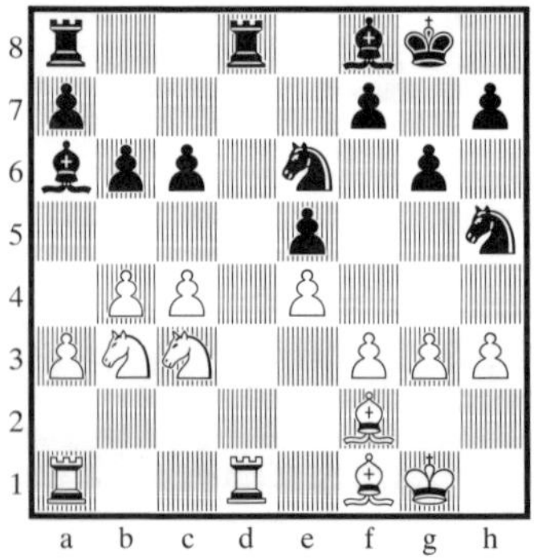

21. **Kg2?!** 1.43

Erwägenswert war de Firmians Vorschlag 21. Sa4 mit der Idee, c4–c5 zu spielen und eventuell das Feld a5 für einen Springer zu erobern. Eine mögliche Folge: 21. ... f5 22. e×f5 g×f5 23. c5 L×f1 24. K×f1 b×c5 (24. ... b5 25. Sc3 gefolgt von Sa5) 25. Sa×c5 S×c5 26. S×c5 L×c5 27. b×c5 Sf6 28. Td6, mit Vorteil für Weiß.

21. ...		**f5**	1.49
22. Tab1	1.47	**Tac8**	1.56
23. T×d8	2.03		

Für den Plan unter Einbeziehung von Sa4 ist es nun schon zu spät, man sehe beispielsweise 23. e×f5 g×f5 24. Sa4 Lg7 25. c5 L×f1 26. K×f1 b5 27. Sc3 e4.

23. ...		**T×d8**	1.56
24. Td1	2.06	**T×d1**	1.56
25. S×d1	2.06	**f×e4**	2.02
26. f×e4	2.06	**c5**	2.03

Die Stellung hat sich vereinfacht und ist absolut ausgeglichen.

Sinnvolle Gewinnversuche sind weder für Weiß noch für Schwarz zu sehen und der folgende Massenabtausch auf c5 läßt keinen Zweifel daran, daß sich die Partie ihrem logischen Ende nähert.

27. b×c5	2.13	**S×c5**	2.04
28. S×c5	2.13	**L×c5**	2.05
29. L×c5	2.14	**b×c5**	2.04

Die letzten Züge bedürfen keines Kommentars.

30. Sc3	2.14	**Sf6**	2.05
31. Kf3	2.14	**Lb7**	2.05
32. Ld3	2.17	**Kf8**	2.10
33. h4	2.20	**h6**	2.10
34. Lc2	2.21	**Ke7**	2.12
35. La4	2.22	**a6**	2.14
36. Ke3	2.23		

Remis

DIE SECHSTE PARTIE
24. Oktober 1990

Zur Überraschung der meisten Experten vermied Karpow, der mit Schwarz wieder Spanisch spielte, eine Fortsetzung der theoretischen Debatte über die Saitzew-Variante. Wir meinen, daß sich eine Erklärung hierfür in unseren Kommentaren zur zweiten und vierten Partie finden läßt.
Die von Schwarz in der vorliegenden Partie gewählte Variante wurde von dem großen estnischen Spieler Paul Keres in die Turnierpraxis eingeführt. Ob es am Überraschungseffekt lag (immerhin kam diese Spielweise bereits in einigen Partien des Exweltmeisters vor) oder an der Neuerung für Schwarz im 15. Zug – es gelang dem Weißen jedenfalls nicht, aus der Eröffnung etwas herauszuholen. Ja, viele der anwesenden Großmeister (unter ihnen Exweltmeister Boris Spasski, der diese Variante in der Vergangenheit häufig mit Erfolg angewendet hat) zogen Kasparows Stellung vor. Diese Meinung wurde durch die Bewertung des Computerprogramms „Deep Thought" gestützt.
Mit den weißen Steinen wollte Kasparow aber nicht auf die Initiative verzichten und griff zu seinem Lieblingsstrategem – einem Bauernopfer. Als Belohnung erhielt er, allerdings nicht ohne die Hilfe seines Gegners, mehr als die Initiative, nämlich einen starken Angriff. In schwieriger Stellung und Zeitnot begann Karpow jedoch, stark und erfindungsreich zu spielen. So bot er die Dame gegen Turm und Läufer an in der Hoffnung, anschließend eine uneinnehmbare Festung zu errichten. Kasparow hatte keine Lust, die Korrektheit dieses Angebots zu überprüfen, sondern setzte völlig richtig weiter auf direkten Königsangriff. Aber zuletzt spielte er ungenau.
Die Analyse der abgebrochenen Stellung ergab, daß der Weltmeister seinen Vorteil mit dem 41. Zug verschenkt hatte, für den er sich hätte Zeit lassen und den er hätte versiegeln können (und sollen!), anstatt ihn übereilt am Brett auszuführen.

KASPAROW – KARPOW

Spanisch

1.	**e4**	0.04	**e5**	0.00
2.	**Sf3**	0.04	**Sc6**	0.01
3.	**Lb5**	0.04	**a6**	0.01
4.	**La4**	0.04	**Sf6**	0.01
5.	**0–0**	0.04	**Le7**	0.01
6.	**Te1**	0.04	**b5**	0.01
7.	**Lb3**	0.04	**d6**	0.01
8.	**c3**	0.05	**0–0**	0.02
9.	**h3**	0.05	**Sd7**	0.02

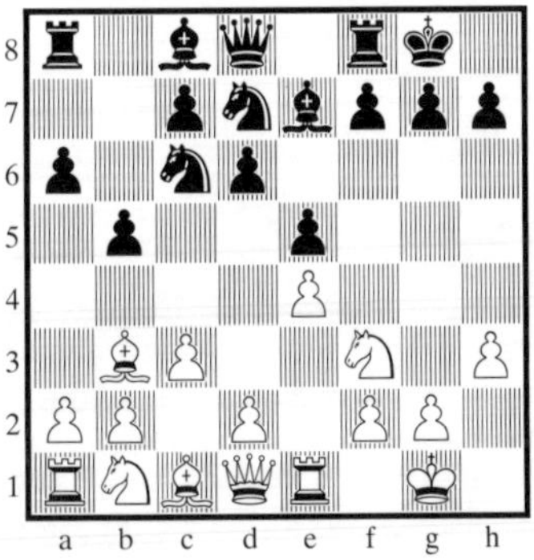

Diesmal also keine Saitzew-Variante! Karpow war wahrscheinlich mit dem Eröffnungsverlauf in der 2. und 4. Partie unzufrieden, vielleicht befürchtete er auch weitere Überraschungen. Und so kommt die Tschigorin-Variante aufs Brett, die vor Jahrzehnten recht häufig gespielt wurde.

10. d4 0.06 **Lf6** 0.02

Nach diesem Zug wird das Konzept des schwarzen Aufbaus deutlich. Überraschenderweise ist das Ziel ganz ähnlich wie in der Saitzew-Variante die Verhinderung des spanischen Standardmanövers Sb1–d2–f1. Während es aber dort durch Druck gegen den Bauern e4 erreicht wird, macht Schwarz nun d4 zum Angriffsziel.

11. a4 0.06

Nebenbei sei erwähnt, daß Weiß oft zu diesem Zug greift, wenn er Schwierigkeiten mit der Entwicklung des Damenflügels hat. Ob die Alternative 11. Le3 nebst Sbd2 besseres Spiel bringt, ist eine offene Frage.

11. ... **Lb7** 0.03

Ein Läuferzug, mit dem diese alte Variante rehabilitiert wurde. Früher spielte man hier gewöhnlich 11. ... b4, aber wie sich herausstellte, erhält Weiß nach 12. d5 Sa5 13. Lc2 b×c3 14. b4 Sb7 15. a5 eine überwältigende Stellung. Auch 11. ... Tb8 12. a×b5 a×b5 13. d5 ist für Schwarz nicht zufriedenstellend.

12. a×b5 0.29

Die Tatsache, daß Kasparow für diesen Zug sehr als zwanzig Minuten nachdachte, zeigt, daß ihm Zweifel kamen, ob der Zeitpunkt für den Abtausch auf b5 richtig gewählt war. Alternativen sind 12. Le3 Sa5 13. Lc2 Sc4 14. Lc1, was in der Praxis am häufigsten vorkam, und 12. d5 (wir halten dies für die stärkste Fortsetzung), um erst nach 12. ... Se7 mittels 13. a×b5 auf b5 zu nehmen.

12. ... **a×b5** 0.04
13. T×a8 0.29 **D×a8** 0.06
14. d5 0.29 **Sa5** 0.16
15. Lc2 0.30

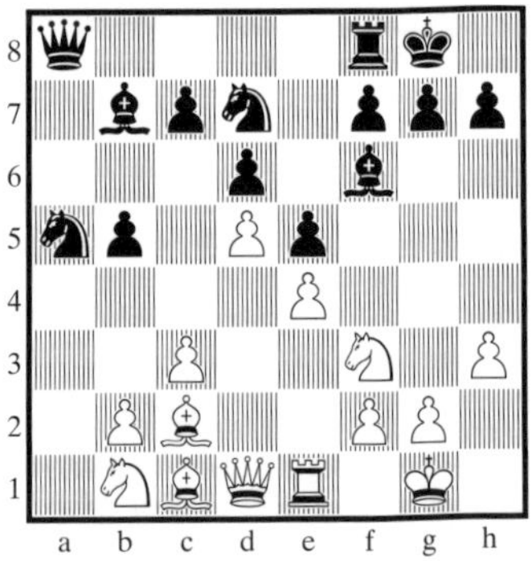

15. ... **Sc4!** 0.19

Diese Neuerung verbessert das schwarze Spiel ganz erheblich. In der Partie Tal – Keres (UdSSR 1964) erhielt Weiß nach 15. ... Tb8 16. Sa3 La6 17. b4 Sc4 18. S×c4 b×c4 19. La4, bzw. in Tal – Stein (UdSSR 1965) nach 15. ... Le7 16. Sa3 c6 17. d×c6 L×c6 18. De2 Da6 19. Sd2 Eröffnungsvorteil.

16. b3 0.38 **Scb6** 0.20
17. Sa3 0.42 **La6** 0.21
18. Sh2 1.05

Unserer Meinung nach sollte sich Weiß besser Sorgen um die Zukunft des schlechtstehenden Springers auf a3 machen, zumal sich mit b4 ein Feld anbietet, wo diese Figur eine beherrschende Position einnehmen würde. Daher wäre also 18. Lb1 mit dem Plan Sc2 empfehlenswert. Schwarz hat nur eine Möglichkeit, das drohende Springermanöver zu verhindern, nämlich 18. ... Sc5 (18. ... c6 wird mit 19. d×c6 D×c6 20. Ld2 Sc5 21. Sc2! beantwortet, und nun darf b3 wegen 22. Sb4 nicht genommen werden).

Es soll noch erwähnt werden, daß ein befreiender Bauernzug ...c6 für lange Zeit unterbunden ist, wenn erst einmal ein weißer Springer auf b4 steht. Gewiß, für Weiß ist es in der entstehenden Position auch nicht einfach, Aktivitäten zu entwickeln.

Nach dem Textzug kann Schwarz ... c6 spielen.

18. ... **c6** 0.31
19. d×c6 1.12 **D×c6** 0.31
20. Ld2? 1.13

Ein Zeitverlust, da der Springer a3 nun schutzbedürftig wird. Viel besser war 20. Df3, wonach der Springer auf a3 gedeckt bleibt.

20. ... **Le7!** 0.55
21. Sg4?! 1.15 **Ta8!** 0.58

Eine interessante Möglichkeit war hier das scharfe 21. ... f5!?, wonach die Partie einen völlig anderen Charakter angenommen hätte: Nach 22. e×f5 Lb7 23. Df3 (am besten) D×f3 24. g×f3 Ta8 25. S×b5 Ta2 26. Se3 L×f3 hat Schwarz ausreichende Initiative für den Bauern. Der von Karpow gewählte Zug ist allerdings noch stärker.

22. Se3 1.24

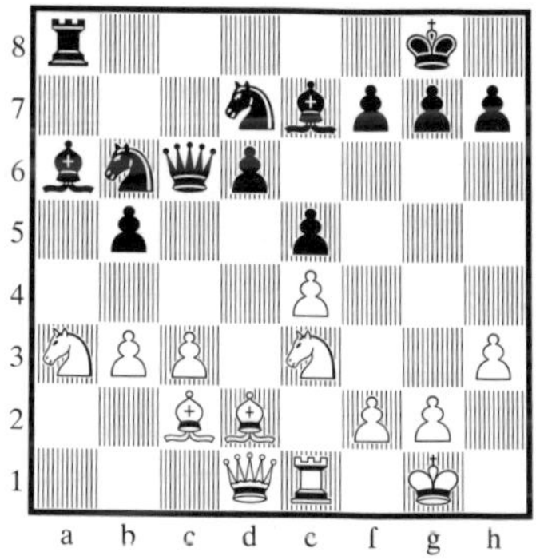

22. ... **Sf6** 1.00

Hier war aber 22. ... Lb7, was den Springer angreift, viel besser. Schwarz hätte danach starke Initiative entfaltet.

23. Sf5 1.32 **Lf8** 1.01
24. Lg5 1.32 **Sbd7** 1.02

Manche Kommentatoren kritisieren diesen Zug und empfehlen die Öffnung des Zentrums durch 24. ... d5. Es scheint uns, daß Weiß nach 25. e×f5 Sf×d5 neben dem ruhigen 26. Sb1 (wonach Schwarz nichts Greifbares erreicht, weil der Bauer nicht zu nehmen ist, zum Beispiel 26. ... S×c3 27. S×c3 D×c3 28. Te3 Dc7 29. Sh6+ Kh8 30. Dd3 g6 31. Lf6+ Lg7 32. L×e5 L×e5 33. T×e5, mit Vorteil für Weiß) auch schärfere Fortsetzungen zur Verfügung stehen. Für abenteuerlich veranlagte Spieler empfehlen wir die Fortsetzung 26. Le4.

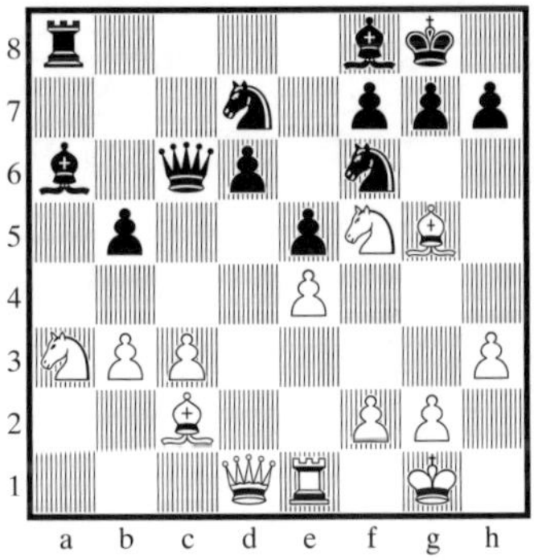

25. c4! 1.33

Weiß opfert einen Bauern und erhält dafür einen starken weißfeldrigen Läufer.

25. ... **b×c4** 1.13
26. b×c4 1.39 **L×c4** 1.31
27. S×c4 1.40 **D×c4** 1.31
28. Lb3 1.41 **Dc3?!** 1.33

Diese Stellung erfordert von Schwarz sehr genaues Spiel, um nicht in Nachteil zu geraten. Der weiße Druck kompensiert den Bauern vollständig. Der Textzug gewinnt nur scheinbar ein Tempo, verliert aber tatsächlich Zeit. Deshalb war 28. ... Db4 vorzuziehen. Von b4 aus greift die Dame sowohl den Turm e1 als auch den Bauern auf e4 an. Die natürliche Fortsetzung wäre 29. Te3 Ta3 (29. ... S×e4 30. L×f7+! K×f7 31. Dd5+ Kg6 32. De6+ K×g5 33. h4+ Kh5 34. T×e4 und gewinnt, oder 32. ... Sdf6 33. L×f6 g×f6 34. Dg8+ usw.) 30. Df3.

Analyse-Diagramm

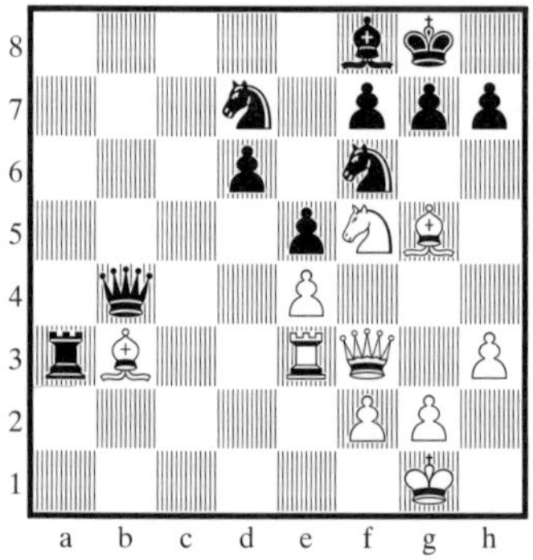

Schwarz muß hier keineswegs die Qualität opfern, wie viele Experten während der Partie annahmen. Nach 30. ... T×b3 31. T×b3 De1+ (31. ... D×e4 32. Sh6+ g×h6 33. L×f6 D×f3 34. T×f3 S×f6 35. T×f6 mit besserem Endspiel für Weiß) 32. Kh2 S×e4 33. Le3!, ist Weiß im Vorteil.

In der Diagrammstellung steht dem Nachziehenden jedoch ein kraftvoller Gegenschlag im Zentrum zur Verfügung, der die Stellungsbeurteilung grundlegend verändert: 30. ... d5!. Jetzt muß sich plötzlich der Weiße Gedanken um die Sicherung seiner Position machen, denn nach beispielsweise 31. e×d5 Lc5 32. Tc3 T×b3 33. T×b3 De1+ 34. Kh2 L×f2 würde er sogar verlieren. Am einfachsten ist 31. L×f6 S×f6 32. L×d5 mit materiellem Gleichgewicht und remisverdächtiger Stellung.

29. Kh2 1.45

Dieser Zug ist erzwungen aber auch nützlich, da die weißen Schwerfiguren ohnehin von der Grundreihe auf die dritte Reihe überführt werden sollen. Wie aber kann Schwarz die kurze Atempause nutzen?

29. ... **h6?!** 1.46

Wieder zwingt Schwarz seinen Gegner dazu einen Zeitverlust in Kauf zu nehmen, und provoziert dabei einen sehr nützlichen Zug. Das Matchbulletin empfiehlt 29. ... g6 30. Te3 Da1 31. Dd2 g×f5 32. L×f6 f4 (32. ... S×f6? verliert wegen 33. Tg3+ Lg7 34. Dg5 Se8 35. De7 Da7 36. L×f7+ Kh8 37. Df8+ L×f8 38. Tg8 – ein schönes „Hilfsmatt"!), wonach Schwarz eine Figur gewinnt. Aber anstelle von 31. Dd2 schlagen wir in dieser Variante 31. Df3 vor, zum Beispiel 31. ... g×f5 32. D×f5 Le7 33. Lh6 Kh8 34. Tg3 Lf8 (34. ... Tg8 35. T×g8+ S×g8 36. D×f7+ oder 36. D×d7 führt zu weißem Vorteil) 35. Lg5 Le7 36. L×f7 Tf8 37. De6 Ld8 38. L×f6 L×f6 39. D×d7, oder 35. ... Lg7 36. L×f6 S×f6 37. T×g7 K×g7 38. Dg5+ Kf8 39. D×f6 Da7 40. h4, in beiden Fällen mit Vorteil für Weiß.

Vielleicht wäre es auch hier am einfachsten gewesen, den Bauern zurückzugeben, um Ausgleich zu erzielen, zum Beispiel 29. ... d5 30. L×d5 S×d5 31. D×d5 Da5 32. Dd1 Sc5. Aber Karpow liebt es überhaupt nicht, Bauern herzugeben. Vielleicht unterschätzte er die nun folgende Umgruppierung der weißen Figuren, vielleicht überschätzte er aber auch die Möglichkeiten seiner eigenen Stellung.

30. L×f6	2.02	**S×f6**	1.47
31. Te3	2.03	**Dc7**	1.52

Schwarz schaltet damit auf passive Verteidigung um. Wir empfehlen stattdessen eine aktive Verteidigung mittels 31. ... Db2. Falls nun 32. Df3, so kommt 32. ... Tb8! 33. Lc4 (33. S×h6+ scheitert an 33. ... g×h6 34. D×f6 T×b3) 33. ... Dc1, wonach 34. S×h6+ nur zum Remis führt; 34. ... g×h6 35. D×f6 D×c4 36. Tg3+ Kh7, und Weiß muß Dauerschach geben, denn auf 37. Df5+ Kh8 38. Dg4 gewinnt Schwarz mit 38. ... f6. Die grundsätzliche Idee dieser Verteidigung ist es, den gefährlichen weißfeldrigen Läufer permanent anzugreifen. Auf 32. Tg3 folgt 32. ... Kh8, auf 32. Tf3 geschieht 32. ... Ta3.

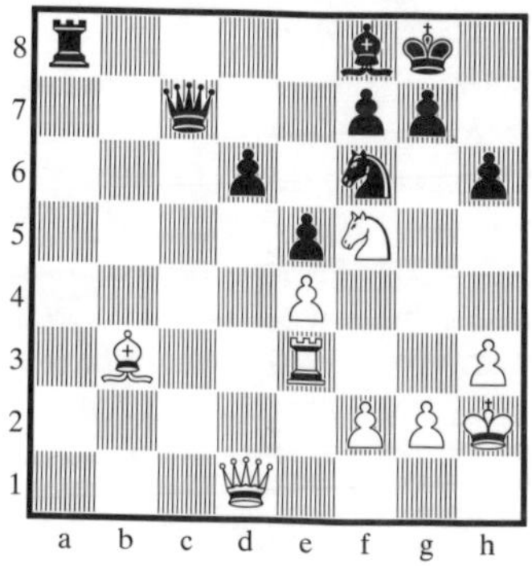

32. Tf3! 2.03

Karpow hätte stattdessen einen anderen weißen Zug sicherlich lieber gesehen.
Offenbar erwartete er, wie die meisten Beobachter, eine Fortsetzung des Angriffs mittels 32. Tg3. Der latente Druck auf der f-Linie gegen den schwachen Punkt f7 erweist sich aber als weitaus wirksamer als ein direkter Angriff auf der g-Linie.

32. ... **Kh7** 2.18

Die Alternative 32. ... Dd8 33. Se3 Kh8 34. Dd3 mit der Idee Sd5 ändert nichts an der Lage.

33. Se3	2.03	**De7**	2.25
34. Sd5	2.07	**S×d5**	2.25
35. L×d5	2.07	**Ta7**	2.25

Dank der ungleichfarbigen Läufer hat Weiß starken Angriff (der schwarze Mehrbauer ist in dieser Stellung vollkommen ohne Bedeutung!). Schwarz möchte nun gerne Dame und Bauern gegen Turm und Läufer hergeben (36. T×f7 D×f7 37. L×f7 T×f7), um danach eine uneinnehmbare Festung zu errichten. Kasparow verzichtet jedoch auf Materialgewinn und verstärkt weiterhin den Druck auf die gegnerische Stellung.

36. Db3!	2.08	**f6**	2.26
37. Db8	2.10	**g6**	2.27

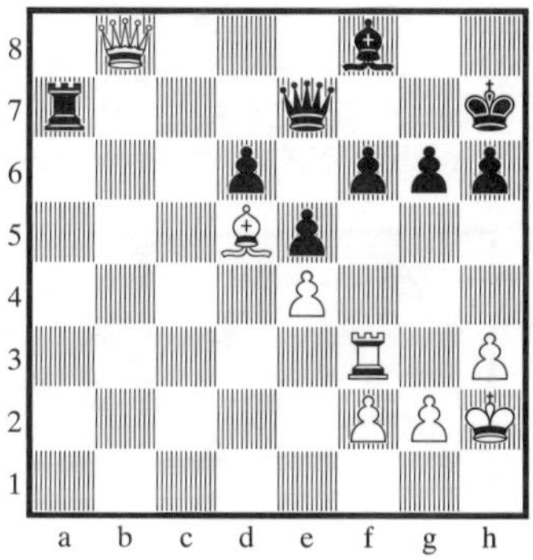

38. Tc3 2.16

Seirawans Vorschlag 38. g4 hätte ... h6–h5 verhindert, womit Karpow seinem König Bewegungsfreiheit verschafft. Danach droht Tc3 nebst Tc8, und nun geht ...Lg7 nicht wegen Th8+ mit Matt, während ...Kg7 nach Te8 die Dame verliert. Kann sich Schwarz überhaupt noch verteidigen?
Er hat zwei Züge:
a) 38. ... Td7 (mit der Idee, die weiße Dame von der 8. Reihe zu vertreiben; in dieser Stellung sind übrigens weder 38. ... f5 noch 38. ... h5 spielbar) 39. Tc3 Td8 40. Db6 Lg7 41. Tc7 Td7 (es wäre selbstredend auch nicht besser, wenn man die weißen Steine in die siebente Reihe eindringen ließe: auch 41. ... Df8 42. Db7 ist hoffnungslos, Schwarz ist praktisch patt und der Vormarsch h4–h5 entscheidet) 42. Tc8, und Weiß ist am Ziel seiner Wünsche.
b) 38. ... Tc7 39. Ta3 Kg7 (39. ... Td7 40. Tc3 geht in die vorige Variante über) 40. Ta8 Td7 41. Db6 Kh7 42. Lc6 Tc7 43. Te8 Dg7 44. Ld5 Te7 45. Tc8, und gegen Db8 gibt es keine Verteidigung mehr.

38. ...		**h5!**	2.27
39. g4	2.17	**Kh6**	2.28
40. g×h5	2.25		

Ein positionelles Zugeständnis. 40. Db6 mit der Absicht, anschließend eine Öffnung des Spiels auf dem Königsflügel zu erzwingen, war nachhaltiger. Weiß hatte hier jedoch offenbar den Plan gefaßt, einen direkten Königsangriff auf der g-Linie vorzutragen. Nur ... dazu kam es nicht mehr.

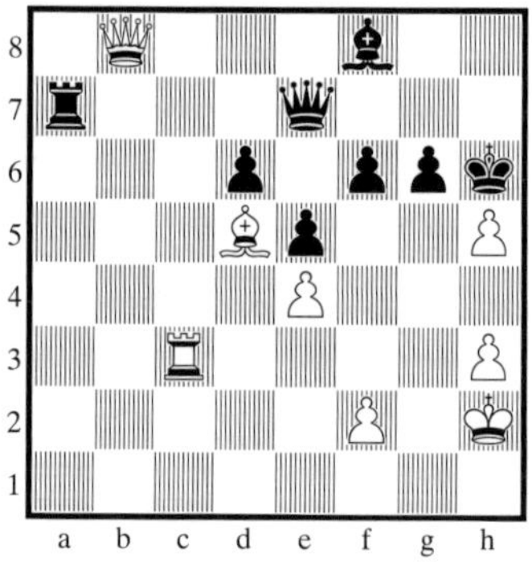

40. ... **K×h5!** 2.28

41. Tc8?! 2.26

Ein Fehler, der bereits nach der Zeitkontrolle gemacht wurde. Die Drohungen des Weißen auf der 8. Reihe sind nicht ausreichend zum Erfolg, und die Möglichkeit ...f5 sollte ihn dazu veranlassen, an die Sicherheit des eigenen Königs zu denken. Daher sollte 41. Dc8! gespielt werden, zum Beispiel 41. ... Kh6 42. Tg3 Td7 (42. ... Kh7 43. h4) 43. Lc6 Tc7 44. Dg4 Df7 45. Ld5 De8 46. Le6 (von Kasparow empfohlen).

41. ... **Lg7** 2.29
42. Te8 2.58

Dies war der Abgabezug, den Kasparow gewählt hatte.
Später bot Kasparow **Remis** an, welches angenommen wurde.

DIE SIEBENTE PARTIE
26. Oktober 1990

In der 7. Partie gelang Karpow der erste Sieg in diesem Wettkampf, wonach der Stand wieder ausgeglichen war; 3,5 – 3,5. Der Fairneß halber muß allerdings gesagt werden, daß vor allem der Weltmeister für das Zustandekommen des Resultats verantwortlich war: Kasparow schoß den möglicherweise kapitalsten Bock in seiner Karriere, indem er einen einfachen taktischen Schlag übersah.

Kasparow wählte als Nachziehender zum vierten Mal die Königsindische Verteidigung. Wie in den vorangegangenen Partien nahm das Spiel sehr bald einen originellen Charakter an. Karpow kam mit geringem aber dauerhaftem Vorteil aus der Eröffnung und erhielt, was wichtiger war, „seine" Position, einen Stellungstyp, der das geduldige Ansammeln kleiner Vorteile – die sich für den Gegenspieler oft zu riesigen Problemen auswachsen können – begünstigt.

Kasparow hätte den Abtausch seines Springers, der auf einem etwas umständlichen Weg nach e6 gelangt war, von wo aus er die ganze schwarze Stellung zusammenhielt, zulassen sollen. Er erhielt zwar das Läuferpaar, mußte aber die Bauernstruktur weiter schwächen, um seine Läufer zu aktivieren. Weiß fand allerdings auch nicht immer die besten Züge, und der Ausgang der Partie wäre durchaus offen gewesen, hätte Kasparow nicht in einer etwa gleichen Stellung den selbstmörderischen Zug 27. ... Da5?? gefunden. „Ich habe heute einfach überhaupt nichts gesehen", sagte der Weltmeister, als man ihn unmittelbar nach der Partie um eine Erklärung für dieses rätselhafte Versehen bat.

Die Folge war jedenfalls, daß Karpow in ein gewonnenes Endspiel mit Mehrbauern abwickeln konnte. Gedankenlos machte Kasparow einen pseudoaktiven Läuferzug, der zu weiterem Abtausch führte, wodurch die Aufgabe des Weißen erheblich erleichtert wurde.
Die Partie wurde abgebrochen, aber über den Ausgang bestand kein Zweifel. Kasparow gab auf, ohne zur Wiederaufnahme anzutreten.

KARPOW – KASPAROW
Königsindische Verteidigung

1. d4	0.00	**Sf6**	0.00
2. c4	0.00	**g6**	0.01
3. Sc3	0.00	**Lg7**	0.01
4. e4	0.00	**d6**	0.01
5. Sf3	0.01	**0–0**	0.01
6. Le2	0.01	**e5**	0.01
7. Le3	0.01	**Sa6**	0.06

Die erneute Anwendung dieses exzentrischen Zuges heißt noch nicht, daß er wirklich eine Verstärkung des schwarzen

Spiels darstellt. Sicher hat Kasparow in dieser Variante einige Feinheiten vorbereitet, aber es ist schwer vorstellbar, daß die schlechte Stellung des Randspringers gerechtfertigt sein soll.

8. 0–0 0.02 **Sg4** 0.06

Also nicht 8. ... c6 wie in der 5. Partie. Möglicherweise war der Weltmeister mit dem weiteren Spielverlauf nicht ganz zufrieden.

9. Lg5 0.03 **f6** 0.06

10. Lc1 0.06 **Kh8** 0.08

Eine Neuerung, wenngleich dieser natürliche prophylaktische Zug in analogen Stellungen gespielt worden ist.

In der Partie Čebalo – I. Sokolov, Jugoslawien 1989, setzte Schwarz hier mit 10. ... De8 fort; nach 11. h3 Sh6 12. d×e5 d×e5 13. b3 Le6 14. La3 Tf7 15. Dc2 Lf8 16. L×f8 D×f8 17. a3 Td7 18. Tfd1 T×d1+ 19. S×d1 Sf7 stand es ausgeglichen.

11. h3 0.19 **Sh6** 0.09

Man vergleiche die Stellung der schwarzen mit derjenigen der weißen Springer!

12. d×e5 0.24

Diese Klärung der Stellung ist typisch für Karpow und dürfte außerdem die stärkste Fortsetzung sein. Es ist jedenfalls nicht einfach, statt dieses Nehmens einen nützlichen Zug zu finden, um die Spannung aufrechtzuerhalten. Auf den natürlichen Zug 12. ... d×e5 kann Weiß nun 13. b3 spielen, um anschließend mit seinem schwarzfeldrigen Läufer auf a3 eine aktive Position zu beziehen.

12. ... **f×e5!?** 0.11

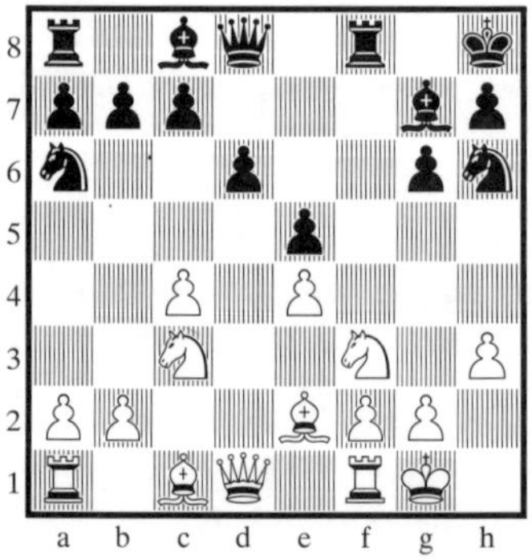

Diese Entscheidung ist wiederum typisch für Kasparow. Er liebt ausgefallene Stellungen fern jeder Schablone.

Wie sehen nun die Pläne für beide Seiten aus? Schwarz sollte zunächst seinen Springer von a6 nach e6 überführen, womit er die Möglichkeit zum Spiel am Königsflügel erhält oder auch das solide Manöver ...c5 gefolgt von ...Sd4 ausführen kann.

Der weiße Plan sieht einen Angriff im Zentrum und am Damenflügel vor. Die nun folgende Partiephase wird durch das Auseinandertreffen dieser unterschiedlichen Zielsetzungen geprägt.

13. Le3 0.28 **Sf7** 0.11

14. Dd2 0.28 **Sc5** 0.21

15. Sg5!? 0,53

Hier hatte Weiß eine reizvolle Alternative: 15. L×c5 d×c5 16. De3 b6 17. Tfd1 Ld7 18. a3 und es droht ein Angriff am Damenflügel mit b2–b4. Nach 18. ... a5 ergibt 19. Sd5 ein klares positionelles Übergewicht für Weiß.

15. ... **S×g5** 0.37

16. L×g5 0.53 **Lf6** 0.38

16. ... De8, was den Läufer auf seinem angestammten Feld g7 beläßt, sieht logischer aus.

17. Le3! 0.56

Jetzt droht L×c5.

17. ... **Se6** 0.49

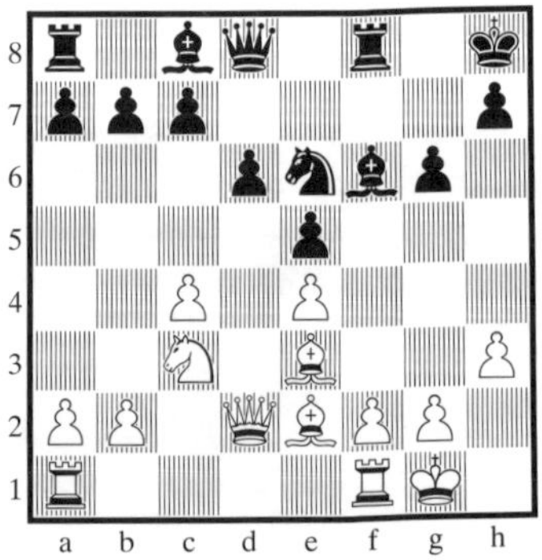

18. Lg4 0.59 **h5?** 1.12

Noch eine Ungenauigkeit. Nach der Inkaufnahme des Abtauschs des Springers gegen den weißfeldrigen Läufer erhält Schwarz eine passive Stellung. Natürlich würde er nach 18. ... Sd4 19. L×c8 T×c8 20. L×d4 e×d4 21. Sb5 einen Bauern praktisch ohne jede Kompensation verlieren, aber mit 18. ... Sf4! (droht ... L×g4 nebst Rückkehr des Springers nach e6) konnte er sich die wichtige Leichtfigur bewahren. Die schwarze Stellung wäre dann zufriedenstellend gewesen, aber Kasparow möchte unbedingt mit dem Läuferpaar spielen.

19. L×e6 1.00 **L×e6** 1.12
20. Sd5 1.03 **Lh4** 1.12
21. Tac1 1.14

21. L×a7 L×d5 22. Dh6+ Kg8 23. D×g6+ Kh8 24. D×h5+ Kg8! (aber nicht 24. ... Kg7? 25. Le3! mit Gewinn für Weiß) führt zu Dauerschach.

21. ... **Kh7** 1.23
22. Tc3 1.25 **Tf7** 1.27
23. b3 1.27

Hier kam 23. Td3 stark in Betracht um einem möglichen c7–c6 vorbeugend zu begegnen, zum Beispiel 23. ... c6 24. Sc3 L×c4 25. T×d6 Dc7 (25. ... De7 26. Td1 Ld5 27. Lc5) 26. Td1 Ld5 27. Sb5 mit Gewinn.

23. ... **c6** 1.35
24. Sb4 1.28

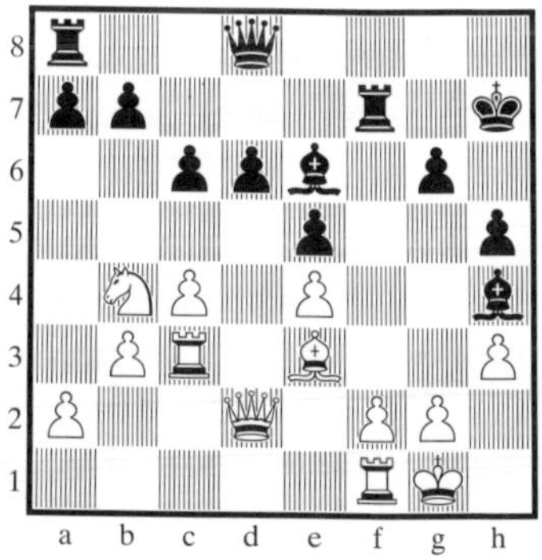

Da das Feld c3 vom Turm blockiert ist, muß sich der weiße Springer auf diesen zweifelhaften Standplatz begeben. Der weiße Vorteil ist nur noch geringfügig.

24. ... **Td7** 1.37
25. Tcc1? 1.34

Auch hier erscheint 25. Td3 logischer.

25. ... **Lf6** 1.38

Endlich kehrt der Läufer auf seine „königsindische" Diagonale zurück.

26. f4 1.38

Dadurch gewinnt die Auseinandersetzung zwar an Schärfe, doch erscheint die Öffnung der Stellung verfrüht. Weiß hätte zunächst seine Streitkräfte umgruppieren sollen.

26. ... **e×f4** 1.44
27. L×f4 1.38

Die Stellung befindet sich nun ungefähr im Gleichgewicht. Weiß hat zwar etwas Raumvorteil, aber Schwarz besitzt mit seinem zwei starken Läufern ausreichend Kompensation, insbesondere nach Öffnung durch 26. f4.

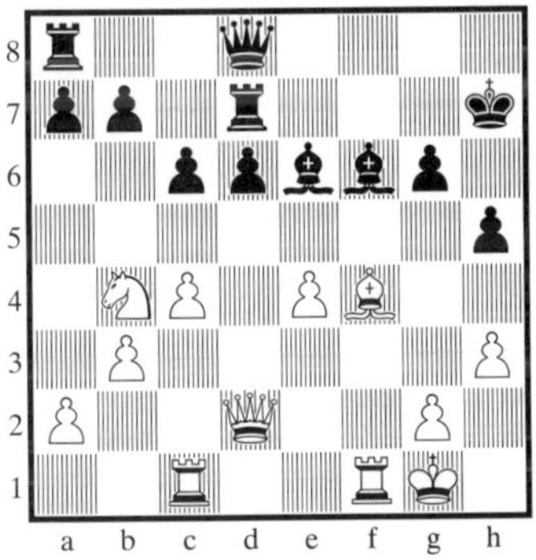

27. ... **Da5??** 1.50

Nachdem er das Schlimmste überstanden hat, macht Kasparow einen unbegreiflichen Fehler. Er hatte die Wahl zwischen 27. ... De7 und 27. ... Dh8.

Besonders verblüffend ist, daß Spasski in der 8. Partie seines Wettkampfes gegen Fischer, Reykjavik 1972, genau dasselbe elementare Versehen unterlief.

28. Sd5! 2.03 **Dc5+** 1.51
29. Kh1 2.08

Auf 29. Le3 könnte 29. ... Lg5! 30. Sf6+ Kh6 31. L×c5 L×d2 32. Tcd1 Tdd8 mit Rettungschancen folgen.

29.	**...**		**L×d5**	1.52
30.	**c×d5**	2.09	**Dd4**	1.56

30. ... Db5 könnte zu einer Stellung führen, die später auch in der Partie entsteht: 31. Lh6 Lg7 32. L×g7 K×g7 33. Dc3+ Kh7 34. d×c6 b×c6 35. D×c6 D×c6 36. T×c6.

31.	**d×c6**	2.10	**b×c6**	1.56
32.	**T×c6**	2.11		

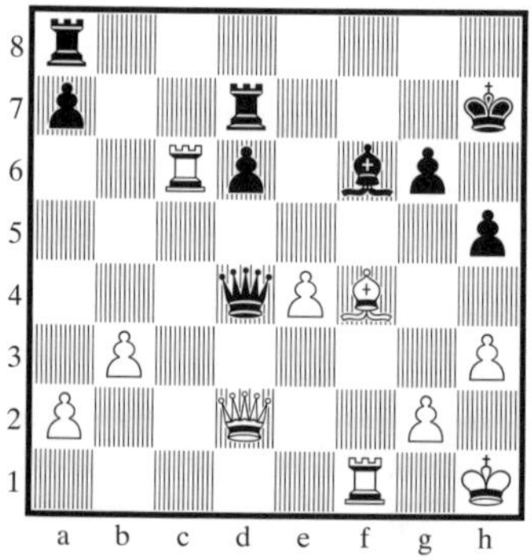

32.	**...**		**Te8**	1.57

Hier war es relativ am besten, mittels 32. ... D×e4 die Damen im Spiel zu behalten.

33.	**Tc4**	2.13	**D×d2**	1.57
34.	**L×d2**	2.13	**Le5**	2.01
35.	**Le3**	2.17	**Lg3**	2.03
36.	**Tf3**	2.19	**h4**	2.07

Kasparows leztzter Fehler in dieser Partie. Die einzige Chance, noch Widerstand zu leisten, bestand darin, mit 36. ... Le5 die Läufer auf dem Brett zu lassen. Im Turmendspiel erweist sich der Bauer auf h4 als eine Schwäche.

37.	**Lf2**	2.20	**L×f2**	2.10
38.	**T×f2**	2.20	**Tde7**	2.10
39.	**Tf4**	2.20	**g5**	2.10
40.	**Tf6**	2.25	**T×e4**	2.12
41.	**T×e4**	2.28	**T×e4**	2.13
42.	**T×d6**	2.29	**Te7**	2.14
43.	**Ta6**	2.33	**Kg7**	2.17

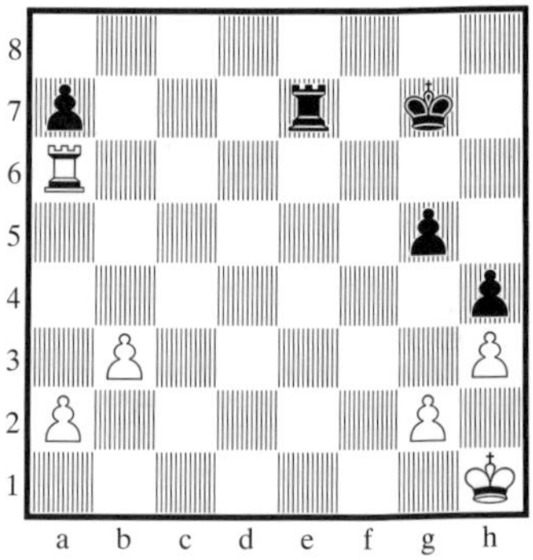

Hier wurde die Partie abgebrochen, und zwei Minuten später gab Karpow seinen Zug ab. **Kasparow gab am folgenden Tag auf**, ohne in die Wiederaufnahme zu gehen.

Schwarz muß den Turm auf f7 lassen, um gleichzeitig a7 zu überdecken und die Aktivierung des weißen Königs zu verhindern. Gleichzeitig ist der schwarze König an die Felder g7 und h7 gebunden, denn wenn er auf die Grundreihe zieht, erzwingt Ta5 die Antwort Tg7, wonach der weiße König aktiv werden kann.
Der Gewinnplan ist einfach; Weiß spielt g2–g3, Kg2, tauscht auf h4 ab und zieht anschließend Ta4.

DIE ACHTE PARTIE
29./30. Oktober 1990

Dies war möglicherweise die Schlüsselpartie in der New Yorker Matchhälfte, bemerkenswert wegen der Härte des Kampfes in allen Stadien, wegen der aufregenden Zeitnotphasen und raschen Situationswechsel und nicht zuletzt wegen der Tatsache, daß das Resultat bis zum Schluß offenblieb.

Interessant war auch der psychologische Hintergrund: Wie würde Kasparow die Niederlage in der vorangegangenen Begegnung verdauen? Die Statistik sieht nicht günstig für ihn aus: Nach Karpowsiegen hatte der Weltmeister in der Vergangenheit nur einmal gewonnen, viermal verloren und elfmal remisiert.

Karpow schien nicht abgeneigt, die Initiative im Wettkampf zu ergreifen. Im 14. Zug führte er mit einer Neuerung im Spanier eine spannungsgeladene Bauernstellung im Zentrum herbei. Nach fünfundvierzigminütiger Überlegung fand Kasparow eine Antwort, die seinen Gegner zu überraschen schien. Jedenfalls versank Karpow drei Züge später in tiefes Nachdenken. Lange Zeit verteidigte er sich ausgezeichnet, aber schließlich kam doch eine Ungenauigkeit, die es Kasparow ermöglichte, einen starken Königsangriff aufzubauen. Zu diesem Zeitpunkt zweifelte niemand am Sieg des Weltmeisters. Doch ausgerechnet in der Zeitnot seines Gegners spielte Kasparow unsicher und planlos, und stellte zur Krönung seines schlechten Spiels kurz vor der Zeitkontrolle einen Bauern ein.
Die allgemeine (und auch Kasparows, wie er später zugab) Einschätzung der Abbruchstellung lautete: Weiß steht nun auf Verlust. Gewiß gab es für Schwarz noch eine Menge Probleme zu lösen. Eigentlich begann nach dem 40. Zug eine neue Partie, die mehr als fünf Stunden in Anspruch nahm und Kasparow Gelegenheit gab, seine Fähigkeiten als Verteidiger unter Beweis zu stellen. Er zügelte sein Temperament, führte die schwierige Defensive voller Geduld und vergaß dabei nicht, den gegnerischen König ständig mit seinen Schwerfiguren zu beunruhigen. Nachdem diese hartumkämpfte Partie schließlich remis geworden war, prophezeiten viele Experten, daß auch die erste Matchhälfte mit Gleichstand enden würde.

KASPAROW – KARPOW
Spanisch

1. **e4**	0.00	**e5**	0.00
2. **Sf3**	0.00	**Sc6**	0.00
3. **Lb5**	0.00	**a6**	0.00
4. **La4**	0.00	**Sf6**	0.00
5. **0–0**	0.01	**Le7**	0.00
6. **Te1**	0.01	**b5**	0.00
7. **Lb3**	0.01	**d6**	0.00
8. **c3**	0.01	**0–0**	0.00

9. h3	0.01	**Sd7**	0.01
10. d4	0.02	**Lf6**	0.01
11. a4	0.06	**Lb7**	0.01
12. Le3	0.06		

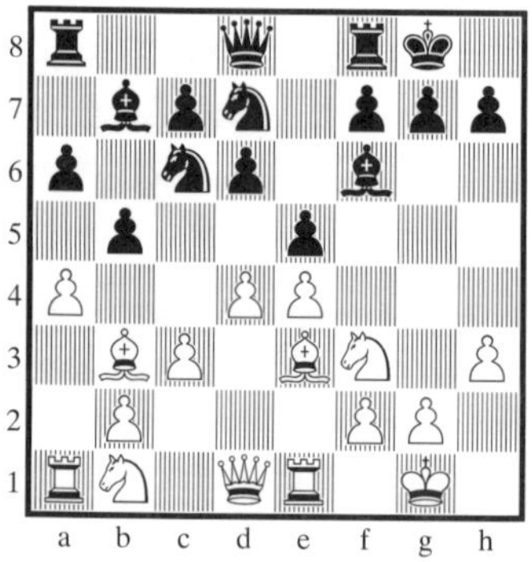

Deckt den Bauern d4 und entwickelt gleichzeitig den Damenflügel, doch es ist fraglich, ob diese Fortsetzung geeignet ist, die weißen Eröffnungsprobleme zu lösen.

12. ...		**Sa5**	0.12
13. Lc2	0.06	**Sc4**	0.19
14. Lc1	0.06	**d5?!**	0.22

Eine beachtliche Neuerung. Schwarz hat Entwicklungsvorsprung und möchte daher die Stellung öffnen, 14. ... d5 ist eine Verbesserung gegenüber der Partie Iwantschuk – Karpow, Reggio Emilia 1989/90, wo der Exweltmeister 14. ... e×d4 spielte. Es folgte 15. c×d4 c5 (um den Wirkungsbereich des Läufers f6 zu erhöhen und mit der Idee, auf 16. b3 c×d4 zu spielen) 16. a×b5. Falls nun 16. ... a×b5 17. T×a8 D×a8 18. b3 Sb6 19. d5, so hat Weiß leichten Vorteil. Karpow setzte mit 16. ... c×d4 fort, konnte aber nach den weiteren Zügen 17. b×a6 T×a6 18. T×a6 L×a6 19. S×d4 das Spiel nicht ganz ausgleichen.

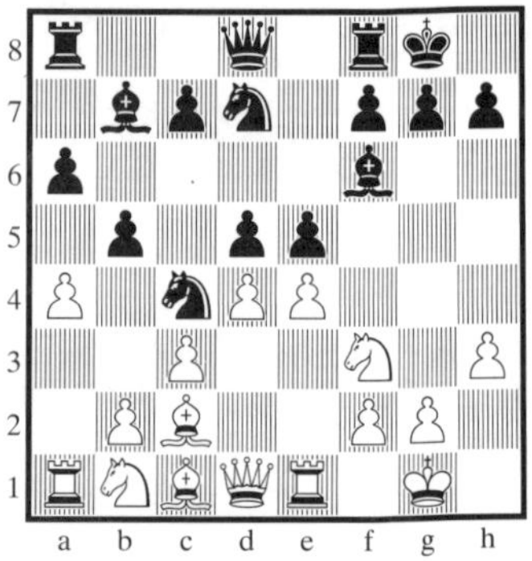

15. d×e5!? 0.50
Nur so läßt sich die Spannung aufrechterhalten. Nach 15. e×d5 L×d5 16. b3 L×f3 17. D×f3 Sd6 hat Schwarz keine Probleme.

15. ...		**Sd×e5**	0.25
16. S×e5	0.50	**S×e5**	0.28
17. a×b5	0.55		

Karpow hielt diesen Abtausch sicher für verfrüht und hatte ihm in seiner Vorbereitung nicht genügend Aufmerksamkeit geschenkt, weswegen er nun lange nachdachte. Er hatte wohl hauptsächlich mit 17. f4 Sg6 18. e5 gerechnet, wonach Weiß ja immer noch im geeigneten Moment auf b5 nehmen konnte. Nun eröffnen sich für Schwarz neue Möglichkeiten, die Karpow wertvolle 37 Minuten kosten. Der Weltmeister erhält also keine schlechte Kompensation für seine kleine Ungenauigkeit, zumal Karpow im weiteren Verlauf doch keinen sonderlichen Nutzen daraus zu ziehen vermochte.

17. ... **a×b5** 1.05
17. ... d×e4 18. D×d8 T×d8 19. b×a6 ist eine Idee, die wir für Schwarz nicht empfehlen.

18. T×a8 0.55 **D×a8?!** 1.10
Scheinbar aktiver als 18. ... L×a8, aber der Druck auf der langen Diagonale wird keine große Rolle spielen. Das Schwergewicht der Kampfhandlungen liegt,

wie wir bald sehen werden, auf dem Königsflügel, und deshalb hätte Schwarz seine Dame im Zentrum lassen und 18. ... L×a8 spielen sollen.

19. f4	0.59	**Sg6**	1.11
20. e5	0.59	**Lh4**	1.17
21. Tf1	0.59	**Le7**	1.17

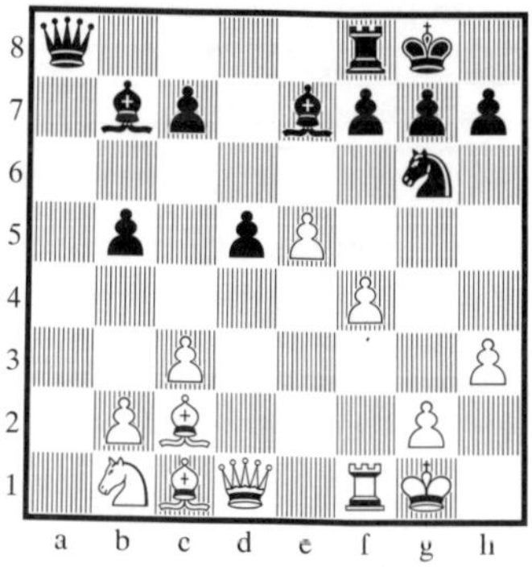

Machen wir eine kurze Bestandsaufnahme. Schwarz hat mit dem Manöver Lf6–h4–e7 das unmittelbare f4–f5 abgewehrt, aber es ist klar, daß dieser Vorstoß weiterhin in der Luft liegt und daß die schwarze Stellung sofort kritisch wird, wenn es gelingt, ihn durchzusetzen.

Schwarz hat seinerseits die Möglichkeit, das weiße Zentrum mit ...f6 zu unterminieren, und insgesamt ist eine extrem spannungsgeladene Stellung auf dem Brett, die bei jedem Zug von beiden Spielern äußerste Genauigkeit erfordert.

22. Sd2! 1.08

Dieser Entwicklungszug richtet sich auch gegen ...f6. Zum Beispiel 22. ... f6 23. Sf3 f×e5 24. f5 Sh4 25. Sg5 mit starkem Angriff, bei dem Weiß der ungeschützte schwarze Springer zugute kommt. Eine mögliche Folge: 25. ... e4 26. Dg4 Lc8 27. D×h4 h6 28. Dg4 h×g5 29. Lb3 mit der Drohung D×e4 und klarem Vorteil für Weiß.

22. ... **Lc5+** 1.47

Karpow wurde wegen dieses Zuges kritisiert. Stattdessen wurde die Fortsetzung 22. ... d4 empfohlen, die die Situation weiter verschärft. Doch die Entscheidung des Nachziehenden ist verständlich. 23. c×d4 verstärkt das weiße Zentrum, und falls die Verwicklungen nach 23. ... L×g2 24. Tf2 für Schwarz nichts einbringen, wird er auf Verlust stehen. Der Vorschlag ging weiter mit 24. ... Sh4, und nun gibt es zwei Möglichkeiten:

a) 25. Dg4. Dies wird im Matchbulletin nicht berücksichtigt. Zieht nun der Läufer von g2 weg, so macht 26. f5 alles klar. Andererseits kann sich Weiß nach 25. ... f5 26. e×f6 L×f6 27. T×g2 L×d4+ 28. Kh2 mühelos verteidigen und behält sein materielles Übergewicht. Zum Beispiel 28. ... T×f4 29. De6+ Kh8 30. Te2.

b) 25. f5 Lg5, und laut Bulletin hat Schwarz nichts zu befürchten.

Wollen wir doch diese Variante ein wenig weiter durchspielen: 26. Dg4 L×d2 27. L×d2 Da1+ 28. Dd1 D×d1+ 29. L×d1, und der Rest ist eine Sache der Technik.

23. Kh2	1.11	**d4**	1.56
24. De2	1.36		

Es ist für Weiß nicht ratsam, sich auf die Komplikationen nach 24. Sb3 Lb6 25. c×d4 L×g2 einzulassen.

24. ...		**d×c3**	2.01
25. b×c3	1.41	**Td8**	2.05
26. Se4	1.49	**La3**	2.12

Bis hierher hat sich Karpow ausgezeichnet verteidigt, aber jetzt greift er fehl. Er mußte sich mit der Drohung Sg5 auseinandersetzen und hätte entweder mit 26. ... L×e4 den Springer nehmen sollen, wonach Weiß zwar besser steht, aber nichts Entscheidendes in Sicht ist, oder den Rückzug 26. ... Le7!? versuchen sollen.

27. L×a3	1.57	**L×e4**	2.25
28. D×e4!	1.59	**D×a3**	2.25
29. f5	2.05	**Se7**	2.25

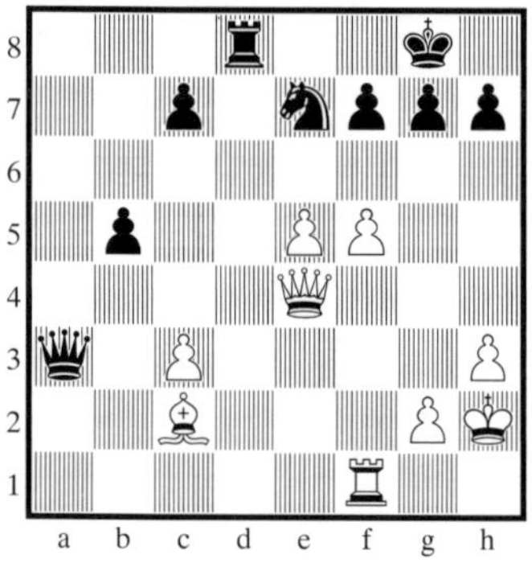

30. **Dh4?** 2.04

Dies ist lediglich ein Zeitverlust. Früher oder später muß der Turm doch auf die dritte Reihe gebracht werden, von wo aus er den Bauern c3 deckt und am Königsangriff teilnehmen kann, weshalb 30. Tf3! angebracht war. Der Zug 30. ... f6, mit dem sich Karpow in der Partie verteidigt, ginge dann nicht wegen 31. Tg3 Kh8 32. e×f6 g×f6 33. Lb3!. Diese interessante Stellung verdient ein Diagramm.

Analyse-Diagramm

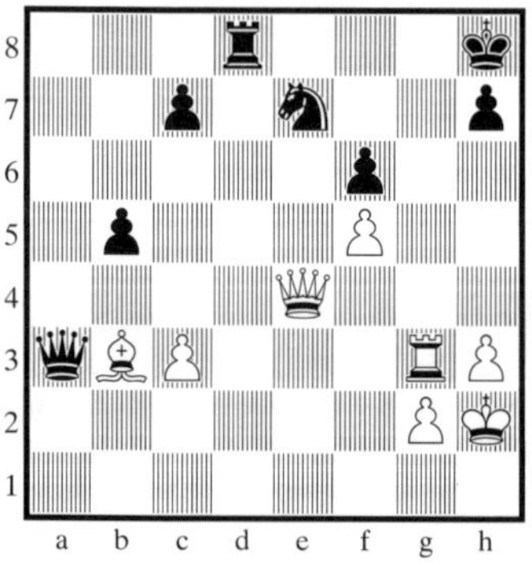

Den Läufer darf Schwarz nicht nehmen: 33. ... D×b3 34. D×e7 etc. Die Drohung Dg4 kann nur mit 33. ... Sg8 pariert werden, aber danach gewinnt Weiß mit 34. De6, zum Beispiel 34. ... Dd6 35. Df7 Df8 36. T×g8+.

Es bleibt noch 30. ... Dc5, wonach sowohl 31. Td3 als auch 31. Lb3 sehr bedrohlich für Schwarz aussehen, 31. Tg3 Dd5 32. Td3 Da8 33. Td7 ist ebenfalls stark. In allen Varianten ist Weiß eindeutig auf der Siegerstraße.

30. ... **f6!** 2.26

Dies ist die einzige Möglichkeit, um weiterhin Widerstand zu leisten. 30. ... Dc5 war schlecht wegen 31. f6 D×e5+ 32. Kh1 Sg6 33. L×g6 h×g6 34. f×g7.

31. Dg3 2.12

Falls 31. Tf3, so bietet jetzt 31. ... Kh8 gute Verteidigungschancen. Was nun folgt ist ein Zeitnotduell, und der Versuch, das Geschehen auf dem Brett zu analysieren und zu erklären, wäre töricht. Es soll nur angemerkt werden, daß Kasparow über mehr Zeit verfügte und auf der Suche nach seinem verlorenen Vorteil unbedingt etwas „losmachen" wollte. Der Exweltmeister verließ sich vollständig auf seine Intuition, die ihn nicht im Stich ließ.

31.	**...**		**Kf8**	2.27
32.	**Kh1**	2.18	**Dc5**	2.28
33.	**e×f6**	2.19	**g×f6**	2.28
34.	**Lb3**	2.19	**Sd5**	2.28
35.	**Dh4**	2.20	**Kg7**	2.28
36.	**Td1**	2.24	**c6**	2.28
37.	**Td4**	2.25	**D×c3**	2.29
38.	**Tg4+**	2.25	**Kh8**	2.29
39.	**L×d5**	2.26	**Da1+**	2.29
40.	**Kh2**	2.26	**De5+**	2.29

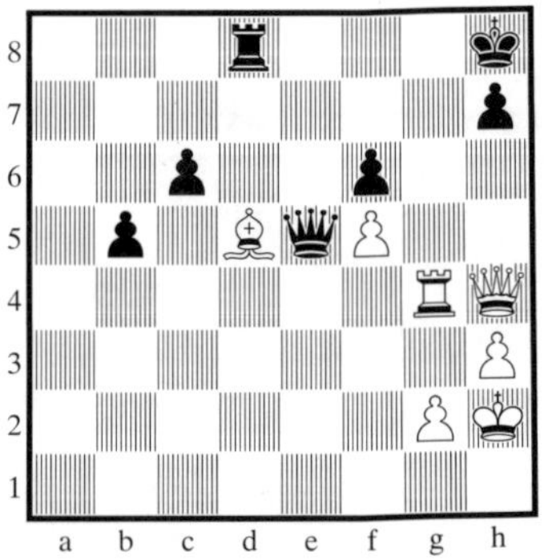

Die Zeitnot ist vorbei, und der Pulverdampf über dem Schlachtfeld hat sich verzogen. Karpow geht mit einem gesunden Mehrbauern und guten Gewinnchancen in die Verlängerung. Die offene Stellung seines Königs macht die Verwertung des materiellen Übergewichts allerdings extrem schwierig. Bei der Wiederaufnahme hatten wir ein weiteres Mal Gelegenheit, die Arbeit der beiden Analyseteams zu beurteilen. Das Hauptproblem für Schwarz ist, seinen König zu schützen, und gleichzeitig mit dem Vorrücken der Freibauern zu drohen.

41. Tg3	2.34	**c×d5**	2.29
42. Dg4	2.35	**Dc7**	2.30
43. Dd4	2.36	**Dd6**	2.30
44. Kh1!	2.37		

44. Dg4 wird mit 44. ... Dd7 beantwortet, und die Bedrohung des Bauern f5 verhindert einen Angriff gegen f6.

44. ...		**Te8**	2.41
45. Dg4	2.37	**Dd7**	2.42

Mit einer Serie geschickter Manöver hat Karpow die weiße Batterie auf der g-Linie ausgeschaltet, denn die Drohung ... d4 kann nur durch den Textzug unschädlich gemacht werden. Aber wie soll es weitergehen? Im Moment ist nicht zu sehen, wie die Bauern vorgerückt werden können.

46. Td3	2.37	**Te1+**	2.53
47. Kh2	2.37	**Te4**	3.07

Jetzt kann Weiß natürlich nicht 47. D×e4?? spielen, denn Schwarz verfügt über den gewinnbringenden Zwischenzug 47. ... Dc7+.

48. Dg3	2.38	**Te5**	3.13

Der Bauer f5 ist angegriffen, und die Antwort von Weiß daher erzwungen.

49. Ta3	2.46	**Te8**	3.20
50. Df4	2.49		

Schafft die Drohung Ta6.

50. ...		**Db7**	3.24

50. ... d4 führt nach 51. Ta6 d3 52. Td6 Dc7 53. Dd4 Te5 54. Td8+ Te8+ 55. Td6 nur zum Remis. Der Textzug droht Db8.

51. Kh1	3.03	**Db8**	3.24
52. Dh4	3.03	**Db6**	3.26
53. Db4	3.06	**d4!?**	3.29

Der Versuch, den weißen Turm mit 53. ... Df2 54. Ta1 (schlecht ist 54. D×b5 Te1+ 55. Kh2 Df4+ 56. Tg3 Te3, und gewinnt) 54. ... Tg8 55. Tg1 De2 in eine passive Stellung zu treiben, bringt nach 56. Dc5 nichts ein.

54. Tg3	3.13	**Dc7**	3.29
55. Td3	3.15	**Dc1+**	3.29
56. Kh2	3.15	**Df4+**	3.29

Karpow hat bereits die zweite Zeitnotphase in dieser Partie überstanden. Um Zeit zu sparen, wiederholt er die Züge.

57. Kg1	3.15	**Dc1+**	3.58
58. Kh2	3.16	**Df4+**	3.58
59. Kg1	3.16		

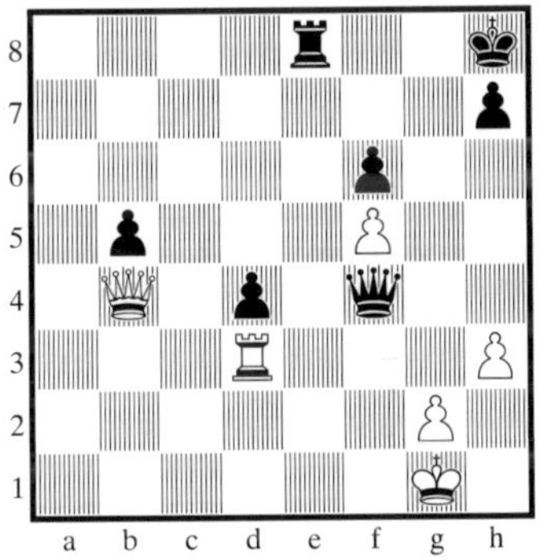

Es ist Schwarz zwischenzeitlich gelungen, seine Figurenstellung deutlich zu verbessern, und den d-Bauern bis nach d4 zu bringen.
Trotzdem ist immer noch kein klarer Gewinn zu sehen. Die beste Chance für den Nachziehenden bestand möglicherweise in einem Damenendspiel mit einem entfernten Freibauern, das er mit 59. ... Kg7!? (mit der Drohung 60. ... Te2) 60.T×d4 Te1+ 61.D×e1+ D×d4+ 62.Kh1 b4 erzwingen konnte. Aber Karpow will mehr erreichen.

59.	**...**		**Tc8**	4.02
60.	**Td1**	3.17	**Td8**	4.04

Karpow gibt einen Bauern auf und vertraut auf seinen weit vorgerückten d-Bauern.

61.	**D×b5**	3.22	**De3+**	4.04
62.	**Kh1**	3.24	**d3**	4.04
63.	**Da5**	3.43	**Dd4**	4.04
64.	**Da1!**	3.43	**Db6**	4.08

Auf 64. ... Dd6 würde 65. T×d3! folgen. Schwarz kann seinen Bauern nur in einem Turmendspiel, wo er sowieso nicht mehr gefährlich wäre, nach d2 vorstoßen.

65.	**Da2**	3.53	**Kg7**	4.10
66.	**Dd2**	3.55	**Dc5**	4.19
67.	**Tf1**	4.03	**Td4**	4.21
68.	**Tf3**	4.07	**Dd6**	4.22
69.	**Te3**	4.08	**Ta4**	4.24
70.	**Te1**	4.10	**h5**	4.26
71.	**Tb1**	4.17	**Dd7**	4.28
72.	**Dd1**	4.21	**Kh6**	4.29

In der Zeitschrift „Sovietsky Sport" schreibt Tal, daß Schwarz hier die gute Gelegenheit 72. ... Dd4 73. D×h5 Ta1 ausließ. Eine Gelegenheit war es schon, aber keine besonders gute, denn Weiß hat ein elementares Dauerschach: 74. Dg6+ Kf8 75. Dh6+ Ke7 76. Dg7+ Kd6 77. Df8+ Ke5 78. De7+ K×f5 (78. ... K×f5 79. Dc7+ Ke3?? 80. Dg3+, und Weiß gewinnt sogar) 79. Dh7+ Ke5 (79. ... Ke6 80. Dg8+ Ke5 81. Dg3+ Kd5 82. Dg8+) 80. De7+ usw.

73.	**Dd2+**	4.32	**Kg7**	5.01
74.	**De3**	4.38	**h4**	5.03
75.	**Df3**	4.39	**Kh6**	5.08
76.	**De3+**	4.40	**Kg7**	5.11
77.	**Df3**	4.40	**d2**	5.16
78.	**Dh5**	4.41	**Df7**	5.16
79.	**D×f7+**	4.41	**K×f7**	5.16
80.	**Td1**	4.42	**Td4**	5.17
81.	**Kg1**	4.43	**Td5**	5.17
82.	**Kf2**	4.44	**T×f5+**	5.17
83.	**Ke2**	4.44	**Tg5**	5.18
84.	**Kf2**	4.44	**Remis**	

DIE NEUNTE PARTIE

31. Oktober 1990

Die verblüffende Beständigkeit, die beide Spieler in New York bei der Wahl der Themen für ihre theoretische Diskussion an den Tag legten – Königsindisch und Spanisch – mußte schließlich einmal ihr Ende finden. In der vorliegenden Partie entscheidet sich Kasparow für Grünfeld-Indisch, eine seiner Hauptwaffen in den beiden vorangegangenen Wettkämpfen. Karpows Anhänger werteten diesen Umstand bereits als kleinen psychologischen Erfolg ihres Idols, hat doch der Exweltmeister durchaus angenehme Erinnerungen an die Grünfeld-Indische Verteidigung. Auch in dieser Partie hat Kasparow wenig Grund, mit dem Eröffnungsverlauf zufrieden zu sein. Es zeigte sich, daß Karpow ausgezeichnet vorbereitet war. Trotz frühen Damentauschs erlangte Weiß einen stabilen positionellen Vorteil und Angriffsmöglichkeiten. Schwarz hatte überhaupt kein Gegenspiel und mußte sich auf passive Verteidigung beschränken. Kasparow hätte gern einen Bauern geopfert, um ein stark remisverdächtiges Endspiel mit ungleichfarbigen Läufern zu erreichen, aber der entgegengesetzte Fall trat ein, Karpow vertauschte zwei Züge, d.h. er spielte den zweiten vor dem ersten, wonach Kasparow glücklich und erleichtert einen weißen Zentralbauern verspeiste. Die Journalisten sprachen sofort vom schlechtesten Zug des Wettkampfs, aber es sollte immerhin erwähnt werden, daß Karpows Fehlzug nicht zum Verlust führte, wie dies bei Kasparows Zug in der 7. Partie geschah, er kam gerade noch mit dem Schrecken davon. Nach den durchstandenen Schrecken waren beide Spieler so aufgewühlt, daß sie ihre gegenseitigen Ressentiments völlig vergaßen und direkt nach Remisschluß lebhaft über die merkwürdigen Ereignisse diskutierten, die gerade auf dem Brett stattgefunden hatten. Beide schienen mit dem „happy end", der Punkteteilung, zufrieden zu sein.

KARPOW – KASPAROW
Grünfeld-Indische Verteidigung

1. d4	0.00	**Sf6**	0.00
2. c4	0.00	**g6**	0.00
3. Sc3	0.00	**d5**	0.00

Ruhepause für die Königsindische Verteidigung und dafür betritt die Grünfeld-Indische, die Kasparow in den vorangegangenen Wettkämpfen häufig angewendet hatte, die Bühne.

4. c×d5	0.01	**S×d5**	0.00
5. e4	0.01	**S×c3**	0.00
6. b×c3	0.01	**Lg7**	0.01
7. Le3	0.01	**c5**	0.02

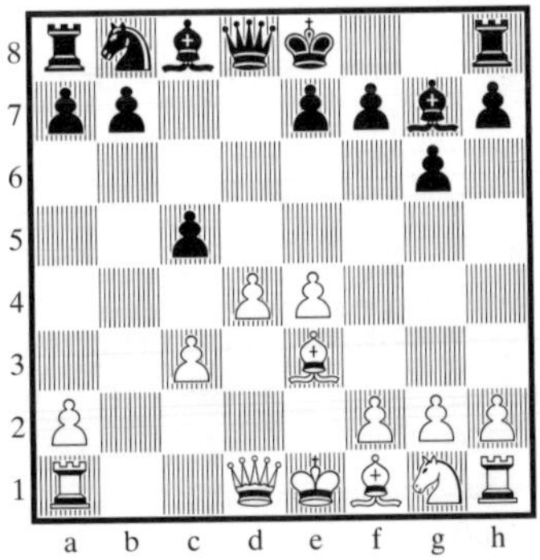

8. Dd2 0.04

Karpow hatte sich zweifellos auf die Grünfeld-Indische Verteidigung vorbereitet. Sein mehrminütiges Nachdenken beim letzten Zug zeigt, daß er auch noch andere Varianten zur Auswahl hatte. Die Zugfolge 8. Lc4 Sc6 9. Se2 0–0 10. 0–0 Lg4 11. f3 Sa5 12. L×f7+ T×f7 13. f×g4 kam häufig im 87er-Match vor. Dem Textzug liegt die Idee zugrunde, den Turm aus der Diagonale des gegnerischen schwarzfeldrigen Läufers zu entfernen, um d4–d5 ziehen zu können. In den letzten Jahren ist diese Fortsetzung recht populär geworden.

8. ...			**c×d4**	0.20
9. c×d4	0.05		**Sc6**	0.21
10. Td1	0.15			

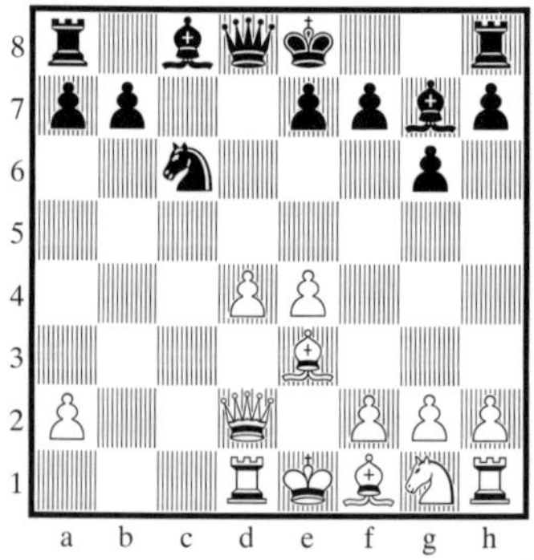

10. ...		**Da5**	0.23

Wir meinen, Schwarz hätte diesen Zug zurückstellen und zunächst rochieren sollen, um 11. ... Da5 erst nach 11. d5 zu spielen. Auf 11. Sf3 hat er den nützlichen Zug 11. ... Lg4, Weiß setzt am besten mit 11. Le2 fort. Hierauf kann Schwarz außer 11. ... Da5 12. D×a5 S×a5 13. Sf3, was zur Partiefolge führt, auch 11. ... e5!? versuchen. Nach 12. d5 Sd4 13. Sf3 S×e2 14. D×e2 Da5+ 15. Ld2 Da4 16. 0–0 führen sowohl 16. ... b6 als auch 16. ... Ld7 zu gehaltvollen Stellungen (die Damen sind noch nicht abgetauscht!).

11. D×a5	0.34	**S×a5**	0.23
12. Sf3	0.34		

Die alternative Entwicklungsmethode 12. Ld3 0–0 13. Se2 brachte in der Partie Jusupow – Gulko, Linares 1989, nicht viel ein.

12. ...		**0-0**	0.25
13. Le2	0.54	**Ld7**	0.39
14. Ld2	1.03	**b6**	0.42
15. 0–0	1.08	**Tfd8!?**	1.05

Am einfachsten führt natürlich 15. ... Tfc8 in den Remishafen, aber Kasparow gefällt sich, wie gewöhnlich, in der Rolle des Unruhestifters, und, weit davon entfernt, sich mit einer geringfügig schlechteren Stellung zu bescheiden, versucht er, das Spiel zu verschärfen. Aber in dieser Stellung läßt sich der Spielverlauf nicht grundlegend verändern, und Schwarz muß sich, ob er will oder nicht, mit der Defensive abfinden.

16. Tc1	1.20	**Lg4**	1.18
17. d5!	1.23	**Sb7**	1.23
18. h3	1.30	**L×f3**	1.24
19. L×f3	1.30		

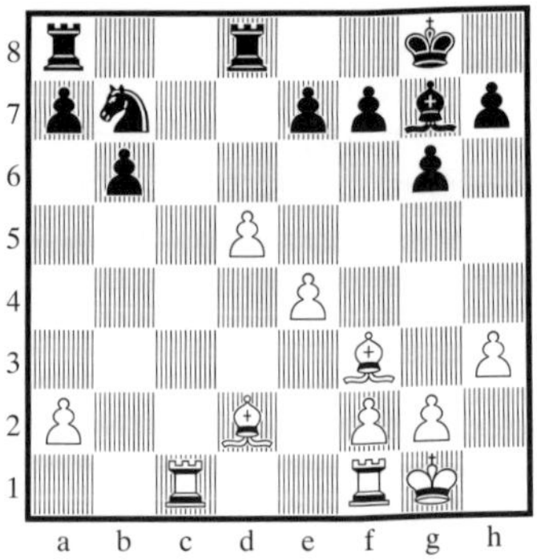

19. ...		**Sc5?!**	1.31

Kasparow möchte sich schwarzfeldrig verteidigen, aber dieser Zug ist verfrüht. Besser war es, mit 19. ... Tac8 zunächst ein Turmpaar abzutauschen, was die Verteidigungsaufgaben wesentlich erleichtert hätte. Weder mit 20. Lg4 T×c1 21. T×c1 Sc5 22. Lb4 Ld4, noch mit 20. Lb4 Sc5 21. Tc4 Le5 oder 20. Le3 Lb2 21. Tc6 Sa5 kann Weiß nennenswerten Vorteil erlangen. Nun aber bekommt Schwarz Probleme.

20. Le3	1.38	**Tac8**	1.34
21. Lg4	1.42	**Tb8**	1.34

Unserer Meinung nach war 21. ... Tc7 besser, wonach es für Weiß schwer sein wird, etwas Greifbares zu erlangen. Beispielsweise 22. Lf4 Tb7, und Schwarz kann sich mit ...e5 verteidigen. Selbstverständlich wird sich Weiß nicht an dem Bauern c5 vergreifen, denn nach 22. L×c5 b×c5 23. T×c5 erhält Schwarz Druck gegen f2 und ausreichendes Gegenspiel.

22. Tc4!	1.46	**h5**	1.35
23. Lf3	1.46	**e6**	1.36
24. Td1	1.51	**e×d5**	1.38
25. e×d5	1.51	**Le5**	1.42
26. g4	1.57	**h×g4**	1.58
27. h×g4	1.57		

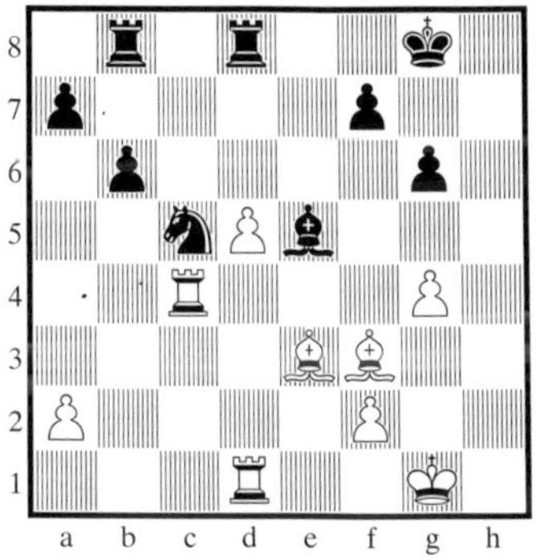

27. ...		**Sb7?**	1.58

Während sich Schwarz bisher auf einige leichtere Ungenauigkeiten beschränkte, stellt dieser Zug einen groben, vielleicht den entscheidenden Fehler dar. Der Verteidigungsplan sollte auf dem Bauernopfer auf c5 basieren, und es war deshalb besser, den Turm auf b8 mittels 27. ... Tb7 in eine aktivere Position zu bringen.

28. Ta4	2.01	**Sa5**	2.01
29. g5	2.10	**Tbc8**	2.02
30. Le2	2.10		

Weiß läßt den gegnerischen Springer nicht ins Spiel kommen.

30. ...		**Ld6**	2.10
31. Kg2	2.17		

Weiß verbindet diesen Zug mit dem Plan, die Schwerfiguren auf der h-Linie einzusetzen. 31. La6 war auch gut, zum Beispiel 31. ... Tc2 32. Kg2 Lc5? 33. Ld3 Tb2 34. L×c5, oder 31. ... Tc7 32. Kg2 Sb7? 33. L×b7 T×b7 34. Ld4 Lf8 35. Lf6 Td6 36. Th4 Lg7 37. Tdh1 jeweils mit Gewinn für Weiß.

31. ...		**Lc5**	2.19

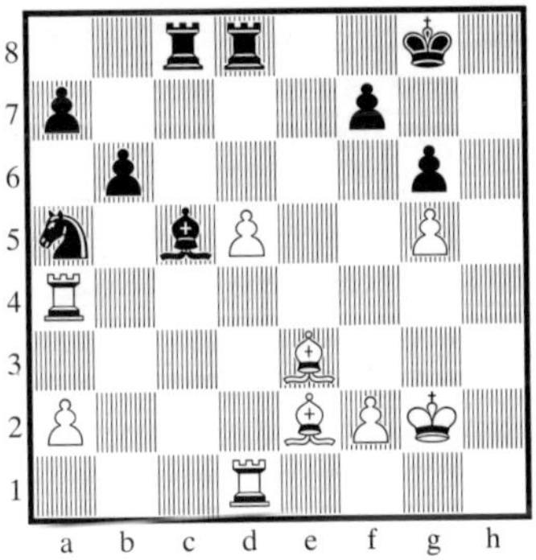

32. Ld2?? 2.20

Ein unbegreifliches Versehen, mit dem sich Karpow um die Früchte seines feinen Spiels bringt. Er hätte den Vormarsch seines d-Bauern mit Mattdrohungen kombinieren sollen. Die wichtigste Verteidigungsfigur für den schwarzen König ist der Läufer, und Karpow hatte eigentlich nur zu entscheiden, auf welchem Feld er diesen abtauschen wollte.

Wir schlagen die folgende Variante vor: 32. Lf4! Ld6 33. L×d6 T×d6 34. Th4 Tc5 (34. ... Kg7 35. Tdh1 Tg8 36. Th7+ Kf8 37. Tc1 usw.) 35. Lf3 (35. Thd1 Kf8 36. Lf3 ist ebenfalls möglich, aber Schwarz erhält durch das Qualitätsopfer Remischancen), und jetzt: (a) 35. ... Tc4 36. Th3 Sb7 37. Tdh1 Kf8 38. Th8+ Ke7 39. Te1+ Kd7 40. Le2 Tb4 41. a3 oder (b) 35. ... Td8 36. Tdh1 Kf8 37. Th8+ Ke7 38. Te1+ Kd7 39. Th7 Tf8 40. Te6, und Schwarz verliert.

32. ...		**T×d5**	2.23
33. Lf3	2.23	**Tdd8**	2.27
34. L×a5	2.27	**Remis**	

Die ungleichfarbigen Läufer machen dieses Resultat unausweichlich.

DIE ZEHNTE PARTIE
2. November 1990

Über den Wert von Karpows Neuerung in der Russischen Verteidigung befragt, äußerte sich Kasparow nach der Partie skeptisch.
Vielleicht gab er sich deshalb auch nicht viel Mühe, nach einer Widerlegung zu suchen und verbrauchte nur zehn Minuten für seine Antwort. Andererseits kostete ihn 11. Lg5, was sich sogleich als Zeitverlust erwies, mehr als eine halbe Stunde. Dieser Faktor mag seine Kampfeslaune negativ beeinflußt haben, aber der Hauptgrund für das frühzeitige Remisangebot des Weltmeisters in einer, wie er nach der Partie meinte, immer noch besseren Stellung war wohl die Erschöpfung nach den zwei vorangegangenen schweren Kämpfen. Karpow nahm die Offerte selbstverständlich dankbar an.

KASPAROW – KARPOW

Russische Verteidigung

1. e4	0.00	**e5**	0.00
2. Sf3	0.01	**Sf6**	0.00
3. d4	0.04		

Gewöhnlich setzte Kasparow an dieser Stelle mit 3. S×e5 d6 4. Sf3 S×e4 5. d4 fort.

3. ...		**e×d4**	0.01

Diese Fortsetzung ist vielleicht auf den Einfluß des ungarischen Großmeisters Lajos Portisch zurückzuführen, der ein neues Mitglied in Karpows Mannschaft ist.
Man hätte eher 3. ... S×e4 erwartet, was vom Karpows Trainern Makaritschew und Michaltschischin häufig gespielt wurde.

4. e5	0.05	**Se4**	0.04
5. D×d4	0.06	**d5**	0.04
6. e×d6	0.06	**S×d6**	0.04
7. Sc3	0.14	**Sc6**	0.07
8. Df4	0.15	**Sf5!**	0.09

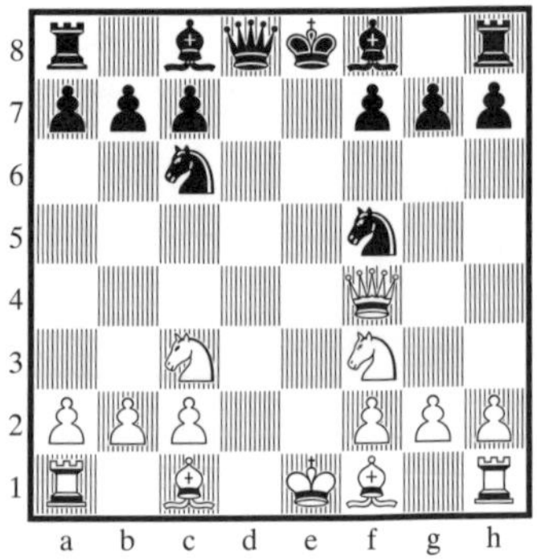

Dies ist eine echte Neuerung. Die moderne Theorie empfiehlt an dieser Stelle 8. ... g6 9. Le3 Lg7 10. Ld3 0–0 11. 0–0–0 Le6 12. Lc5 mit Raumvorteil. 8. ... Le7 oder 8. ... Le6 sind ebenfalls spielbar. Verblüffend ist es schon, daß es möglich ist, in einer derartig ausanalysierten Verteidigung wie der Russischen mit ihrer über hundertfünfzigjährigen Geschichte im 8. Zug eine neue Fortsetzung zu finden, die in den Theoriewerken keine Erwähnung findet!

8. ... Sf5 beeindruckt allerdings nicht nur durch seine Originalität, sondern dieser Zug – von acht die bisher erfolgt sind, bereits der vierte mit derselben Figur!– ist durchaus positionell gerechtfertigt. Die weiße Dame, die in diesem frühen Partiestadium schon im Zentrum postiert ist, kann nun von den schwarzen Leichtfiguren angegriffen werden.

9. Lb5 0.25

Dieser Zug sieht nicht logisch aus. Weiß fesselt den Springer, der seine Dame gar nicht mehr bedroht. 9. Lc4 oder 9. Ld2 wirken natürlicher, aber am stärksten war wohl 9. De4+, um erst nach 9. ... Le7 10. Lb5 zu spielen. Die Zugumstellung gestattet es Schwarz, den Läufer nach d6 zu stellen und das Schach mit der Dame abzuwehren.

9. ...		**Ld6**	0.14
10. De4+	0.26	**De7**	0.18

Im Matchbulletin wird die Variante 10. ... Se7 11. Lf4 Lf5 12. Dg3 Lxf4 13. Dxf4 Lxc2 14. Sd4 mit Initiative für den Bauern angegeben. Aber an Stelle von 13. ... Lxc2 ist 13. ... 0–0 stärker; 14. Lxc6 bxc6 15. Sd4 Dd6, und Weiß hat nur geringfügigen Vorteil.

11. Lg5 1.03

Ein unnötiger Zug, der nur Zeitverlust bedeutet, denn die Antwort ... f6 hilft nur Schwarz, weswegen sofort 11. Ld2 vorzuziehen war.

11. ...		**f6**	0.29
12. Ld2	1.03	**Ld7**	0.29
13. 0–0–0	1.13	**Dxe4**	0.39
14. Sxe4	1.13	**Le7**	1.13

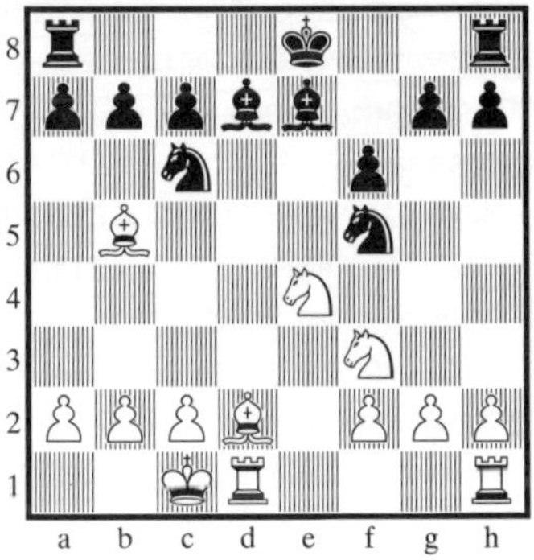

15. g4	1.17	**a6**	1.35
16. Lc4	1.21		

Stärker war 16. Lxc6 Lxc6 17. The1 Lxe4 18. Txe4 Sd6 19. Te2 Kf7 20. Sd4 The8 21. Se6 Lf8 22. Tde1 Te7 23. f4! g6 24. Lb4 Tc8 25. b3 mit deutlichem Vorteil.

16. ...		**Sd6**	1.35
17. Sxd6+	1.21	**Lxd6**	1.35
18. Tde1+	1.37	**Remis**	

DIE ELFTE PARTIE
5. November 1990

Nach der kurzen und inhaltsleeren 10. Partie, die nach einer Serie interessanter Begegnungen deutlich abfiel, erwarteten die Schachenthusiasten in der elften wieder einen harten faszinierenden Kampf.
Kasparow nahm wieder seine Zuflucht zu der Königsindischen Verteidigung, verzichtet diesmal aber auf den extravaganten Springerzug 7. ... Sa6 und wählte stattdessen eine erprobte Fortsetzung, was ihn nicht daran hinderte, im 13. Zug (die Glückszahl des Weltmeisters!) schon wieder mit einer Neuerung aufzuwarten. Das Qualitätsopfer, das in keinem der zahlreichen Eröffnungsbücher erwähnt wird, wurde vom Weltmeister interessanterweise schon bei seiner Vorbereitung auf die 7. Partie entdeckt. Da führte er aber noch, und entschied sich, diese riskante Variante doch nicht zu spielen. Überhaupt scheint Schwarz auf den ersten Blick nichts Besonderes für die Qualität zu bekommen, und viele Großmeister (z.B. Benjamin und Krogius) konstatierten kategorisch: „Schwarz hat keine Kompensation!“. Nur die eingefleischten Anhänger der Königsindischen Verteidigung fühlten es mehr, als daß sie es wirklich sahen: „Schwarz hat gutes Spiel!“. Kasparow spielte unterdessen ruhig und ohne Überstürzung weiter, als ob überhaupt nichts passiert wäre, und allmählich nahmen die schwarzen Drohungen Gestalt an. In einer komplizierten Stellung bot sich dann eine Variante an, in der Schwarz Läufer und Turm opfert, um Dauerschach zu geben. Beide Spieler gaben sich mit der Fortsetzung zufrieden, obwohl Abweichungen durchaus möglich waren.
Die Experten neigen mehr und mehr der Ansicht zu, daß die beiden Kontrahenten das Schicksal nicht herausfordern und das Schwergewicht des Kampfes auf ihren heimischen Kontinent Europa legen wollen.

KARPOW – KASPAROW
Königsindische Verteidigung

1.	**d4**	0.00	**Sf6**	0.00
2.	**c4**	0.00	**g6**	0.00
3.	**Sc3**	0.00	**Lg7**	0.01
4.	**e4**	0.00	**d6**	0.01
5.	**Sf3**	0.00	**0–0**	0.01
6.	**Le2**	0.00	**e5**	0.01
7.	**Le3**	0.02	**e×d4**	0.01

In dieser Variante setzt Schwarz rasch den Vorstoß ...d5 durch, der zu zweischneidigem Spiel führt.

8. S×d4 0.02

Auf 8. L×d4 folgt 8. ... Sc6, und der Läufer muß sich wieder zurückziehen.

8.	**...**		**Te8**	0.02
9.	**f3**	0.08	**c6**	0.02
10.	**Dd2**	0.08		

Eine vorsichtigere Fortsetzung ist hier 10. Lf2 d5 11. e×d5 c×d5 12. c5, aber beide Spieler streben offenbar dieselbe Stellung an, die von der Theorie als günstig für Weiß beurteilt wird. Kasparow ist da jedoch anderer Meinung.

10. ...		**d5**	0.02
11. e×d5	0.11	**c×d5**	0.02
12. 0–0	0.11	**Sc6**	0.02

12. ... d×c4 wurde in der Partie Sawon – Geller, 37. Meisterschaft der UdSSR, Moskau 1969, versucht, in der Weiß nach 13. L×c4 a6 14. Tad1 b5 15. Lb3 Lb7 16. Lh6! L×h6 17. D×h6 Sbd7 18. Se4! starken Angriff erhielt.

13. c5 0.23

Diese Stellung hatten beide Spieler im Auge.

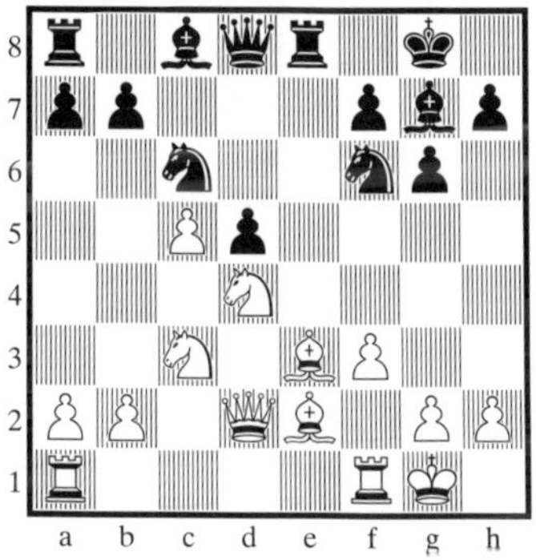

13. ... **T×e3!?** 0.05

Ein Qualitätsopfer „Marke Kasparow". Dieser Zug ist natürlich ein Produkt der Vorbereitungsarbeit, aber er beruht weniger auf der Berechnung spezifischer Varianten, als auf einer gesunden positionellen Basis. Ohne seinen Widerpart auf e3 entfaltet der schwarze „königsindische Läufer" eine ungeheure Wirkung, die mit der Qualität nicht zu teuer bezahlt ist.

Die Normalfortsetzung an dieser Stelle ist 13. ... De7, wie in der Partie Olafsson – Gligorić, Havanna 1966, wo Weiß nach 14. Lf2 a6 15. S×c6 b×c6 16. Ld3 Le6 17. Se2 a5 18. Sd4 großen Vorteil erhielt.
Für diejenigen unserer Leser, die es gerne etwas turbulenter haben, sei hier die Partie Tolusch – Geller, Moskau 1950, erwähnt: 13. ... De7 14. Lf2 D×c5 15. Se6 D×f2!? 16. T×f2 L×e6 (erinnert das nicht ein wenig an das Opfer der Dame gegen zwei Leichtfiguren in der 3. Partie dieses Wettkampfes?).

14. D×e3 0.28 **Df8!** 0.05

Die ersten Effekte der schwarzen Operationen sind schon spürbar – es droht nachdrücklich 15. ... Sg4. Weiß kann die Blockadc des Feldes d4 durch den Springer nicht aufrechterhalten, sein nächster Zug ist praktisch erzwungen.

15. S×c6 0.50 **b×c6** 0.05

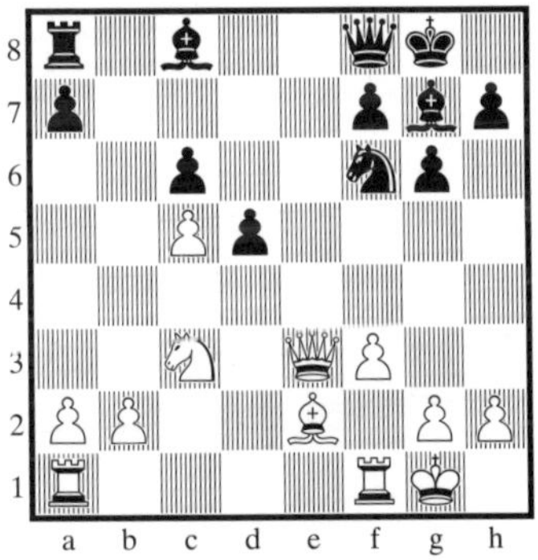

Trotz des Materialvorteils macht die weiße Stellung keinen stabilen Eindruck. Der schwache Bauer auf c5 ist ein Sorgenkind, und Schwarz wird bald Druck auf der b-Linie und auf den schwarzen Feldern ausüben. Zusätzlich verschafft der Bauer auf d5 dem Nachziehenden ein gewisses Übergewicht im Zentrum. Schwarz hat die Initiative und mindestens gleiches Spiel.

16. Kh1 0.53

Ein sinnvoller Prophylaxezug. Karpow weiß noch nicht genau, was sein Gegner zu unternehmen gedenkt, und macht daher einen Zug, der sich in jedem Fall als nützlich erweisen wird.

16. ... Tb8 0.10

Mit diesem Zug deckt Schwarz seine Karten unnötig bald auf. Noch stärker war vielleicht zunächst ...Lf5 oder ...Le6 mit der Idee, ein kombiniertes Druckspiel im Zentrum und am Königsflügel aufzuziehen.

17. Sa4 0.59

Dieser Antwortzug ist erzwungen, denn 17. Tab1 scheitert an 17. ... Lf5 18. Ld3 d4 19. D×d4 Td8.

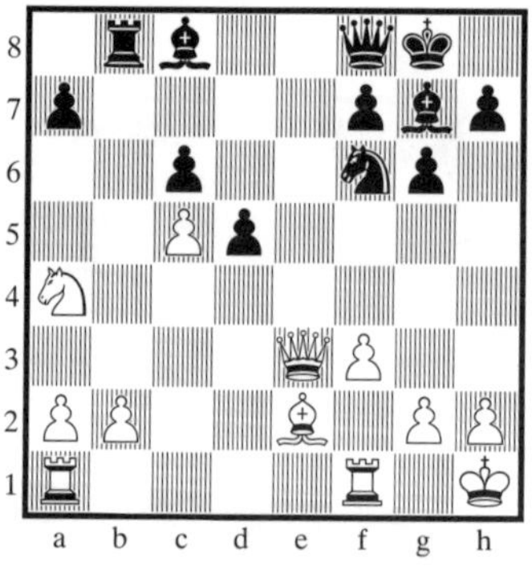

17. ... Tb4 0.19

Der Beginn eines phantastischen Plans, in dessen Verlauf der Turm nach h4 geht, um beim Angriff auf den weißen König teilzunehmen. Auch hier kam 17. ... Lf5 in Betracht.

18. b3 1.00 **Le6** 0.41

Kasparow macht einen ruhigen Entwicklungszug und droht, seine Kräfte mit 19. ... Db8 zu koordinieren, wonach der Angriff schnell gefährlich werden kann, zum Beispiel 19. Tad1? Db8 20. Df2 Sh5 mit der Drohung ...Le5.

19. Sb2! 1.20 **Sh5** 0.56

Der Transfer des weißen Springers nach d3 zwingt Kasparow dazu, ohne weitere Vorbereitungen sofort aktiv zu werden. Die Ereignisse entwickeln sich nun praktisch fast schon zwangsläufig.

20. Sd3 1.28 **Th4** 0.58

21. Df2 1.31 **De7** 1.00

Daraus ergibt sich letztendlich eine Remisabwicklung. 21. ... g5 hätte zu unklarem Spiel geführt, man sehe zum Beispiel: 22. g3 Ld4 23. g×h4 (23. De1? T×h2+ 24. K×h2 Dh6 und Schwarz gewinnt) 23. ... L×f2 24. T×f2 g×h4 mit besseren Chancen für Schwarz oder 22. g4 L×a1 (auch 22. ... Sf6 23. Dg3 d4 mit verteilten Chancen sieht nicht schlecht aus) 23. T×a1 Sg7, und die Aussichten von Schwarz sind sicherlich nicht schlechter.

22. g4 1.36

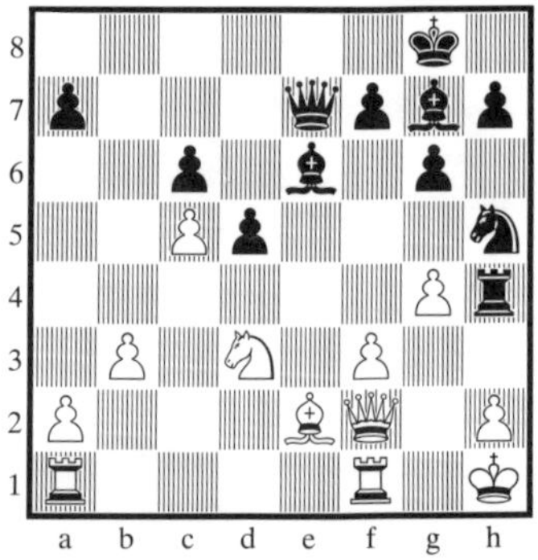

22. ... Ld4! 1.01

23. D×d4 1.45

23. Dg2 ist schlecht wegen der einfachen Antwort 23. ... L×a1 24. T×a1 Df6 25. Te1 Sf4, und Schwarz steht besser.

23. ... T×h2+! 1.02

24. K×h2 1.47 **Dh4+** 1.02

Remis. Schwarz gibt Dauerschach.

DIE ZWÖLFTE PARTIE
7. November 1990

Die letzte Gelegenheit für Kasparow, seinen amerikanischen Anhängern – der größere Teil der Schachfans war auf seiner Seite – mit einem Weißsieg zu imponieren. Wieder wurde ein Spanier gespielt, doch anstelle von 12. a×b5 (6. Partie) oder 12. Le3 (8. Partie) versuchte Kasparow diesmal 12. Sa3. Aber Karpow war „bis an die Zähne bewaffnet", und wieder einmal mußte sich der Weltmeister mit einer vorbereiteten Variante auseinandersetzen – 12. ... e×d4!. Man spürte, daß sich der Herausforderer mit seiner Mannschaft auf diesen Wettkampf so intensiv wie nie zuvor vorbereitet hatte.

Die Partie verlief wechselhaft, und dem Spiel der beiden Supergroßmeister war deutlich eine gewisse Erschöpfung anzumerken. Kasparow agierte ungewohnt unentschlossen, aber auch Karpow zauderte, nachdem er gegen Ende der Partie die Initiative erlangt hatte, und riskierte nicht das Qualitätsopfer, das allgemein als stärkste Fortsetzung angesehen wurde.

Kurz vor Beginn der akuten Zeitnotphase ließen die Spieler Vorsicht walten und einigten sich in einer komplizierten Stellung auf Remis.
Unentschieden wie die Partie endete auch die erste Hälfte des Wettkampfs: 6–6. Karpow schien mit dem Zwischenergebnis zufrieden zu sein, ganz im Gegensatz zu Kasparow, dessen überoptimistischen Prognosen sich vorerst noch nicht bewahrheitet hatten.

KASPAROW – KARPOW
Spanische Partie

1.	**e4**	0.01	**e5**	0.00
2.	**Sf3**	0.01	**Sc6**	0.00
3.	**Lb5**	0.01	**a6**	0.01
4.	**La4**	0.01	**Sf6**	0.01
5.	**0–0**	0.01	**Le7**	0.01
6.	**Te1**	0.02	**b5**	0.01
7.	**Lb3**	0.02	**d6**	0.01
8.	**c3**	0.02	**0–0**	0.01
9.	**h3**	0.03	**Sd7**	0.01
10.	**d4**	0.03	**Lf6**	0.02
11.	**a4**	0.04	**Lb7**	0.02

In der Hälfte der Partien, die Karpow in New York als Nachziehender spielte, wendete er diese Variante an. Vorgreifend sei erwähnt, daß auch die vorliegende Begegnung mit einem Unentschieden endet, aber ist die Verteidigung deshalb wirklich zuverlässig?

12. Sa3?! 0.04

Dieser auf den ersten Blick merkwürdig anmutende Zug stellt Kasparows dritten Versuch dar, in dieser Stellung Vorteil zu erzielen. Der Nachteil der Fortsetzung ist offensichtlich: das Zentrum ist noch blockiert, und daher kann der Springer am Rand nur wenig wirkungsvoll eingesetzt werden. Karpows Antwort ist natürlich und korrekt.

12. ... **e×d4** 0.13
13. c×d4 0.05

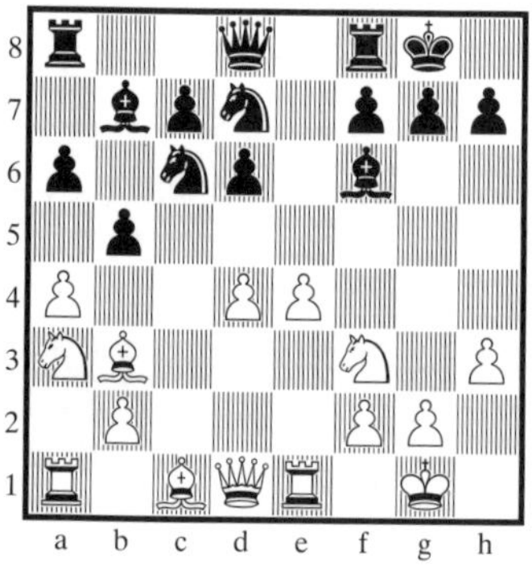

13. ... **Sa5?!** 0.16
Der Sinn dieses Spingerzuges besteht natürlich nicht darin, es dem Kollegen auf a3 gleichzutun, sondern es soll Druck gegen e4 ausgeübt werden. Das gleiche Ziel war aber besser mit 13. ... Te8 zu erreichen, wonach Weiß Schwierigkeiten bei der Entwicklung seines Damenflügels bekommt. So kann der schwarzfeldrige Läufer jetzt nur nach f4 entwickelt werden, weil sonst ein Bauer verloren geht (14. Ld2 S×d4; 14. Le3 T×e4), aber nach 14. Lf4 Sa5 15. Lc2 b4 16. Sb1 c5 17. Sbd2 (17. L×d6 b3!) 17. ... c×d4 hat Schwarz gutes Spiel.
14. Lc2 sieht auch nicht viel besser aus, man sehe etwa 14. ... Sb6 15. b3 b4 16. Sb1 (16. Sc4 S×c4 17. b×c4 Sa5 mit zufriedenstellendem Spiel) 16. ... S×d4 17. S×d4 c5 18. Lb2 c×d4 19. L×d4 Tc8, und nach 14. La2 b×a4 15. D×a4 Sb6 16. Dd1 Sb4 17. Lb1 c5 hat Schwarz ebenfalls ein bequemes Spiel und keine Probleme.

14. La2 0.07 **b4** 0.19
15. Sc4 0.07 **S×c4** 0.21
16. L×c4 0.08 **Te8** 0.22

Karpow hat die am schlechtesten plazierte Figur von Weiß „erfolgreich" abgetauscht, und die Initiative geht nun an seinen Gegner über. 16. ... d5 17. L×d5 L×d5 18. e×d5 Sb6 19. Lf4 S×d5 20. Le5 Te8 21. Tc1 hätte zu einer schlechteren und passiven Stellung geführt. Der Partiezug ist zwar riskanter, bietet dem Schwarzen dafür aber auch mehr Chancen auf Gegenspiel.

17. Db3 0.20 **T×e4** 0.23
18. L×f7+ 0.22 **Kh8** 0.24

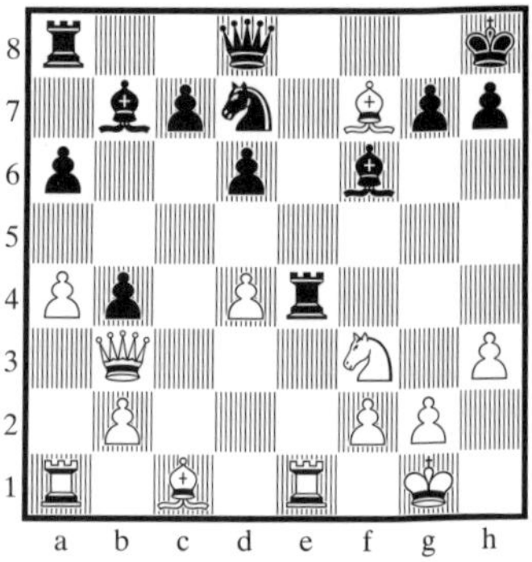

Die entstandene Stellung ist überhaupt nicht einfach zu bewerten. Einen Nachteil für Schwarz bildet die gefährdete Königsstellung, Hoffnungen darf er sich auf Grund der Bauernmehrheit im Zentrum und am Damenflügel machen, die insbesondere im Endspiel zu einem wichtigen Faktor werden könnten. Weiß hat die festere Stellung und besitzt eindeutig die Initiative. Wenn es ihm gelingt, die e-Linie in seine Hand zu bekommen, wird er reelle Chancen auf Königsangriff erhalten. Der nächste Zug des Weltmeisters rief daher lebhafte Diskussionen hervor.

19. Le3! 0.47
Einigen allgemein bekannten strategischen Grundsätzen zufolge, sollte 18. Ld2 eigentlich eine Selbstverständlichkeit sein. Als wir aber später in einer ruhigen Stunde die Partie nachspielten und analysierten, verstanden wir die Entscheidung des Weltmeisters.

Nach 19. Ld2 könnte 19. ... c5!? folgen, und nach anschließendem 20. T×e4 L×e4 21. Te1 L×f3 22. Te8+ D×e8 23. L×e8 T×e8 24. D×f3 L×d4 hat Schwarz für die geopferte Dame zweifellos Kompensation. Man könnte vermuten, daß Kasparow, der selbst gern die Dame opfert, seinem Gegner nicht die Gelegenheit zu einer solch spektakulären Fortsetzung geben wollte, doch der Fall lag hier noch einfacher: Schwarz beantwortet 19. Ld2 mit 19. ... a5 und hat nach 20. T×e4 L×e4 21. Te1 d5 22. L×d5 die Riposte 22. ... Sc5, die ihm überlegenes Spiel sichert.

19. ... **Te7** 0.38

Die beste Verteidigung. Schwächer ist 19. ... a5 20. Ld5 L×d5 21. D×d5 Te8 (auf 21. ... Te7 folgt stark 22. Lg5) 22. Sg5 mit klarem Vorteil.

20. Ld5 0.50 **c6** 0.46

20. ... L×d5 führt zur oben angegebenen Variante.

21. Le6 0.56 **Sf8!** 1.13

Dieses Ausrufezeichen gilt den letzten drei Zügen von Karpow, mit denen es ihm gelungen ist, die unmittelbaren Drohungen Lg5 und Sg5 abzuwehren.

22. Lg4 1.23 **a5** 1.16

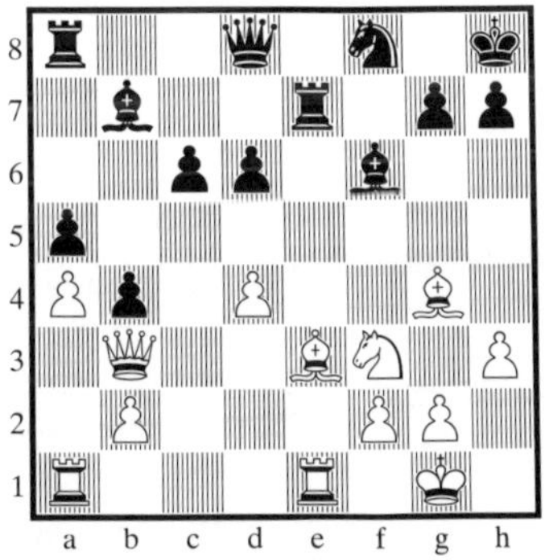

Obwohl Schwarz sich akkurat verteidigt hat, steht Weiß besser. 20. ... c6 hat dem weißfeldrigen Läufer die Diagonale versperrt und den Bauern d6 geschwächt, außerdem steht der Springer auf f8 passiv. Deshalb sollte Kasparow mit 23. Lf4 den oben erwähnten Plan, die e-Linie zu besetzen und einen Königsangriff aufzubauen, weiter verfolgen. Ohne Anspruch auf absolute Wahrheit zu erheben, geben wir ein Beispiel dafür, wie die Partie in diesem Falle hätte verlaufen können: 23. ... Sg6 (sicher doch ein logischer Zug?) 24. T×e7 L×e7 (falls 24. ... S×e7, so entweder 25. De6 oder 25. Sg5) 25. Lg3, oder 24. ... D×e7 25. Te1 Dd8 26. Lg3, und in all diesen Varianten erhält Weiß deutlichen Vorteil. 23. h4, was die Drohungen Sg5 und Lg5 erneuert, kam ebenfalls in Betracht, nach 23. ... h6 kann 24. h5 mit der Idee Lf4 erfolgen.

23. Tac1 1.30

Diesem farblosen Zug nach zu urteilen, hat Kasparow den Faden verloren, und die nächsten Züge von Weiß bestärken uns in dieser Vermutung.

23. ... **Sg6** 1.28

24. Lh5 1.36 **Tc8** 1.37

25. Lg4 1.50 **Tb8** 1.41

26. Dc2 1.51 **Tc7** 1.54

Weiß verfolgt den Plan, den Springer nach d5 zu überführen. Es ist richtig, daß dies dem Gegner die wichtige e-Linie überläßt und daß 26. ... De8 oder 26. ... Df8 besser waren, aber Karpow spürte wohl das Zaudern seines Gegners und entschloß sich, sogleich „den Stier bei den Hörnern zu nehmen“. Gleichzeitig stellt er eine kleine Falle.

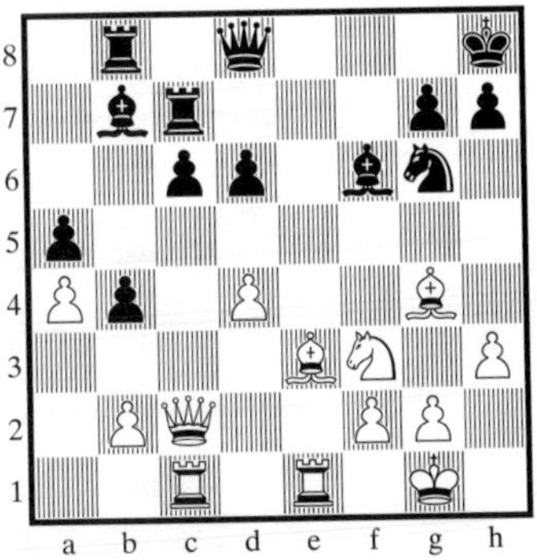

27. Df5? 1.59

... auf die Kasparow hereinfällt. Der Zug 27. Df5? soll wohl hauptsächlich 28. Sg5 oder 28. Lg5 ermöglichen, wobei als Nebeneffekt der Bauer auf a5 angegriffen wird, aber dieses Ziel war viel besser mit dem einfachen positionellen Zug 27. Dd2! zu erreichen, wonach Schwarz die folgenden Möglichkeiten hat: 27. ... Se7 28. Sg5 L×g5 29. L×g5, oder 27. ... c5 28. Sg5! c×d4 29. L×d4 L×d4 (29. ... L×g5 30. T×c7! L×d2?? 31. L×g7+ Kg8 32. Le6 matt) 30. Le6 T×c1 31. T×c1, jeweils mit klarem Vorteil für Weiß.

27. ... Se7! 1.54

Dies ist natürlich die Pointe des Ganzen! Auf 28. D×a5 gewinnt 28. ... Sd5, denn gegen den Damengewinn mit ... Ta8 gibt es dann keine Verteidigung mehr.

28. Dd3 2.00

Damit geht die Initiative wieder auf Schwarz über, aber 28. Dh5, von den Experten im Foyer empfohlen, hätte auch nichts gebracht wegen 28. ... g6 29. Lg5 Sf5! (die Annahme des Damenopfers ist gefährlich; 29. ... g×h5 30. L×f6+ Kg8 31. Le6+ Kf8 32. Sg5, und Weiß hat mindestens ein sicheres Remis) 30. L×f6+ D×f6 31. Dg5 D×g5 32. S×g5 S×d4 33. Ted1 Sb3 34. Tc2 mit ungefähr gleichen Chancen.

Unserer Meinung nach hätte Weiß mit 28. De6 fortsetzen können. Nach 28. ... Sd5 29. Lg5 muß Schwarz auf Grund seiner unsicheren Königsstellung noch schwierige Probleme lösen. Möglich wäre folgendes interessante Abspiel: 29. ... h6 30. L×f6 D×f6 31. D×d5!? c×d5 32. T×c7 mit starkem Angriff für Weiß.

28. ... Sd5 2.05

29. Ld2 2.00 **c5** 2.09

30. Le6 2.03

30. d×c5 d×c5 31. Se5 war in Erwägung zu ziehen.

30. ... Sb6 2.13

31. d×c5 2.10 **d×c5** 2.21

32. D×d8+ 2.11 **T×d8** 2.21

Wie gesagt hat Schwarz im Endspiel wegen seiner Damenflügelmajorität und der gesünderen Bauernstruktur Vorteil. Kasparow muß nun sehr aufpassen, um nicht in eine Verluststellung zu geraten.

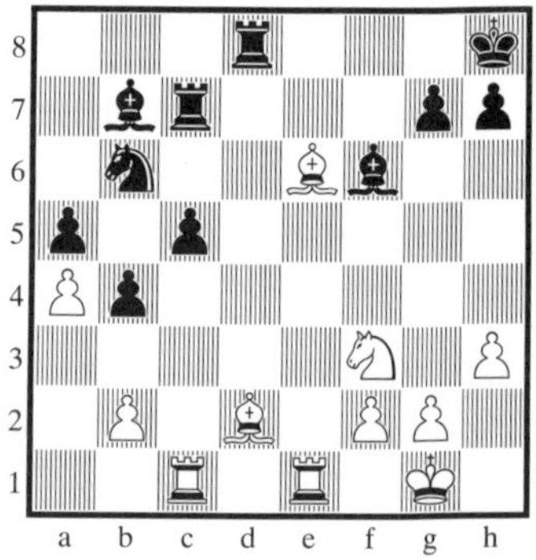

33. Lf4 2.11 **Te7** 2.23

34. Sg5 2.11 **Ld5** 2.26

Das verlockende 34. ... S×a4 wird mit 35. Lb3! widerlegt.

35. L×d5 2.23 **T×d5** 2.26

36. T×e7 2.24 **L×e7** 2.26

37. Te1 2.24 **Remis**

Bei relativ knapper Bedenkzeit einigten sich die Spieler hier auf Unentschieden.

Schwarz steht immer noch leicht besser, aber die weißen Möglichkeiten auf Grund der unsicheren Stellung des schwarzen Königs wiegen die Schwächung des Damenflügels auf.

Die folgende Variante belegt, daß die Entscheidung der beiden Kontrahenten gerechtfertigt war: 37. ... Lf8 38. Se6 (unserer Meinung nach die stärksten Züge) 38. ... Kg8 39. b3 Td3 (nach 39. ... c4 40. Lc7 erhält Schwarz eine schwierige Stellung) 40. Lc7 Sd5 41. L×a5, und mit Gewinnversuchen würde sich Schwarz nur Schwierigkeiten einhandeln, zum Beispiel: 41. ... T×b3 42. Td1.

DIE DREIZEHNTE PARTIE
24. November 1990

Dank des ausgeglichenen Verlaufs wurden in New York zwölf Partien ausgetragen, so daß die zweite Matchhälfte mit Partie 13 begann. Eine kleine Eröffnungszeremonie wurde abgehalten, und zu den Klängen von Marschmusik und unter dem Blitzlichtgewitter der zahllosen Journalisten zogen die beiden Gladiatoren auf die hellerleuchtete Bühne des Palais des Congrès ein. Hinter dem Schachtisch glitzerte golden und diamanten der Spezialpreis des Juweliers Korloff für den Sieger des Wettkampfs. Sein Wert von einer Million Dollar macht einen unentschiedenen Ausgang des Matchs unwahrscheinlich. Von den Blitzlichtern und Brillanten geblendet, nahmen die beiden Spieler am Schachbrett Platz, und der Bürgermeister von Lyon, Michel Noir, ein Schachfan mit Leib und Seele, der viel dazu beigetragen hat, daß das altehrwürdige Brettspiel Aufnahme in den Lehrplan der Schulen seiner Stadt gefunden hat, setzte die Uhren in Gang.

Die längere Unterbrechung, der ausgeglichene Stand, die neue Umgebung und die Eröffnungszeremonie erweckten den Eindruck, als beginne ein völlig neuer Wettkampf. Die Ereignisse auf dem Brett zeigten jedoch, daß dem nicht so war. Bis zum 10. Zug wiederholten die beiden Spieler die 9. Partie. Dort waren die Zentrumsbauern auf d4 abgetauscht worden, diesmal auf d5. Schwarz entwickelte seine Figuren harmonisch und erlangte gutes Spiel. Aber Kasparow agierte überhastet, und es gelang Karpow, die schwarze Initiative mit einem raffinierten Qualitätsopfer zu neutralisieren. Kasparow antwortet mit einem Gegenopfer, und die Partie mündete in ein Endspiel, in dem Schwarz wegen des gedeckten weißen Freibauern und einiger Schwächen im eigenen Lager, etwas aufpassen mußte. Der Weltmeister fand aber einen Weg zu aktivem Gegenspiel, und die Partie wurde nach dem Abbruch nicht mehr aufgenommen.

Noch eine interessante Statistik nebenbei: Die 13. Partie zwischen Karpow und Kasparow ist bisher noch nie entschieden worden, alle Begegnungen mit der bedeutungsschweren Zahl endeten unentschieden!

KARPOW – KASPAROW
Grünfeld-Indisch

1.	**d4**	0.00	**Sf6**	0.00
2.	**c4**	0.00	**g6**	0.00
3.	**Sc3**	0.00	**d5**	0.00
4.	**c×d5**	0.00	**S×d5**	0.00
5.	**e4**	0.00	**S×c3**	0.00
6.	**b×c3**	0.00	**Lg7**	0.00
7.	**Le3**	0.03	**c5**	0.02
8.	**Dd2**	0.03	**0–0**	0.02

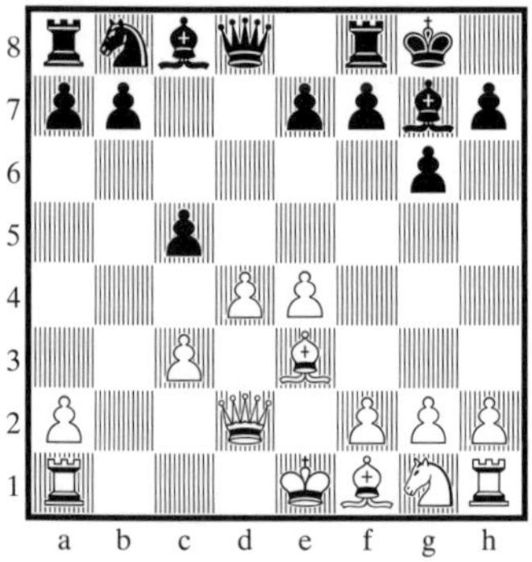

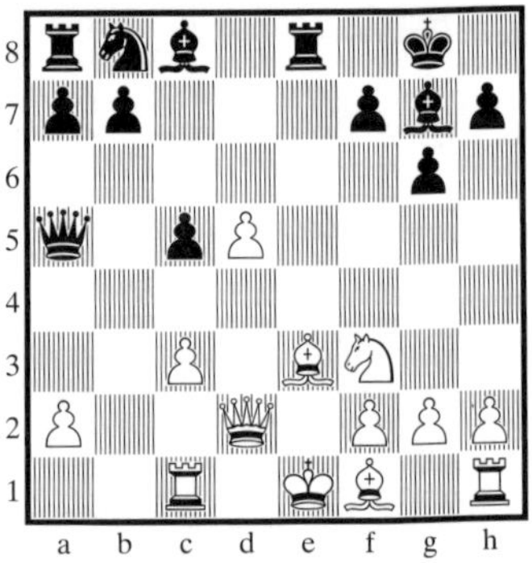

Eine Abweichung von der 9. Partie, wo das Spielgeschehen nach 8. ... c×d4 9. c×d4 Sc6 10. Td1 einen ganz anderen Charakter annahm.
Der Leser wird sich erinnern, daß diese Begegnung rasch in ein Endspiel überging. Diesmal strebt Kasparow offenbar einen komplizierten Kampf an.

9. Tc1 0.11

Überdeckt prophylaktisch den Punkt c3, um jederzeit den Vorstoß d4–d5 zur Verfügung zu haben.

9. ... **Da5** 0.08
10. Sf3 0.30 **e6** 0.10

Dieser Zug, der bereits in früheren Partien gespielt worden ist, richtet sich gegen d4–d5.

11. d5 0.43

Früher oder später muß Weiß etwas gegen den Druck auf d4 unternehmen. In der Partie Blees – Michaltschischin, Budapest 1990, folgte beispielsweise 11. Ld3 Td8 12. Lg5 (schlecht ist die Alternative 12. 0–0 c×d4 13. c×d4 D×d2 14. L×d2 Sc6) 12. ... f6 13. Le3 c×d4 14. c×d4 D×d2+ 15. K×d2, und Weiß stand besser. Karpow möchte die Lage sofort klären und spielt direkt d4–d5, was ihm aber überhaupt nichts einbringt.
11. Lh6 kommt in Betracht (und in der 15. Partie schließlich auch zur Anwendung).

11. ... **e×d5** 0.13
12. e×d5 0.43 **Te8** 0.18

Schwarz hat bequemes Spiel. Seine Leichtfiguren auf dem Damenflügel werden bald wirkungsvolle Plätze einnehmen, der Läufer strebt nach f5, der Springer nach f6 oder b6. Der einzige strategische Trumpf von Weiß ist der Bauer auf d5, der nach c3–c4 zum gedeckten Freibauern avancieren kann. Dieser Umstand wird jedoch nur dann von Gewicht sein, wenn eine Menge Material abgetauscht wird, insbesonders im Endspiel.
Schwarz wird im Folgenden also aktives Figurenspiel anstreben, während Weiß um Vereinfachungen bemüht ist. Diese strategischen Ziele entsprechen interessanterweise genau dem Stil der beiden Gegner, und aus diesem Grunde steht ein interessanter Kampf bevor.

13. Le2 0.53

Wäre 13. c4 möglich gewesen? Nach dem Damentausch (13. ... D×d2+) kann Weiß natürlich zufrieden sein, aber mit 13. ... Da3 14. Ld3 (um ...Lf5 zu verhindern) 14. ... Lg4 15. Sg5 Sd7! (wenig empfehlenswert erscheint uns Spasskis Vorschlag 15. .... h6 16. Se4 im Matchbulletin, was zu einer Stellung führt, die Exweltmeister leider nicht bewertete, die uns aber sehr dubios vorkommt) 16. 0–0 Se5 17. Lb1 (17. Le2 h6) 17. ... b6 erreicht Schwarz besseres Spiel.

13. ... **Lf5** 0.27
14. 0–0 0.56 **Sd7** 0.28
15. h3 1.18

Ein Prophylaxezug, der gegen das Manöver ...Sf6–g4 gerichtet ist.
Bis hierher wiederholten sich genau die Züge aus der Partie Piket – Kortschnoj, Wijk aan Zee 1990, wo nun 15. Db2 Sf6 mit schwarzer Initiative folgte. Nebenbei sei erwähnt, daß 15. Sh4? an 15. ...Le4 16. f3 L×d5 scheitert.

15. ...		**Sb6**	0.42

Kasparow dirigiert seinen Springer nach a4. Der Textzug wurde von vielen Kommentatoren kritisiert. Manche empfahlen 15. ... Sf6, andere 15. ... h5 und Spasski wartete gar mit dem Vorschlag 15. ... b5!? auf, wonach 16. Sh4 Le4 17. f3 L×d5 18. D×d5 Sb6 19. D×c5 Tac8 nichts bringt, weil Schwarz seine Figur zurückgewinnt, während der weiße Springer auf h4 außer Spiel bleibt. Nach 16. c4 kann Schwarz einfach 16. ... b4 ziehen, und es scheint, daß die Idee des Exweltmeisters ernsthafte Beachtung verdient.

16. g4	1.31	**Ld7**	0.46
17. c4	1.31	**D×d2**	0.59

Es wäre jetzt unklug, die Damen auf dem Brett zu lassen, da Schwarz nach 17. ... Da3 18. Tb1 kaum Spiel auf dem Damenflügel erlangen wird.

18. S×d2	1.32	**Sa4**	1.03

In diesem Endspiel hat Schwarz einigen Vorteil, weil seine Figuren bedeutend aktiver stehen. Die weißen Verteidigungsaufgaben sind nicht einfach.

19. Lf3	1.32		

Damit kontrolliert Weiß e4, um das Feld für seinen Springer zugänglich zu machen.

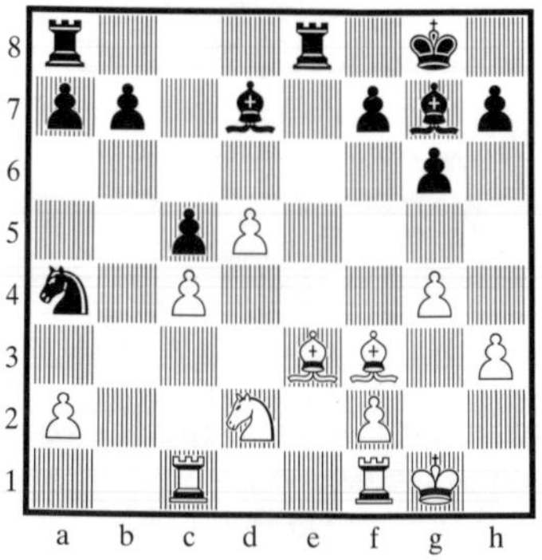

In manchen Fällen kann auch der d-Bauer vormarschieren. Um diese Drohungen abzuwehren, hat Schwarz zwei Züge:
a) 19. ... f5, wonach 20. d6 zu scharfem Spiel führt, z. B. 20. ... Le5 21. L×b7 Tab8 22. Ld5+ Kg7, und Schwarz gewinnt den Bauern bei aktiverer Stellung zurück. Vielleicht ist das ruhigere 20. Lf4 besser, wonach Schwarz entweder den ruhigen Zug 20.... Le5 oder das aggressive 20. ... Sc3 verfügbar hat.
b) 19. ... Le5 20. Se4 Tac8 (oder 20. ... b6) 21. Lg5 Kg7, oder 21. Lg2 f5.

19. ...		**Sc3?**	1.08

Dies scheint ein Versehen zu sein, Kasparow entging wahrscheinlich völlig die nun folgende Antwort:

20. T×c3!	1.42	**L×c3**	1.08
21. Se4	1.42	**T×e4!**	1.13

Falls 21. ... Lg7, so 22. S×c5, und Weiß hat offensichtlich Vorteil.

22. L×e4	1.43		

Hier hätte man sich bereits auf Remis einigen können. Bestimmt wollten die beiden Gegner die Zuschauer bei ihrem ersten Treffen in Lyon nicht enttäuschen, und spielten daher weiter. Der Rest der Partie ähnelt einem Sparringsmatch, Kommentare erübrigen sich.

22. ...		**Te8**	1.13
23. Ld3	1.44	**b6**	1.14
24. Kg2	1.45	**f5**	1.18
25. g×f5	1.52	**L×f5**	1.19
26. L×f5	1.55	**g×f5**	1.19
27. Td1	2.03	**Kf7**	1.28
28. Td3	2.04	**Lf6**	1.29
29. Ta3	2.12	**a5**	1.30
30. Tb3	2.12	**Ld8**	1.35
31. Tc3		**Lc7**	1.45
32. a4	2.21	**Kf6**	1.48
33. Kf1	2.23	**f4**	1.53
34. Lc1	2.21	**Kf5**	1.55
35. Tc2	2.25	**Tg8**	2.00
36. Te2	2.26	**Le5**	2.01
37. Lb2	2.26	**Ld4**	2.01
38. L×d4	2.28	**c×d4**	2.02
39. Te7	2.28	**d3**	2.05
40. Ke1	2.28	**Tc8**	2.05
41. Kd2	2.32	**T×c4**	2.08

Der Abgabezug war 42. K×d3. **Remis auf Vorschlag von Karpow.**

DIE VIERZEHNTE PARTIE
26. November 1990

Zur allgemeinen Überraschung wartete Kasparow in seiner ersten Weißpartie in Lyon mit der Schottischen Eröffnung auf. Diese Eröffnung wurde in Begegnungen auf der höchsten Ebene bereits angewendet... – vor hundert Jahren – in den Wettkämpfen von Steinitz gegen Zukertort (1886) und Tschigorin (1892). Das romantische Schach hat das Zeitalter des Informators und der Schachcomputer eingeholt!

Kasparow hat Schottisch bis dato noch nie gespielt. Das heißt aber nicht, daß diese Eröffnung für den Exweltmeister vollkommen neu und überraschend gewesen wäre. Die allwissenden Computer verrieten uns, daß Karpow sich bisher siebenmal sehr erfolgreich dagegen verteidigt hat: 3 Siege, keine Niederlage, 4 Remisen. Ein ausgezeichnetes Resultat, um so mehr, als sich unter der Gegnerschaft Supergroßmeister wie Kortschnoj, Ljubojević, Timman und Sax befanden. Rein nach dem Zeitverbrauch zu urteilen, sah sich Karpow diesmal aber mit erheblichen Problemen konfrontiert.

Natürlich hat der Welmeister in dieser alten Eröffnung einige neue Ideen ausgegraben. Schon sehr früh in der Partie verließ er die ausgetretenen Pfade und opferte einen Bauern für aktives Spiel. Doch auch Schwarz suchte die Initiative und erreichte durch Rückgabe des Bauern eine wirkungsvolle Zentralisierung seiner Kräfte.

In dieser Begegnung fand ein echter offener Schlagabtausch statt. Zum ersten Mal im Wettkampf waren beide Könige gleichzeitig direkten Mattdrohungen ausgesetzt. Das Spiel beider Gegner in dieser Partie kann man nur als brillant bezeichnen. Es wird uns in Erinnerung bleiben, wie der raffinierte Flankenwechsel der weißen Dame (32. Df1!) von den Experten im Presseraum mit spontanem Applaus bedacht wurde.
Einer der Sekundanten des Weltmeisters, Zurab Azmaiparaschwili, bezeichnete dieses Treffen als die beste Partie des ganzen Wettkampfes.

KASPAROW – KARPOW
Schottisch

1. e4	0.00	**e5**	0.00
2. Sf3	0.00	**Sc6**	0.00
3. d4	0.01		

Die Zeitmaschine, von Kasparow gesteuert, führt uns zurück ins 19. Jahrhundert und in die Ära des romantischen Schachs. Wie wir sehen werden, erspart uns dies jedoch nicht das Studium langer Eröffnungsvarianten. Heutzutage wird die Schottische Partie mit Weiß hauptsächlich von Ljubojević und Timmen angewendet, während der Exweltmeister sich als Nachziehender, wie erwähnt, bereits siebenmal mit dieser Variante auseinanderzusetzen hatte.

3. ...		**e×d4**	0.05
4. S×d4	0.01	**Sf6**	0.10
5. S×c6	0.01	**b×c6**	0.10
6. e5	0.01	**De7**	0.10
7. De2	0.01	**Sd5**	0.10
8. c4	0.04	**La6**	0.12
9. b3	0.05	**0–0–0**	0.37

Diese Stellung ist in zahllosen Turnierpartien auf dem Brett gewesen, zuerst in Blackburne – Zukertort, Wettkampf in London 1881, und in Mieses – Teichmann, Hastings 1895. Bis auf den heutigen Tag hält man die schwarze Stellung für gesund, und das nicht ohne Grund; Schwarz hat Entwicklungsvorsprung, und der Weiße benötigt noch einige Tempi, um seinen König aus dem Zentrum zu evakuieren. Die einzige Schwäche der schwarzen Position liegt in der momentan sehr ungünstigen Aufstellung des weißfeldrigen Läufers, der nicht am Spiel teilnimmt. Natürlich warteten alle gespannt darauf, was der Weltmeister gefunden hatte.

10. g3 0.05

Zuerst dachten wir, dies sei die Neuerung des Jahrhunderts, aber dann wurde entdeckt, daß dieses Recht Ljubojevićs Zug 10. Db2 in seiner Partie gegen Seirawan, Wijk aan Zee 1988, gebührt, wo Weiß nach 10. ... Sb6 11. Le2 Te8 12. Lf4 g5 13. Lg3 Lg7 14. Sc3 f5 15. f4 g×f4 16. L×f4 L×e5 allerdings einfach einen Bauern verlor. In Mieses – Teichmann geschah übrigens 10. Lb2 und erst nach 10. ... Sb6 11. g3.

10. ...		**Te8**	0.50
11. Lb2	0.05	**f6**	0.50

Mit 11. ... Sb6 konnte Karpow hier in die eben erwähnte Stammpartie überleiten.

12. Lg2	0.05	**f×e5**	0.56
13. 0–0	0.08		

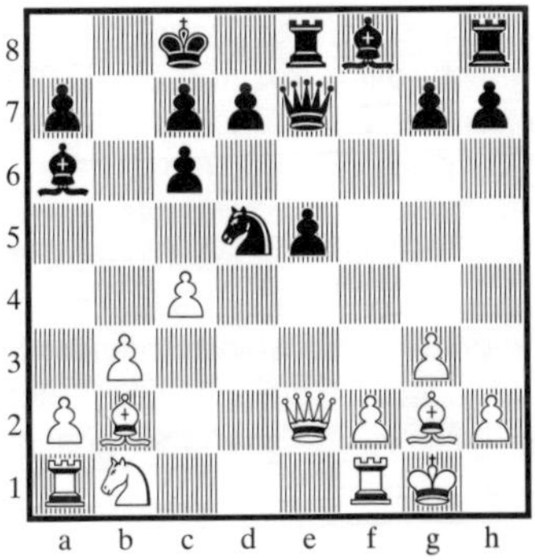

Machen wir eine kurze Bestandsaufnahme. Schwarz hat einen Bauern gewonnen, aber sein weißfeldriger Läufer ist vom Spiel ausgeschlossen, und die Königsstellung weist Bauernschwächen auf. Weiß hat Kompensation. Anstelle des Textzuges hatte Schwarz hier das prophylaktische 13. ... Sf6, aber Karpow strebt nach aktivem Spiel.

13. ... **h5** 1.05

Hiernach gewinnt Weiß sofort seinen Bauern zurück.

14. Dd2	0.10	**Sf6**	1.06
15. Da5	0.25	**Lb7**	1.07
16. La3	0.25		

Nach sofortigem 16. D×a7 mißfiel Kasparow möglicherweise 16. ... Dc5 17. Da4 (der Damentausch gibt Schwarz einen klaren Vorteil) 17. ... Db6 nebst ... Lc5.

16. ...		**De6**	1.19
17. L×f8	0.25	**Th×f8**	1.23
18. D×a7	0.28	**Dg4!?**	1.42

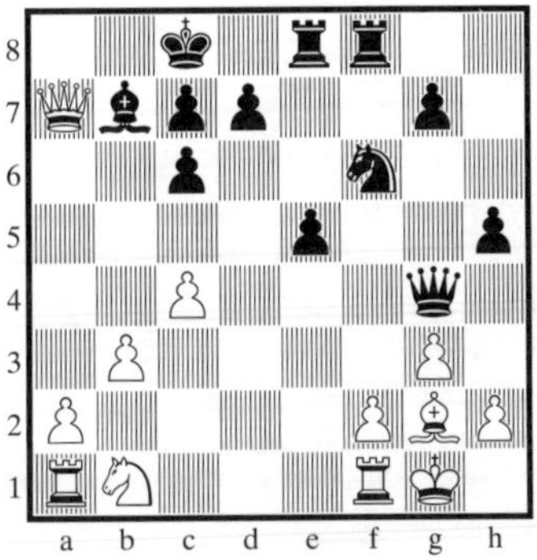

Auch die schwarze Dame nimmt eine vorgeschobene Position ein. Nach den klassischen Schachprinzipien beurteilt, steht Schwarz nun ausgezeichnet. Fast alle seine Figuren sind zentralisiert, und er hat mehrere Möglichkeiten, seine Offensive vorzutragen. Weiß hingegen hat eigentlich nur seine Dame im Spiel, die dringend Unterstützung benötigt, falls konkrete Drohungen geschaffen werden sollen. Dies scheint auf den ersten Blick unmöglich, doch der Entsatz naht auf der einzig möglichen Route.

19. Sa3! 1.21

Wie oft hat Kasparow im Verlauf dieses Wettkampfs seine Springer an den Rand entwickelt! Meistens wurde er dafür getadelt, aber diesmal ist der Zug vollauf gerechtfertigt. Falls nun beispielsweise 19. ... Dd4, um den weißen Angriff zu unterbinden, so folgt 20. c5 Db4 (es drohte Sc4–a5) 21. Sc4 Db5 22. Tfe1 mit Angriff auf den e-Bauern und der Drohung Lf1, so daß Schwarz nicht dazu kommt, die Damen abzutauschen.

19. ... **h4** 1.49

Karpow möchte sich keineswegs auf die Defensive beschränken und strebt seinerseits auf schnellstem Wege aktives Spiel gegen den weißen König an. Die Partie wird nun extrem scharf, und jeder Zug erfordert vom Gegner, die beste und meist einzige Antwort zu finden.

20. Sc2 1.22

20. c5 scheitert nun an 20. ... h×g3 21. h×g3 Dh5, und Schwarz hat die Nase vorn.

20. ... **h3!** 1.53
21. Lh1 1.24 **Se4!** 1.55

Um den weißen König, dem die eigenen Figuren die Bewegungsfreiheit nehmen, zieht sich ein Mattnetz zusammen.

22. a4! 1.34

Kasparow findet eine neue Ressource, um seinen Angriff zu beleben. Bei anderen Fortsetzungen erhält Schwarz Vorteil, zum Beispiel:

a) 22. Sb4 Sc3 23. Tae1 Dd4;
b) 22. Tae1 Sd2 23. Se3 Sf3+ (23. ... Dd4 ist ebenfalls gut) 24. L×f3 D×f3;
c) 22. De3 Sg5, und schließlich:
d) 22. f3 (die hauptsächliche Alternative) 22. ... S×g3 23. Tf2 (23. f×g4?? Se2 matt) 23. ... Dg6 24. h×g3 D×g3+ 25. Kf1 e4 26. f×e4 (26. De3 e×f3 27. T×f3 Dh2! ist unzulänglich, da Schwarz seine Figur zurückgewinnt, während im Falle von 26. Te1 die Zugfolge 26. ... e×f3 27. T×e8+ T×e8 28. L×f3 h2 folgt) 26. ... Dd3+ 27. Kg1 (27. Ke1 c5 28. D×c5 T×f2 29. D×f2 L×e4) 27. ... Tf6 28. De3 Tg6+ 29. Kh2 Dd6+ 30. Df4 (30. Tf4 Tg4 31. Tf1 g5) 30. ... Tf8!.

Nach dem Textzug droht a5–a6, Schwarz muß handeln.

22. ... **Sc3** 2.10
23. Tae1 1.44 **Se2+** 2.12
24. T×e2 1.44 **D×e2** 2.12
25. Sb4 1.47

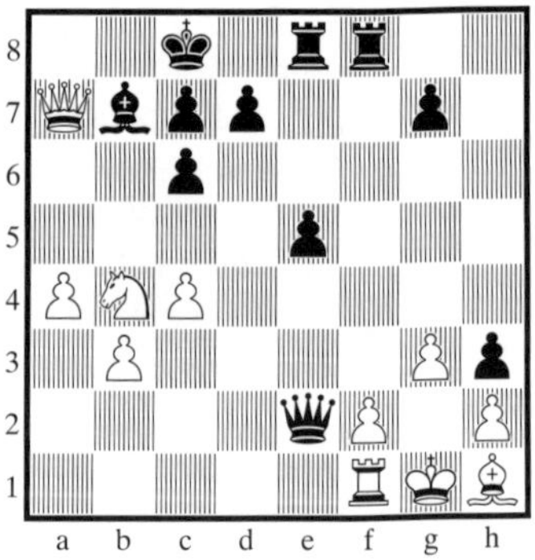

Falls Schwarz nur Remis möchte, ist sein nächster Zug ein Fehler. Solange der weiße Springer auf b4 steht, ist auch 25. ... Kd8 mit der Idee, nach 26. D×b7 durch das Turmopfer auf f2 Dauerschach zu erzwingen, nicht ausreichend, denn nach 27. Db8+ Ke7 28. S×c6+ b×c6 29. D×c7+ Ke6 30. D×c6+ Ke7 31. Dc5+ fällt der Turm f2 im nächsten Zug. Daher sollte der Springer zunächst von b4 vertrieben werden, was am besten durch 25. .. Tf3 mit Angriff auf den Bauern b3 zu erreichen war. Jetzt muß sich der Weiße beeilen, und nach 26. Sa6 Kd8! 27. D×b7 T×f2 hätte die Partie durch Dauerschach ein würdiges Ende gefunden.

26. ... **d5?!** 2.15

Die Öffnung der Stellung ist unserer Meinung nach vorteilhaft für Weiß, da nun sein Läufer am Angriff teilnehmen kann.

26. c×d5 1.51 **c×d5** 2.25
27. L×d5 2.16

27. S×d5 Da6 war schlechter. Weiß erreicht auch nichts, wenn er mit 27. Tc1 seinen Turm am Angriff beteiligt, wegen 27. ... Dd2 28. Dc5 Tf7 29. S×d5 Dd4.

27. ... **L×d5** 2.25
28. S×d5 2.16 **Dc2** 2.25
29. Da6+ 2.18 **Kd7** 2.25
30. Se3 2.19 **De4** 2.25

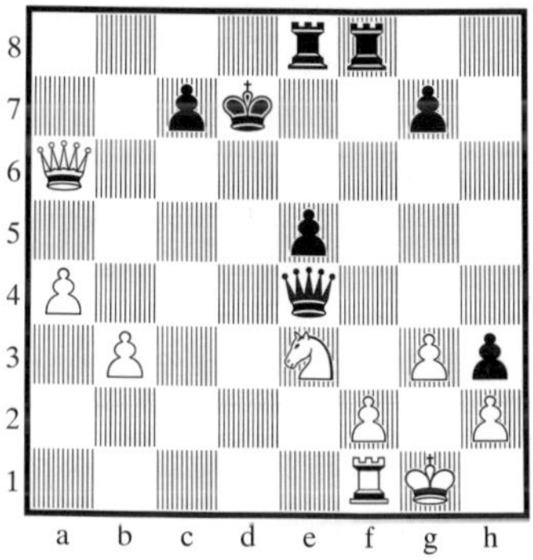

Eine schwer zu beurteilende Stellung ist entstanden. Weiß hat einen Bauern für die Qualität, und dem schwarzen König fehlt ein sicherer Unterschlupf.

31. Tc1?! 2.21

Weiß möchte sich durch Gewinn eines Bauern entweder auf h3, c7 oder e5 ein deutliches materielles Übergewicht sichern. Dieses Ziel war besser durch 31. Td1+ zu erreichen, wonach die Zugfolge 31. ... Ke7 32. Df1 Td8 33. Te1 praktisch erzwungen ist. Schwarz büßt nun Material ein, und Weiß hat außerdem seine Königsstellung abgesichert. Diese Stellung enthält eine tückische Falle nach 33. ... Td3 34. Sc4?? T×g3+ 35. h×g3 h2+. Die korrekte Fortsetzung ist in diesem Fall aber 34. Sg4!.

31. ... **Tb8!** 2.27

In starker Zeitnot findet Karpow nicht nur den einzigen Weg, um sich über Wasser zu halten, sondern um sogar beträchtliche Gegendrohungen zu schaffen.

32. Df1 2.21

Bevor Weiß etwas unternehmen kann, muß er unbedingt die Mattdrohung auf g2 eliminieren, indem er den Bauern h3 beseitigt.

32. ... **T×b3** 2.27
33. D×h3+ 2.23 **Kd8** 2.28
34. Dh5 2.26 **Kc8** 2.28
35. Dd1? 2.27

Nach diesem Zug, der das Opfer auf e3 zuläßt, muß sich eher Weiß ums Remis bemühen. 35. Sc4 hätte den Angriff aufrechterhalten und praktisch risikolose Gewinnversuche ermöglicht.

35. ... **T×e3** 2.28
36. f×e3 2.27 **D×e3+** 2.28
37. Kh1 2.27 **De4+** 2.28
38. Kg1 2.27 **De3+** 2.28
39. Kh1 2.27 **De4+** 2.28
40. Kg1 2.28 **Td8** 2.29

Der Abgabezug war 41. Dc2. **Remis** auf Vorschlag von Kasparow.

DIE FÜNFZEHNTE PARTIE
28. November 1990

Bis zum 11. Zug wiederholten beide Spieler die 13. Partie. Wer hatte wohl eine Verbesserung in der Grünfeld-Indischen Verteidigung vorbereitet und wo, das war die Frage. Die Neuerung, die schließlich zur Anwendung kam, ging zurück auf ... Exweltmeister Boris Spasski. In den Anmerkungen zur 13. Partie im offiziellen Matchbulletin vermerkte er zu 11. d5 knapp: „Ich hätte 11. Ld3 oder 11. Lh6 vorgezogen." Karpow nahm diese Empfehlung ernst, während ihr Kasparow allem Anschein nach nicht genügend Beachtung schenkte, was er bedauern sollte. Ohne den schwarzfeldrigen Läufer wurde die schwarze Position trotz Damentauschs rasch kritisch. Karpow arbeitete sehr geschickt mit Drohungen auf beiden Flügeln, und nach dem starken und schwer zu findenden Zug 21. Th2! bewertete der Mikrocomputerweltmeister 'Mephisto' den weißen Vorteil bereits mit einem Plus von einer Bauerneinheit.

Auf der Suche nach aktivem Gegenspiel antwortete Kasparow mit einem Bauernvorstoß im Zentrum, den Spasski schlicht als 'Harakiri' bezeichnete. 'Mephisto' bewies, daß Computer in manchen Stellungstypen durchaus Großmeisterstärke besitzen, und zeigte die Gewinnvariante für Weiß, beginnend mit 26. Th4!
Trotzdem zeigte sich, daß Kasparow die beste praktische Chance gefunden hatte. Die Stellung wurde schärfer, und Schachspieler haben im Gegensatz zu Computern Nerven und müssen zuweilen auch gegen die Müdigkeit ankämpfen. Karpow übersah den Gewinnzug, und die Initiative ging sogar auf Schwarz über. Doch auch Kasparow war durch die schwierige Verteidigung erschöpft und versäumte es, Nutzen aus der veränderten Situation zu ziehen. Nach wechselvollem Verlauf einigten sich die beiden Gegner im 23. Zug auf Remis.

KARPOW – KASPAROW
Grünfeld-Indische Verteidigung

1.	**d4**	0.03	**Sf6**	0.00
2.	**c4**	0.03	**g6**	0.00
3.	**Sc3**	0.04	**d5**	0.00
4.	**c×d5**	0.04	**S×d5**	0.01
5.	**e4**	0.04	**S×c3**	0.01
6.	**b×c3**	0.04	**Lg7**	0.01
7.	**Le3**	0.05	**c5**	0.01
8.	**Dd2**	0.05	**0–0**	0.02
9.	**Sf3**	0.15	**Da5**	0.03
10.	**Tc1**	0.20	**e6**	0.04

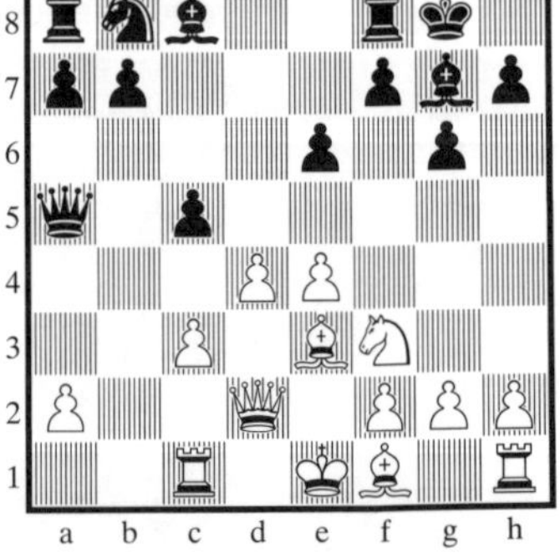

11. Lh6 0.20

Eine Neuerung! (Jedenfalls ist der Zug nicht im Chess Base gespeichert). Karpow droht mit einem Königsangriff und zwingt seinen Gegner somit praktisch zum Damentausch und zum Übergang in eine Stellung mit Endspielcharakter.

11.	**...**		**Sc6**	0.45
12.	**h4**	0.31		

Schwarz muß nun die Spannung im Zentrum auflösen.

12.	**...**		**c×d4**	0.47
13.	**L×g7**	0.32	**K×g7**	0.47
14.	**c×d4**	0.32	**D×d2+**	1.03
15.	**K×d2**	0.33		

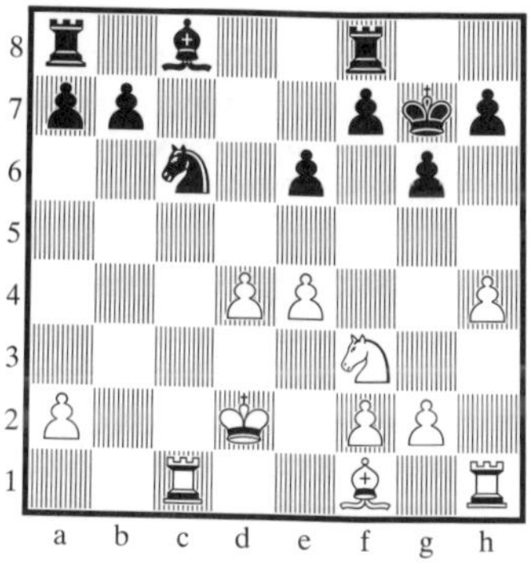

Diese auf den ersten Blick recht einfache Stellung ist unserer Meinung nach ganz nach dem Geschmack des Exweltmeisters. Der ganze Charakter des weiteren Geschehens kommt seiner Spielauffassung entgegen, und das ist wichtiger als der minimale Vorteil von Weiß, der durch das starke Bauernzentrum verbürgt wird. Und noch etwas muß angemerkt werden: Oft ist (halb im Scherz) gesagt worden, Kasparows Dame sei stärker als diejenige Karpows. Daraus geht eigentlich hervor, daß der Abtausch der stärksten Figur zu Karpows direktem Nutzen ist!

15.	**...**		**Td8**	1.03
16.	**Ke3**	0.33	**Ld7**	1.03
17.	**Tb1!?**	1.04		

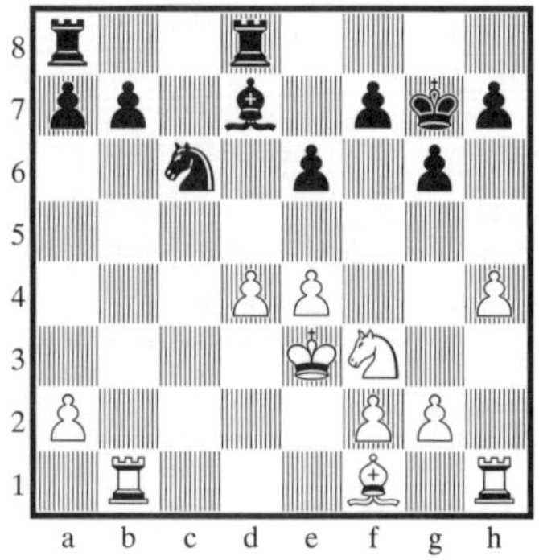

Dieser anspruchslos aussehende Zug ist das Produkt langen Nachdenkens. Karpows Absicht ist klar: Der Damenturm von Schwarz soll nicht nach c8 gelangen, gleichzeitig bleibt das Feld c1 für den Einsatz des zweiten Turms von Weiß frei.

17.	**...**		**Tab8?!**	1.06

17. ... Sa5!? sieht natürlicher aus, aber Kasparow dachte womöglich an seine schlechten Erfahrungen aus der 9. Partie, wo der Springer auf a5 ungünstig stand. Auf 17. ... b6 hat Weiß die unangenehme Antwort 18. La6 parat.

18.	**Ld3**	1.10	**Se7?!**	1.38

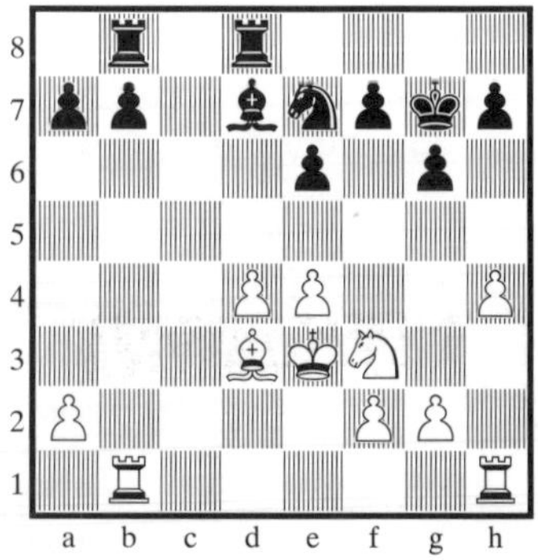

Kasparow vermindert den Druck gegen d4 und bringt sich so um aktives Gegenspiel.

Angebracht war eine Prophylaxemaßnahme gegen h4–h5, entweder durch 18. ... h6 oder sogar durch 18. ... h5.

19. h5! 1.39

Natürlich! Auch 19. Thc1 war stark; aber Karpow hat richtig gesehen, daß die Drohungen gegen den schwarzen König bald unangenehme Formen annehmen werden, so daß es für Kasparow nicht leicht sein wird, alle Gefahren abzuwenden.

19. ...		**f6**	1.39
20. h×g6	1.44	**h×g6**	1.41
21. Th2	1.45	**b6**	1.56
22. g4	1.52		

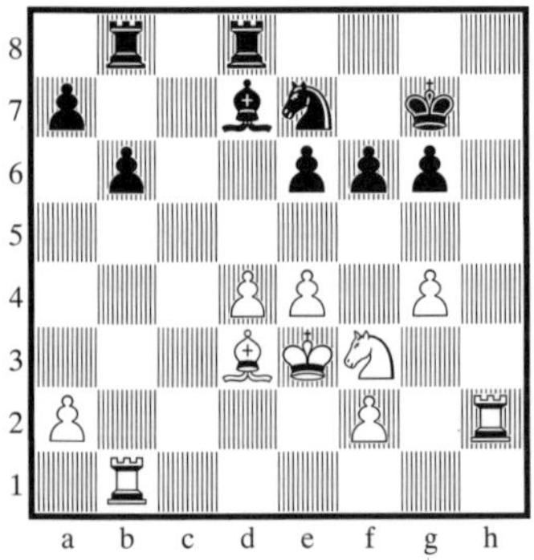

22. ...		**e5?**	2.02

Ist dies etwa schon Verzweiflung? Oder überschätzte der Weltmeister seine Stellung? Jedenfalls wird seine Situation ab jetzt äußerst kritisch.

Die einzige Verteidigungsmöglichkeit nach den klassischen Schachprinzipien bestand vielleicht in 22. ... g5. Die folgende Variante soll beleuchten, wie sich dann die Ereignisse unserer Meinung nach hätten entwickeln können: 23. e5 Sd5+ 24. Kd2 Th8 25. Tbh1 T×h2 26. T×h2 Th8 27. T×h8 K×h8 28. Le4 Kg7 29. L×d5 e×d5 30. e×f6+ K×f6 31. Se5. Das Endspiel ist dann besser für Weiß, aber Schwarz besitzt Rettungschancen.

23. d×e5	2.01	**L×g4**	2.02
24. e×f6+	2.01	**K×f6**	2.03
25. Sd4	2.01	**Tb7**	2.12

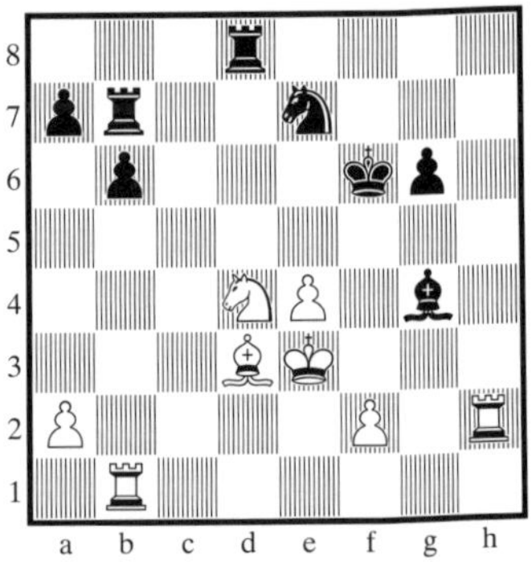

26. f3? 2.09

Der Computer Mephisto und mehrere Kommentatoren (zum Beispiel Miguel Najdorf, der uns eigens aus Argentinien anrief) zeigten die Lösung 26. Th4!, die rasch zu einem überzeugenden Sieg geführt hätte. Hier sind die Varianten, die dies belegen: 26. ... Tbd7 (26. ... Lc8 27. f4) 27. e5+! K×e5 (27. ... Kg5 28. T×g4+! K×g4 29. Tg1+ mit schnellem Matt) 28. Tb5+ Sd5+ 29. T×d5+ T×d5 30. Sc6+ Kf6 31. S×d8 Kg5 32. Th8.

26. ...		**Tbd7**	2.14
27. Tb4	2.11	**Le6**	2.17

Die Aufregungen haben sich gelegt, die kritische Phase ist vorüber, und nun muß sogar Karpow etwas Vorsicht walten lassen.

28. Tc2 2.16

Im Matchbulletin führte Spasski die Empfehlung von Watson 28. f4!? an. Er gibt zwar keine Varianten an, möchte aber offenbar andeuten, daß Weiß danach immer noch gute Chancen behält. Doch nach 28. ... Lg8 ist es höchst unwahrscheinlich, daß der Anziehende noch irgend etwas erreichen kann, zum Beispiel: 29. Tc2 Te8 30. Kf3 Ted8.

Noch fünf Züge, und die Spieler einigten sich auf Remis.

28. ...		**a5**	2.20
29. Ta4	2.16	**g5**	2.20
30. Lb5	2.17	**Td6**	2.20
31. Le2	2.22	**Ld7**	2.21
32. Tac4	2.23	**Te8**	2.22
33. Tb2	2.26	**Sd5+**	2.23

Remis.

DIE SECHZEHNTE PARTIE
1./2./4. Dezember 1990

Die Journalisten im Pressezentrum wechselten bedeutungsschwere Blicke, als der Zug 3. d4 auf dem Monitor auftauchte. Schon wieder die Schottische Partie! Die Anwendung dieser romantischen Eröffnung in der 14. Partie war also keine Eintagsfliege gewesen. Alexander Roschal, ein Redakteur der Schachzeitung »64« (deren Herausgeber, es darf daran erinnert werden, Anatoli Karpow ist), zuckte skeptisch die Achseln.
„Wenn Kasparow meint, er könne den Wettkampf mit der Schottischen Partie für sich entscheiden..." Der unausgesprochene Rest war klar: „Dann muß es schlecht um ihn stehen."

Die ersten Züge von Schwarz, rasch und mit deutlich zur Schau gestelltem Selbstbewußtsein vorgetragen, schienen seine Ansicht zu bestätigen. Obwohl Karpow schon bald einen Bauern geben mußte, hätte ihm die korrekte Fortsetzung 16. ... d4! gute Kompensation gegeben. Doch so, wie er spielte, behielt Weiß nicht nur den materiellen, sondern gewann auch noch positionellen Vorteil hinzu. Der Weltmeister wurde jedoch von seinem Verlangen, dem gegnerischen König so schnell wie möglich zu Leibe zu rücken, abermals um eine Gewinnstellung gebracht. In seinem Ungestüm übersah er den cleveren Zug 38. ... Tb1+, und Karpow war ganz offensichtlich hochzufrieden mit der Abbruchstellung, als er den Turniersaal verließ. Diese Partie sollte die längste zwischen den beiden großen »K« werden.

Der Weltmeister spielte in der ersten Verlängerung konzentriert und präzise, und es gelang ihm, zu seiner Mehrqualität noch einen Bauern hinzuzugewinnen. Aber der findige Karpow errichtete eine Festung, die von vielen Experten für uneinnehmbar gehalten wird. Kasparows langes Nachdenken vor dem zweiten Abbruch deuteten sie als Zeichen dafür, daß er keinen konkreten Gewinnplan gefunden hatte. Doch der Weltmeister beschäftigte sich mit Arithmetik, denn mittlerweile drohte die 50-Züge-Regel in Kraft zu treten (falls während dieser Zeit weder ein Bauer bewegt noch eine Figur geschlagen wrd, endet die Partie unentschieden). Das bedeutete, daß Weiß nach 64. g5 noch bis zum 114. Zug Zeit blieb, um die Partie für sich zu entscheiden. Nach dem zweiten Abgabezug (89. Ta7) blieben nur noch 25 Züge bis zum Remis. Kasparow fand einen schnelleren Gewinnweg, und Karpow gab im 102. Zug auf.

KASPAROW – KARPOW

Schottische Partie

1.	**e4**	0.00	**e5**	0.02
2.	**Sf3**	0.00	**Sc6**	0.02
3.	**d4**	0.00	**e×d4**	0.02
4.	**S×d4**	0.00	**Sf6**	0.02
5.	**S×c6**	0.00	**b×c6**	0.02
6.	**e5**	0.01	**De7**	0.03
7.	**De2**	0.01	**Sd5**	0.03
8.	**c4**	0.01	**Sb6**	0.04

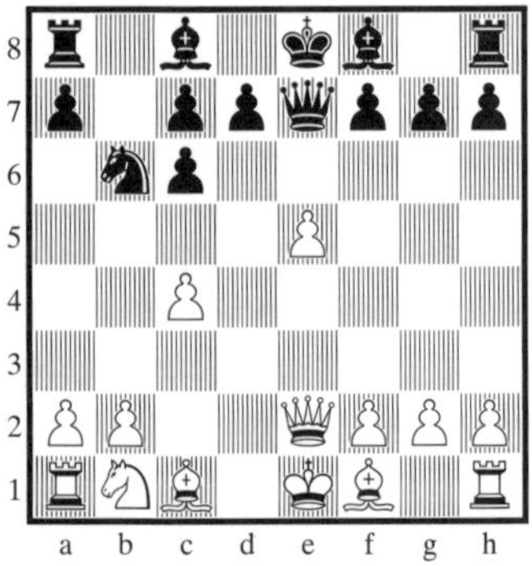

Diesmal also nicht 8. ... La6 wie in der 14. Partie.

Kasparow hatte gegen eine Wiederholung offenbar nichts einzuwenden. Man erinnert sich, daß Schwarz in der 14. Partie eine ausgezeichnete Stellung hatte, auch wenn die Lage insgesamt höchst verwickelt erschien. Folglich schreckte Karpow diesmal vor einer ähnlich komplizierten Partie oder einer Neuerung zurück. Am ehesten ist anzunehmen, daß er und seine Helfer bei der Analyse der 14. Partie eine wichtige Verstärkung für Weiß fanden.

Der von Karpow gewählte Textzug ist übrigens nicht neu und kam in der Turnierpraxis schon oft zur Anwendung.

9. Sd2 0.12

Im Matchbulletin schlägt Boris Spasski 9. Lf4 vor, doch nach dem unerwarteten 9. ... Db4+ muß Weiß das Recht zur Rochade aufgeben, wenn er nicht einen Bauern verlieren will (10. Dd2 S×c4; 10. Sc3 La6). Später entdeckten wir noch die Partie Jauser – Kiprow, Fernpartie 1983, in welcher Schwarz nach 9. ... Db4+ 10. Kd1 La6 11. b3 0–0–0 Vorteil erzielte.

9.	**...**		**De6**	0.11
10.	**b3**	0.14	**a5?!**	0.17

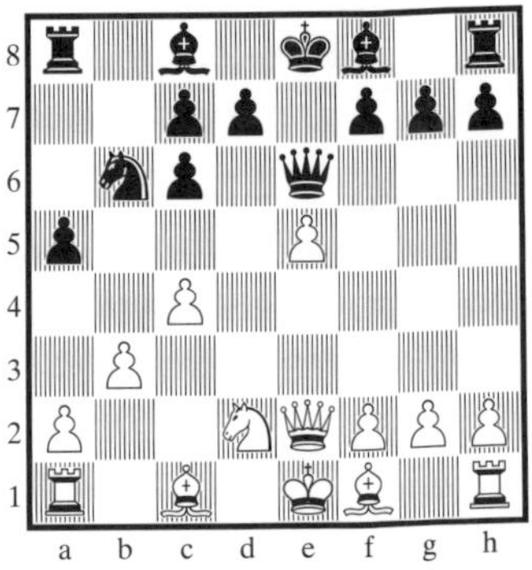

Eine interessante aber auch risikoreiche Fortsetzung, die unter anderem bezweckt, den schwarzfeldrigen Läufer auf b4 sicher zu postieren. Ihr Nachteil besteht darin, daß Schwarz Zeit verliert und in der Entwicklung zurückfällt, was später sicher ins Gewicht fallen kann.

Gewöhnlich spielt Schwarz an dieser Stelle 10. ... Le7 11. Lb2 0–0, was gesund und gut aussieht. Sowohl in Bednarski – Gligorić, Havanna 1978, nach 12. De4 d5 13. e×d6 c×d6 14. Ld3, als auch in Seeliger – Palischaukas, Fernpartie 1978, nach 12. 0–0–0 d5 13. e×d6 c×d6 14. Df3 d5 15. c×d5 c×d5 16. Ld3 Dh6 erreichte Schwarz Ausgleich.

11. Lb2 0.24 **Lb4** 0.33

11. ... a4 und erst dann ...Lb4 sieht konsequenter aus, doch nach 12. De3 Lb4 13. Ld3 (Weiß kann nun je nach Lage der Dinge die Mobilisierung seiner Kräfte mit der langen oder der kurzen Rochade abschließen) muß Schwarz eine schwierige Wahl treffen. Es gibt drei Möglichkeiten:

a) 13. ... a×b3 14. a×b3 T×a1+ 15. L×a1 0–0 16. 0–0. Weiß wird nun Sf3 ziehen, und es ist klar, daß der schwarzen Strategie kein Erfolg beschieden war.

b) 13. ... d5 14. 0–0, wonach der Bauerngewinn durch 14. ... L×d2 15. D×d2 d×c4 16. b×c4 S×c4 17. L×c4 D×c4 18. La3 natürlich gefährlich ist, andernfalls gelangt der weiße Springer aber wieder nach f3.

c) 13. ... d6. Dies verhindert die kurze Rochade, wonach 14. ... a3 15. Ld4 c5 folgt, aber Weiß rochiert lang, und die schwarze Stellung bleibt schwierig. 14. ... a3 bringt auch nichts ein, da sich der Läufer nach a1 zurückzieht, während das Endspiel nach 14. ... d×e5 15. D×e5 ebenfalls unerfreulich für den Schwarzen ist.

12. a3!? 0.31

Kasparow zwingt seinen Gegner, sich sofort zu erklären und zählt auf den Vorteil des Läuferpaares.

12. ... **L×d2+** 0.45

13. D×d2 0.33

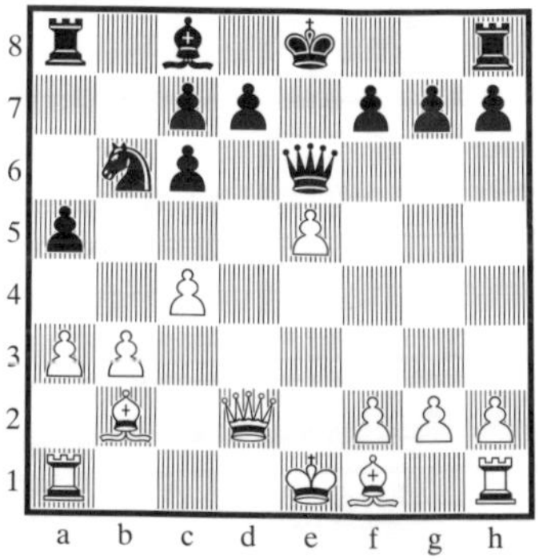

Eine scharfe und interessante Stellung mit beiderseitigen Chancen ist entstanden. Weiß besitzt das Läuferpaar und Aussichten, später Königsangriff zu erlangen, obwohl momentan er es ist, der in der Entwicklung etwas nachhinkt. Schwarz hat Chancen auf weißfeldriges Spiel am Damenflügel, beginnend mit ...a5–a4.

Karpow hatte dies sicher ursprünglich geplant, sah aber nun, daß Weiß nach 13. ... a4 14. c5 Sd5 15. b4 La6 16. L×a6 T×a6 17. 0–0 einen starken Angriff, beginnend mit f2–f4, erhält. Auf Spasskis Empfehlung im Bulletin 15. ... f5 mit der Absicht, den Vormarsch des weißen f-Bauern zu blockieren, folgt 16. Lc4 La6 17. La2 nebst langer Rochade.

13. ... **d5** 0.54

Dies öffnet die Stellung vorzeitig. Genauso, wie er klugerweise auf 13. ... a4 verzichtete, hätte Karpow auch diesen Zug für später aufheben sollen. Nach dem natürlichen 13. ... 0–0 hält sich Schwarz mehrere Möglichkeiten offen. (...d6, ...d5, ... f6 und sogar ... La6), mit denen Weiß ständig rechnen muß. Der Versuch, die Stellung mittels 14. c5 Sd5 15. Lc4 zu blockieren, den Karpow vielleicht fürchtete, gibt Schwarz nach 15. ... La6 16. 0–0 Tfb8 durch den Druck auf der b-Linie vollwertiges Gegenspiel. Nach 14. 0–0–0 mit der Drohung, den f-Bauern vorzustoßen, ist die Situation von Schwarz allerdings nicht einfach. Auf 14. ... La6 folgt 15. f4! (auch 15. a4 ist möglich).

14. c×d5 0.40 **c×d5** 1.03

Nach 14. ... D×d5 15. D×d5 S×d5 hat Weiß das etwas bessere Endspiel. Doch Karpows Entscheidung, im Mittelspiel zu verbleiben, erweist sich, wie wir sehen werden, als riskant.

15. Tc1 0.43 **0–0** 1.24

Karpow opfert nun einen Bauern. Nach 15. ... c6 16. Ld3 wäre die schwarze Stellung schon kritisch, denn auf 16. ... 0–0 gewinnt 17. Dc2 einfach einen Bauern. Auf 16. ... Lb7 geschieht 17. 0–0, und es ist schwer, etwas gegen den Vormarsch des f-Bauern zu erfinden.

16. T×c7?! 0.53

Weiß hätte besser um die Entwicklung seines Königsflügels und die schnellstmögliche Sicherung seiner Königsstellung Sorge tragen sollen. 16. Ld3 war besser. Der beste Zug von Schwarz wäre hierauf 16. ... a4 gewesen (16. ... f6 17. 0–0), und nach 17. 0–0 a×b3 18. f4 entsteht eine scharfe Stellung, in der die weiße Initiative den geopferten Bauern voll kompensiert.

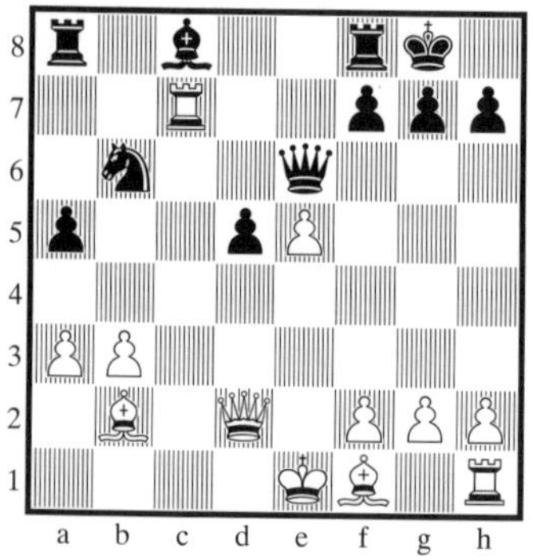

16. ... **Dg6?!** 1.34

Karpow muß sich hier irgendwo verrechnet haben. sonst hätte er gewiß nicht das vorübergehende Opfer eines zweiten Bauern 16. ... d4! ausgelassen. Unter Ausnutzung seines Entwicklungsvorsprungs öffnet Schwarz die Stellung und erhält aktives Spiel. Weiß steht vor einer schwierigen Wahl. Untersuchen wir die folgenden Fortsetzungen:

a) 17. L×d4 Td8 18. Le2 D×b3 19. Db2 (anders läßt sich der Mehrbauer nicht halten) 19. ... D×b2 20. L×b2 Sd5 21. Tc2 Sf4, und Schwarz steht in der sich ergebenden Stellung keinesfalls schlechter.

b) 17. D×d4 D×b3 18. Le2 (18. Ld3 La6!) 18. ... Le6 19. Tb7! Tab8 20. T×b8 T×b8 21. 0–0 Sc4 oder 21. ... Sa4, und die hervorragende Aufstellung seiner Figuren gibt dem Schwarzen ausgezeichnete Remischancen.

c) 17. Le2 Td8 mit guter Kompensation.

d) 17. Tc5 Sd7 18. Lc4 De7 19. T×a5 T×a5 20. D×a5 S×e5 21. 0–0 S×c4 22. b×c4 Lb7 mit gleichem Spiel.

17. f3 0.58 **Lf5?!** 1.35

Da die schwarze Stellung später fast zwangsläufig schwierig wird, halten wir 17. ... a4 mit Schwächung der weißen Kontrolle des Feldes c4 für eine bessere Möglichkeit.

18.	**g4**	1.14	**Lb1**	1.36
19.	**Lb5**	1.35	**Tac8**	1.40
20.	**T×c8**	1.35	**T×c8**	1.40
21.	**0–0**	1.38	**h5**	1.58
22.	**h3**	1.48	**h×g4**	2.05
23.	**h×g4**	1.49	**Lc2**	2.05

Die Fortsetzung 23. ... Tc2 24. Dd4 Dh6 25. Tf2 bringt nichts ein.

24. Dd4 1.56

Die Drohung e5–e6 erzwingt nun den nächsten Zug von Schwarz.

24.	**...**		**De6**	2.05
25.	**Tf2**	1.58	**Tc7**	2.08

Karpow verteidigt sich sehr geschickt. Dieser prophylaktische Turmzug ist einfach lebensnotwendig. Das Feld g7 wird indirekt überdeckt und das für die Verteidigung der Königsstellung wichtige Springermanöver ...Sd7–f8 ermöglicht. Falls sofort 25. ... Sd7, dann 26. f4 D×g4+ 27. Tg2 De6 28. L×d7 D×d7 29. e6 etc.

26. Th2 2.05 **Sd7** 2.14

26. ... L×b3 ist schlecht wegen 27. Dd3.

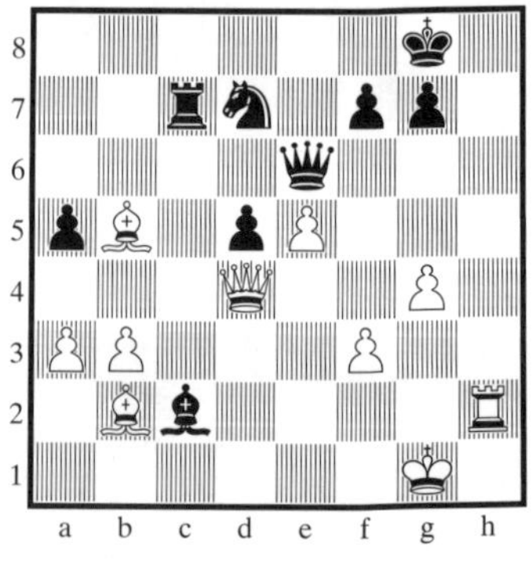

27. b4? 2.05

Mit diesem Zug erschwert sich Kasparow die Realisierung seines Vorteils. Von 17. Zug an bis jetzt hat der Weltmeister unserer Meinung nach untadelig gespielt. Aber nun wollte er seinen

Bauern auf b3 nicht länger 'hängen' lassen, obwohl dieser noch zumindest einen Zug lang nicht zu nehmen war, und es unterläuft ihm eine Ungenauigkeit.

27. a4! kam in Betracht. Nicht nur wird der Läufer auf b5 gestützt, es kann sich nun auch der schwarzfeldrige Kollege über a3 am Angriff beteiligen. 27. ... Db6 geht nun nicht wegen 28. L×d7 mit Figurengewinn, und auf 27. ... Sf8 erfolgt 28. La3 mit einer Doppeldrohung: Matt nach 29. L×f8 und auch 29. Ld6. Falls 28. ... L×b3 (28. ... Sg6 29. Ld6 Tc8 30. La6 Tc6 31. Da7, oder 30. ... L×b3 31. L×c8 D×c8 32. De3), so folgt 29. L×f8 Tc1+ 30. Kg2 Tc2+ 31. Kg3 T×h2 32. L×g7 mit Gewinn für Weiß.

27. ... **a×b4** 2.14
28. a×b4 2.13 **Sf8** 2.16

Der Spielverlauf trägt nun einen ganz anderen Charakter. Als Folge des Bauerntausches hat sich die a-Linie geöffnet. über die Schwarz in das weiße Lager einbrechen kann.

29. Lf1 2.14

Eine weitere Ungenauigkeit. Besser war 29. Le2 mit der Drohung, den f-Bauern vorzustoßen. Die Aufgabe von Schwarz wäre dann nicht so einfach wie in der Partie.

29. ... **Lb3** 2.24
30. Ld3 2.20

Vielleicht hätte Kasparow sein Ungestüm ein wenig zügeln und in ein Endspiel mit guten Chancen überleiten sollen. Sein eigener König steht sehr unsicher, und besonders bei knapper Bedenkzeit ist es unter diesen Umständen sehr schwierig, eine Attacke gegen die schwarze Königsstellung aufzubauen. Durchaus möglich war 30. f4, und nach 30. ... D×g4+ 31. Tg2 Da2 32. f5 droht Weiß bereits e5–e6, der Damentausch gibt ihm klares Übergewicht im Endspiel. Aber das wäre eben nicht „a la Kasparow" gewesen!

30. ... **Lc4** 2.25
31. Lf5 2.20

Die Alternative lautete 31. Lb1. Nach 31. ... Da6 32. Dd2 La2 33. b5 Da4 34. b6 Tb7 hat Schwarz dann gute Rettungschancen.

31. ... **De7** 2.26
32. Dd2 2.20 **Tc6** 2.26

Ein guter vorbeugender Zug.

33. Ld4 2.20 **Ta6** 2.26

Die Partie ist nun extrem scharf geworden. Auch Kasparows König schwebt in Gefahr.

34. Lb1 2.21 **Ta3** 2.26
35. Th3 2.25 **Tb3** 2.27
36. Lc2 2.25 **D×b4** 2.28
37. Df2 2.25

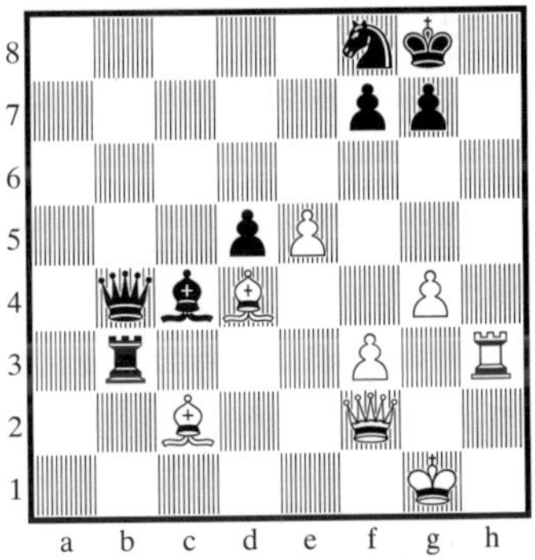

37. ... **Sg6** 2.28

Schwarz hat seinen Bauern zurückgewonnen, muß sich nun aber mit unangenehmen Mattdrohungen auseinandersetzen. Momentan droht Dh4. Das verlockende 37. ... Se6 funktioniert nicht wegen 38. Dh4 Kf8 39. L×b3, wonach 39. ... D×b3?? wegen 40. Lc5+ nebst Matt sofort verliert, und 39. ... L×b3 einfach mit 40. Lf2 beantwortet werden kann.

38. e6? 2.26

Nach dem Drahtseilakt der letzten Züge, in denen Kasparow die Verteidigung des eigenen Königs mit dem Aufbau eines Mattangriffs gegen den gegnerischen verknüpfte, gibt der Weltmeister nun mit diesem impulsiven Zug einfach einen Bauern her und gewährt seinem Gegner Rettungschancen. Er hätte einfach auf b3 nehmen sollen, und die Realisierung seines materiellen Übergewichts wäre nur eine Frage der Zeit gewesen.

38. ...		**Tb1+**	2.28
39. L×b1	2.27	**D×b1+**	2.29
40. Kh2	2.28	**f×e6**	2.29

Hier wurde die Partie abgebrochen, und Kasparow gab seinen 41. Zug ins Kuvert.

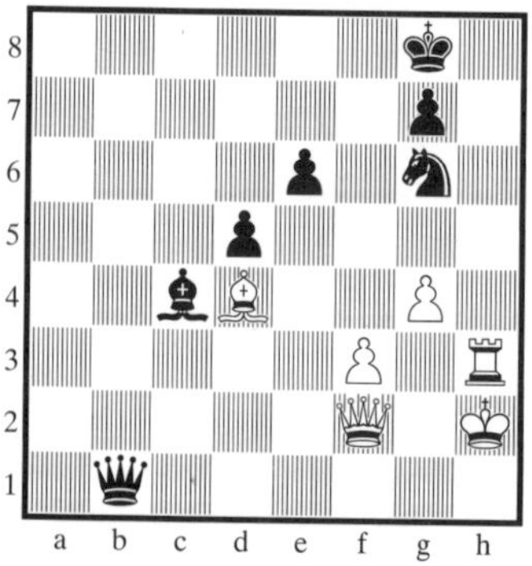

41. Db2	2.41		

Wie wir sehen, entschließt sich Kasparow nach reiflicher Überlegung von sich aus zum Damentausch. Das entstehende Endspiel ist günstig für Weiß, der die Initiative hat, weswegen auch die ungleichfarbigen Läufer im Moment eher ihn begünstigen. Es ist klar, daß die Verwertung des materiellen Vorteils extrem schwierig sein wird. Die Experten räumten Weiß ungefähr vierzig Prozent Gewinnchancen ein.

41. ...		**D×b2+**	2.29
42. L×b2	2.41	**Sf4**	2.29

Schwarz schiebt den Vorstoß ... e5 noch auf, um den Turm nicht ins Spiel zu lassen. Nebenbei stellt er eine kleine Falle auf, denn nach 43. Tg3? Le2 ist nicht klar zu sehen, wie der Turm, wieder freikommen soll.

43. Th4	2.42	**Sd3**	2.29
44. Lc3	2.42	**e5**	2.34
45. Kg3	2.46	**d4**	2.39
46. Ld2	2.46	**Ld5**	2.43
47. Th5	2.48		

Verhindert 47. ... Sb2 nebst ...Sc4. Sollte der Springer c4 erreichen, so stünden die schwarzen Figuren ideal, um den Vorstoß des d-Bauern zu unterstützen.

47. ...		**Kf7**	3.01
48. La5	2.51	**Ke6**	3.05
49. Th8	2.57	**Sb2**	3.11
50. Te8+	3.00	**Kd6**	3.11

50. ... Kf6 verliert nach 51. Ld8+ einen Bauern.

51. Lb4+	3.06	**Kc6**	3.11
52. Tc8+	3.06		

Falls 52. T×e5, so folgt die Erwiderung 52. ... Sd3.

52. ...		**Kd7**	3.11
53. Tc5	3.06	**Ke6**	3.11
54. Tc7	3.06	**g6**	3.26
55. Te7+	3.06	**Kf6**	3.26
56. Td7	3.22		

Weiß kann einen kleinen Erfolg verbuchen: Mit der Vertreibung des Läufers von d5 hat er die Formation Ld5/Sc4 verhindert, die dem Schwarzen Gegenchancen geben würde.

56. ...		**La2**	3.26
57. Ta7	3.44	**Lc4**	3.42

Falls 57. ... Ld5, so 58. Le7+ Ke6 59. Lg5, und 59. ... Sc4 nebst Vormarsch des d-Bauern ist nicht möglich. Weiß spielt 60. Tg7 d3 61. T×g6+ Kd7 62. Ta6 d2 63. Ta1 e4 64. f×e4 L×e4 65. L×d2 oder 61. ... Kf7 62. Tf6+ Kg7 63. Ta6 d2 64. L×d2 S×d2 65. Td6 Sf1+ 66. Kf2 Lc4 67. Td1 Sh2 68. Kg2, und gewinnt.

58. La5	4.06	**Ld3**	3.49

Kasparow versieht diesen Zug in seinem Kommentar im Schach-Informator 50/1990 mit einem Fragezeichen und empfiehlt statt dessen die Fortsetzung 58. ... Sd3, wonach er die Stellung mit dem Symbol ± bewertet, welchem die Bedeutung „Weiß hat geringen Vorteil" beigemessen wird. –
(Anmerkung des Übersetzers)

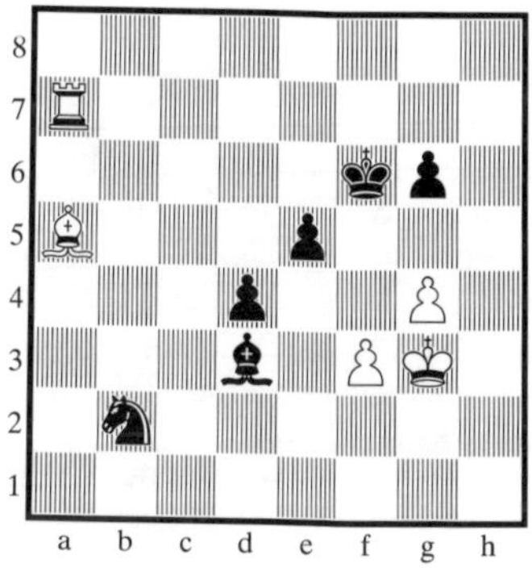

59. f4!	4.08		

Das ist also Kasparows Plan! Durch Abtausch des f- gegen den e-Bauern möchte er seinen König aktivieren.

59. ...		**e×f4+**	3.54
60. K×f4	4.09	**Lc2**	3.55

Dieser Zug erhält wieder ein Fragezeichen in Kasparows Kommentar im Schach-Informator Ausgabe 50/1990: (60. ... g5? 61. Kg3 +–; 60. ... Sc4 61. Ta6 Kf7 62. Lb4 ±; 60. ... Ke6!?) – Anmerkung des Übersetzers.

61. Ta6+	4.09	**Kf7**	3.57
62. Ke5	4.14	**Sd3+**	4.10

Auf 62. ... d3 folgt 63. Ta7+ Ke8 64. Ke6.

63. K×d4	4.14	**Sf2**	4.11
64. g5	4.14		

In dieser Stellung hält Karpow 64. Tc6, was die Koordination der schwarzen Figuren zerstört, für noch besser. Um Figurenverlust zu vermeiden, hat Schwarz jetzt nur einen Zug, nämlich 64. ... La4, zur Verfügung. Nach 64. Tc7+ Ke6 66. g5 wird es für den Springer aber schwer, in heimatliche Gefilde zurückzufinden.

64. ...		**Lf5**	4.12
65. Ld2	4.16	**Ke7**	4.12
66. Kd5	4.17	**Se4**	4.16
67. Ta7+	4.18	**Ke8**	4.17
68. Le3	4.18	**Sc3+**	4.18
69. Ke5	4.18	**Kd8**	4.18
70. Lb6+	4.18	**Ke8**	4.18
71. Tc7	4.21	**Se4**	4.18
72. Le3	4.21	**Sg3**	4.24
73. Lf4	4.30	**Sh5**	4.29

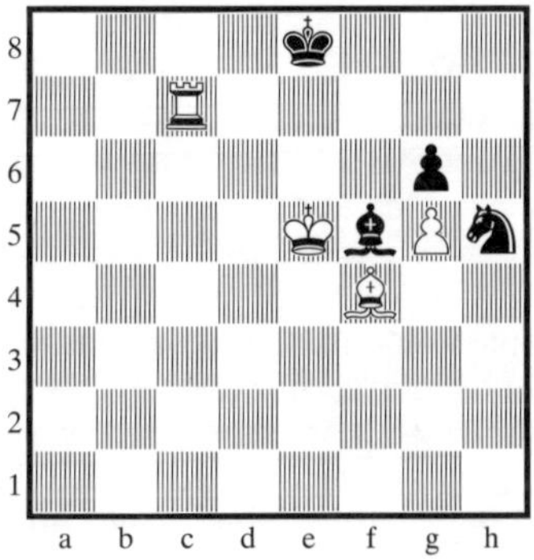

Es ist Schwarz gelungen, eine Festung aufzubauen, jedoch um einen hohen Preis: Der König kann die 8. Reihe nicht mehr verlassen, und sobald dem Springer auf h5 die Züge ausgehen, wird der weiße König Gelegenheit haben, ins gegnerische Territorium vorzustoßen. Der weiße Plan sieht daher folgendermaßen aus:

1) Der Läufer wird nach e5 gebracht;
2) der König marschiert nach d8, und
3) von hier aus wird er entscheidend das Feld e7 betreten.

74. Ta7	4.35	**Kf8**	4.30
75. Lh2	4.41	**Sg7**	4.31
76. Lg1	4.42	**Sh5**	4.31
77. Lc5+	4.42	**Kg8**	4.33
78. Kd6	4.42	**Kf8**	4.34
79. Ld4	4.55	**Lg4**	4.35
80. Le5	5.13		

Der erste Teil des Plans ist hiermit ausgeführt. Der zweite Teil bereitet technisch weitaus größere Probleme, und bis zum 88. Zug findet Kasparow keinen Weg, um sein Ziel zu erreichen. Wir verzichten deshalb darauf, seine Aktionen zu kommentieren, und wollen uns darauf beschränken zu beobachten, wie sich Karpow geschickt verteidigt.

80. ...		**Lf5**	4.30
81. Th7	5.14	**Kg8**	4.38
82. Tc7	5.14	**Kf8**	4.41
83. Kc6	5.16	**Kg8**	4.45
84. Te7	5.20	**Kf8**	4.48
85. Ld6	5.22	**Kg8**	4.50

86.	**Te8+**	5.22	**Kf7**	4.50
87.	**Te7+**	5.24	**Kg8**	4.50
88.	**Le5**	5.25	**Kf8**	4.51

In dieser Stellung wurde die Partie zum zweiten Mal abgebrochen. Kasparow gab seinen Zug frühzeitig ab und nahm die Restzeit auf sein Konto. Es zog ihn offensichtlich nach Hause, um dort die anstehenden technischen Probleme mit Hilfe seiner Mannschaft und vielleicht auch eines Computers zu lösen. Wie bereits erwähnt, wurde seine Aufgabe durch die 50-Züge-Regel weiter erschwert, die in der Abbruchstellung einen Gewinn in spätestens 26 Zügen erforderlich macht.

In der Wiederaufnahme spielte Kasparow schnell und zuversichtlich. Wir werden uns darauf beschränken, die entscheidenden Wendungen hervorzuheben.

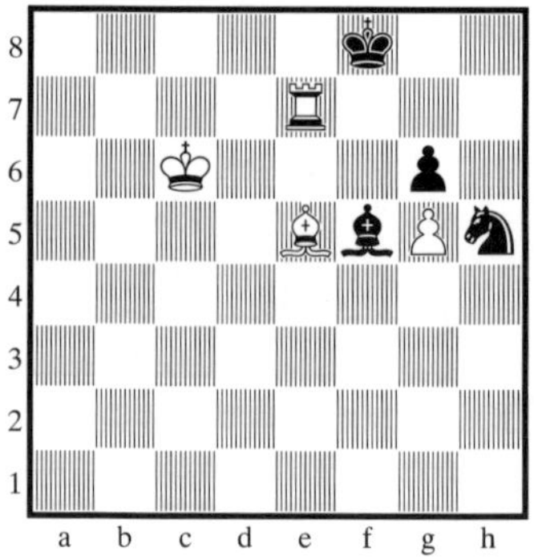

89.	**Ta7**	6.19	**Lg4**	4.58
90.	**Kd6**	6.19	**Lh3**	5.10
91.	**Ta3**	6.19	**Lg4**	5.10
92.	**Te3**	6.19	**Lf5**	5.25
93.	**Kc7**	6.19	**Kf7**	5.31
94.	**Kd8**	6.20		

Damit ist der zweite Teil des zuvor skizzierten weißen Gewinnplans durchgeführt.

94.	**...**		**Lg4**	5.32
95.	**Lb2**	6.20	**Le6**	5.36

95. ... Sf4 verliert wegen 96. Te7+ Kf8 97. La3 Kg8 98. Te4.

96.	**Lc3**	6.20	**Lf5**	5.37
97.	**Te7+**	6.20	**Kf8**	5.38
98.	**Le5**	6.21	**Ld3**	5.40
99.	**Ta7**	6.21	**Le4**	5.42
100.	**Tc7**	6.22		

Um später Tc8 zur Verfügung zu haben.

100.	**...**		**Lb1**	5.42
101.	**Ld6+**	6.22	**Kg8**	5.54
102.	**Ke7**			

Endlich ist auch Teil 3 des Plans zur Ausführung gelangt.

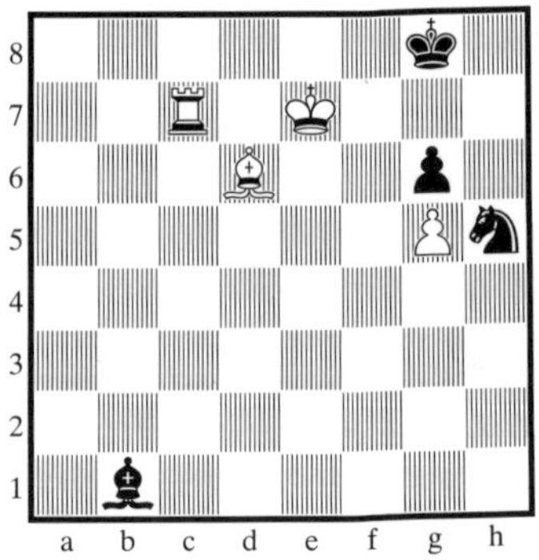

Schwarz gab auf,
denn nach 102. ... Sg7 folgt 103. Tc8+ Kh7 104. Le5.

DIE SIEBZEHNTE PARTIE
5. Dezember 1990

Vor dieser Partie wurde allgemein erwartet, daß Karpow ein 'timeout' nehmen würde, aber dem war nicht so.

Der Exweltmeister erschien in einem neuen Anzug zur Partie und war ganz offenbar auf sofortige Revanche aus. Er versuchte aber keineswegs, sein Ziel mit Gewalt zu erreichen, sondern spielte ganz ruhig, als ob nichts geschehen wäre. Kasparow hatte denn auch keine große Mühe, die Eröffnungsprobleme der Grünfeld-Indischen zu lösen und Ausgleich zu erzielen. Vom friedlichen Spielverlauf eingelullt, erwartete jedermann einen kurzen Arbeitstag. Auch Kasparow entspannte sich. Er vermied eine Variante, in der Weiß einen isolierten Freibauern im Zentrum bekommen hätte, und beschränkte sich auf passive Verteidigung. Doch die scheinbar so harmlose Position erwies sich als tückisch. Eine kleine Ungenauigkeit, der Tempoverlust 21. ... Te8?, genügte, um Schwarz ins Unglück zu stürzen.

Weiß erhielt die Kontrolle über die einzige offene Linie, und seine Figuren nahmen dominierende Stellungen ein, während die schwarzen wirkungslos im eigenen Lager verharren mußten. Karpows schwarzfeldriger Läufer verrichtete diesmal Arbeit für zwei, und seine Marschroute c1–e3–g5–d2–c3–a5–c7–f4–d2 war nicht nur spektakulär, sondern auch höchst wirkungsvoll. Wie gewöhnlich geriet der Exweltmeister in Zeitnot, und nur aus diesem Grund führte Kasparow in hoffnungsloser Stellung noch einige Züge aus. Sowie die Zeitkontrolle überstanden war, reichte er seinem Gegner die Hand und gratulierte ihm zu einem verdienten Sieg.

KARPOW – KASPAROW

Grünfeld-Indische Verteidigung

1. **d4**	0.05	**Sf6**	0.00
2. **c4**	0.05	**g6**	0.00
3. **Sc3**	0.05	**d5**	0.00
4. **c×d5**	0.05	**S×d5**	0.00
5. **e4**	0.05	**S×c3**	0.00
6. **b×c3**	0.05	**Lg7**	0.00
7. **Le3**	0.05	**c5**	0.01
8. **Dd2**	0.07	**0–0**	0.02
9. **Sf3**	0.07		

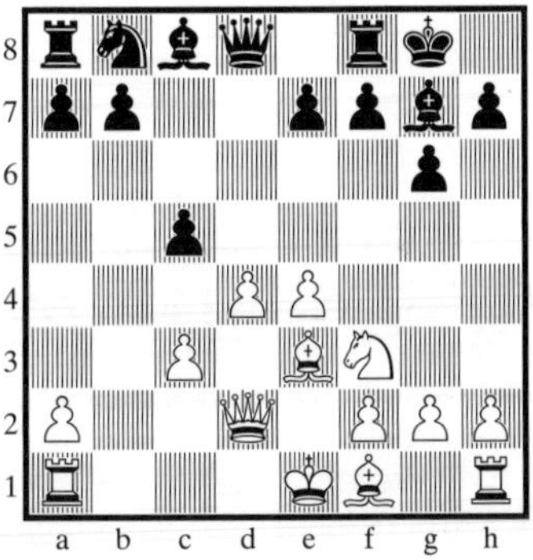

9. ... **Lg4** 0.02

Kasparow weicht von 9. ... Da5, wie in der 15. Partie, ab, wo er ein leicht schlechteres Endspiel erhielt.

10. Sg5!? 0.20

Wozu dieser unerwartete Springerausfall? Weiß möchte sich die Struktur seiner Königsflügelbauern nicht zerstören lassen, die Normalfortsetzung 10. Le2 c×d4 11. c×d4 Sc6 12. Td1 führt aber zu einer Stellung, die von der Theorie nicht ohne Grund als ausgeglichen angesehen wird (zum Beispiel nach 12. ... L×f3 13. L×f3 e5 14. d5 Sd4 oder 14. d×e5 S×e5).

10. Se5 mit der gleichen Idee bildet eine interessante Alternative. Doch nach 10. ... c×d4 11. c×d4 L×e5 12. d×e5 D×d2+ 13. L×d2 Sc6 sichert der schwarze Entwicklungsvorsprung trotz des weißen Läuferpaars mindestens gleiches Spiel.

10. ... **c×d4** 0.29

11. c×d4 0.21

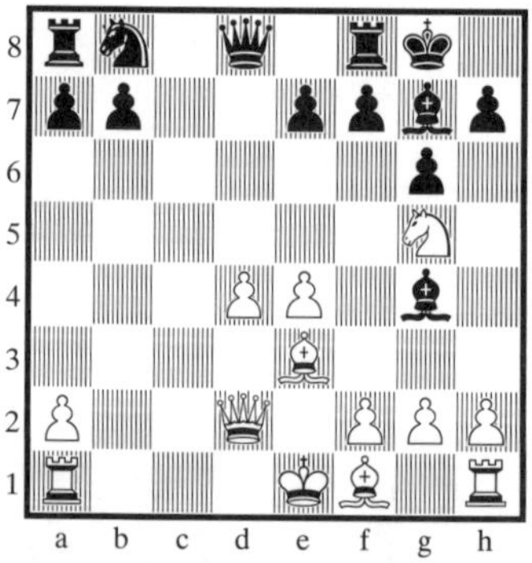

11. ... **Sc6** 0.29

Inkonsequent. Schwarz hat 9. ... Lg4 gespielt, um Druck auf d4 auszuüben und den Läufer gegen den Springer auf f3 abzutauschen. Daher war nun 11. ... h6 angezeigt. Nach 12. h3 (12. S×f7 ist gewiß interessant, gehört aber doch eher in das Reich des Fantastischen) 12. ... h×g5 13. h×g4 ist zwar der Bauer auf g5 gefährdet, doch nun beginnt sich der schwarze Entwicklungsvorsprung bemerkbar zu machen. Wir glauben, hier einen Plan gefunden zu haben, der es dem Schwarzen ermöglicht, auch seine restlichen Streitkräfte rasch zu mobilisieren. und gutes Spiel zu erlangen: 13. Dd7! (13. ... Sc6 ist unseres Erachtens schwächer, denn nach 14. Td1 Dd7 15. Le2 ist es für Schwarz ziemlich schwer, den Druck zu verstärken) 14. Le2 Td8 15. Td1 Da4!. Dies ist die eigentliche Pointe des mit 13. ... Dd7 begonnenen Manövers: Zuerst geht die Dame nach a4, wo sie eine sehr starke Stellung innehat, und erst danach wird der Springer entwickelt. Nach 16. f3 (Weiß muß nun zunächst e4 überdekken, bevor er d4–d5 ziehen kann) hat Schwarz die angenehme Wahl zwischen 16. ... Sa6 gefolgt von 17. ... Tac8 oder auch 16. ... Sc6 17. d5 Tac8.

12. h3 0.22 **Ld7** 0.30

13. Tb1 0.27

Dies ist geradezu ein Lieblingszug von Karpow, den er in diesem Wettkampf bereits mehrfach angewendet hat. Hier wie in den vorangegangenen Partien besteht die Idee des Turmzugs natürlich darin, ...b6 zu provozieren. Kasparow weist jedoch mit taktischen Mitteln nach, daß in diesem Fall die Überdeckung des b-Bauern überflüssig ist, weshalb Weiß besser 13. Sf3 gezogen hätte.

13. ... **Tc8!** 0.47

14. Sf3 0.39

Nicht 14. T×b7 wegen der Erwiderung 14. ... S×d4 15. L×d4 L×d4 16. D×d4 Tc1+ 17. Kd2 Td1+ 18. K×d1 La4+, und Schwarz gewinnt.

14. ... **Sa5** 0.54

15. Ld3 0.51 **Le6** 0.59

16. 0–0 0.52

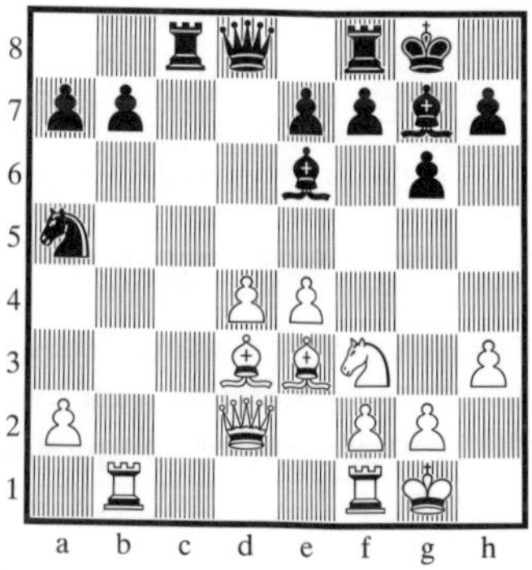

Karpow hat endlich seine Entwicklung abgeschlossen, und wir wollen an dieser Stelle kurz die Lage charakterisieren. Das starke Bauernzentrum gibt Weiß ein gewisses Übergewicht. Andererseits steht Schwarz im Begriff, c4 zu besetzen, was den weißen Vorteil auf ein Minimum reduziert.

16. ...		**Lc4**	1.00

Dies ist besser als 16. ... Sc4, denn nach 17. L×c4 L×c4 18. Tfc1 steht der Läufer dann auf c4 schlecht.

17. Tfd1	1.01	**b5**	1.21

Die weitere Verstärkung der Kontrolle über das Feld c4 stellt die einzige logische Fortsetzung für Schwarz dar.

18. Lg5	1.16	**a6**	1.32
19. Tbc1	1.25	**L×d3**	1.34
20. T×c8	1.33	**D×c8**	1.34
21. D×d3	1.33	**Te8?**	1.49

Ein unlogischer Zug. Die Dame wird sowieso nach b7 gehen müssen und hätte dies besser sofort getan. Nun wird die schwarze Position schwierig.

22. Tc1	1.36	**Db7**	1.50
23. d5	1.43	**Sc4**	1.51
24. Sd2!	1.43		

Der Abtausch des schwarzen Springers ermöglicht es Weiß, Besitz von der c-Linie zu ergreifen und in der Folge spielentscheidenden Vorteil zu erlangen.

24. ...		**S×d2**	2.04

Kaum besser war 24. ... h6 25. Lh4 g5 26. Lg3 S×d2 27. Tc7, oder 27. D×d2 Tc8 28. T×c8 D×c8 29. e5, mit deutlichem Übergewicht für Weiß.

25. L×d2!	1.54		

Nach 25. D×d2 b4 hätte sich Schwarz noch ein wenig Luft geschaffen.

25. ...		**Tc8**	2.05

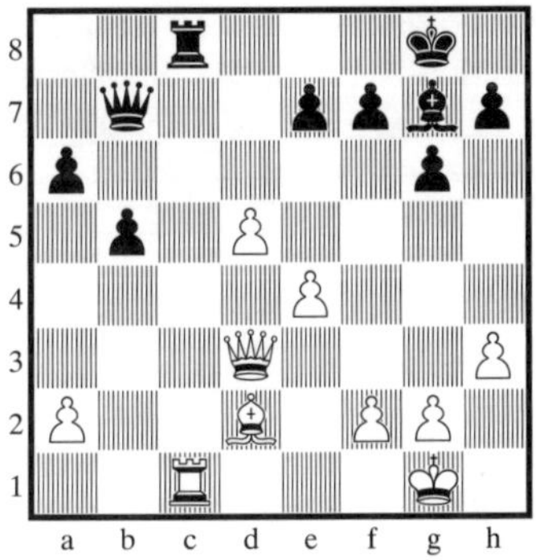

26. Tc6!	2.02		

Strategisch ist die Partie entschieden, es erfolgt nun die taktische Exekution.

26. ...		**Le5**	2.05

26. ... T×c6 27. d×c6 D×c6 28. Dd8+ führt natürlich zum Matt.

27. Lc3!	2.09	**Lb8**	2.07
28. Dd4	2.16	**f6**	2.10
29. La5	2.16	**Ld6**	2.14
30. Dc3	2.20	**Te8**	2.15

Die Herrschaft über die c-Linie ist gesichert, und der Ausgang der Partie kann keinem Zweifel mehr unterliegen.

31. a3	2.20	**Kg7**	2.17
32. g3	2.22	**Le5**	2.18
33. Dc5	2.23	**h5**	2.21
34. Lc7	2.24	**La1**	2.21
35. Lf4	2.24	**Dd7**	2.21
36. Tc7	2.24	**Dd8**	2.21
37. d6	2.26		

Der größte Trumpf des Weißen hat das letzte Wort.

37. ...		**g5**	2.22
38. d7	2.26	**Tf8**	2.22
39. Ld2	2.26	**Le5**	2.23
40. Tb7	2.27		

Die Zeitkontrolle ist erreicht, und **Schwarz gab** in dieser hoffnungslosen Stellung **auf.**

DIE ACHTZEHNTE PARTIE
8./9. Dezember 1990

In der vorangegangenen Begegnung gestattete Kasparow seinem Widersacher, sofortige Revanche für die Niederlage in der 16. Partie zu nehmen. Nun befand sich Karpow in einer ähnlichen Situation. Die Bürde des Erfolgs ist manchmal nicht leicht zu tragen.

Karpow spielte die ersten Züge in einem rasanten Tempo, wie um zu zeigen, daß er sowohl in sich selbst als auch in die gewählte Variante im Spanier, die ein Bauernopfer beinhaltet, vollstes Vertrauen habe. Er hatte denn auch die Experten im Pressezentrum schnell auf seiner Seite: ihnen gefiel das Bauernopfer, das dem Schwarzen offenbar volle Kompensation gab. Überdies sprach der Zeitverbrauch – 16 Minuten bei Karpow, eine Stunde mehr bei Kasparow – für sich selbst. Doch nach 21. Dc4!, von niemandem in Betracht gezogen außer vom Weltmeister, der diesen Zug am Brett fand, änderte sich die Lage. Karpow benötigte für seine Antwort eine Stunde und drei Minuten (Rekord in diesem Wettkampf), und es wurde klar, daß auch er bei seiner Vorbereitung diese Fortsetzung nicht berücksichtigt hatte. Drei Züge später ließ er eine gute Möglichkeit aus (23. ... Tb6!!), und nun änderte sich die Stellungsbeurteilung gravierend. Weiß behielt nicht nur seinen Mehrbauern, sondern erlangte auch die bessere Stellung.

Die Sprecher der GMA (Grand Masters Association) hielten an diesem Tag ein Treffen in Lyon ab, und so kam es, daß am Abend einige der stärksten Großmeister der Welt im Pressezentrum zu Gast waren. Nach einer Pressekonferenz drängten sich Timman, Short, Ljubojević, Larsen und Kavalek vor dem Monitor, und ihr Urteil war einhellig: „Weiß hat eine gewonnene Stellung."

Die Partie wurde abgebrochen. Kasparow könnte mit einem scheinbar starken Springerzug (von vielen Experten als Abgabezug vorgeschlagen), der in Wirklichkeit den Gewinn weggeworfen hätte, noch alles verderben. Aber der Weltmeister fand die stärkste Fortsetzung, gewann die Partie in der Verlängerung und ging somit wieder in Führung.

Danach tauschten die Spieler „wie üblich" ihre Meinungen über die Partie aus. „Ja,ja, Dc4 – das war der Zug!" gestand Karpow ein. Es ist schön, wenn erbitterte Gegner die Meisterschaft des anderen anerkennen können!

KASPAROW – KARPOW

Spanisch

1.	**e4**	0.00	**e5**	0.01
2.	**Sf3**	0.00	**Sc6**	0.01
3.	**Lb5**	0.00	**a6**	0.01
4.	**La4**	0.00	**Sf6**	0.01
5.	**0–0**	0.00	**Le7**	0.01
6.	**Te1**	0.00	**b5**	0.01
7.	**Lb3**	0.01	**d6**	0.02
8.	**c3**	0.01	**0–0**	0.02
9.	**h3**	0.01	**Sd7**	0.03
10.	**d4**	0.02	**Lf6**	0.03
11.	**a4**	0.04	**Lb7**	0.04
12.	**Sa3**	0.05	**e×d4**	0.05
13.	**c×d4**	0.05		

Bis jetzt eine Wiederholung der 12. Partie, die noch in New York gespielt wurde. Wir verweisen unsere Leser daher auf die Kommentare zu dieser Partie.

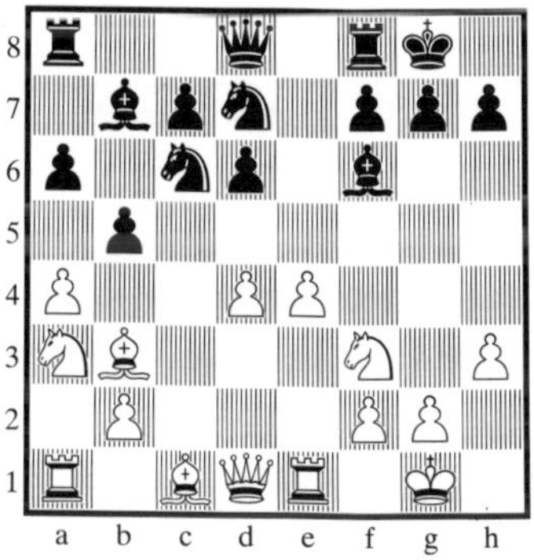

13. ... **Sb6** 0.08

Ob dies wohl stärker ist als das von Karpow in New York gespielte 13. ... Sa5 14. La2 b4 15. Sc4 S×c4 16. L×c4 usw.?

14. Lf4! 0.51

Weiß entschließt sich, den „spanischen Läufer" abzugeben, denn ihm mißfällt nicht zu Unrecht die Folge 14. a×b5 a×b5 15. Lf4 b4. Falls nun 16. Sc4, so 16. ... T×a1 17. D×a1 S×c4 18. L×c4 S×d4. Auf 16. Sc2 geschieht 16. ... Sa5 17. S×b4 S×b3, und Schwarz gewinnt seinen Bauern zurück. Bleibt nur noch 16. Sb5, was aber gut mit 16. ... Sa6 beantwortet werden kann.

14.	**...**		**b×a4**	0.11
15.	**L×a4**	0.52	**S×a4**	0.11
16.	**D×a4**	0.52		

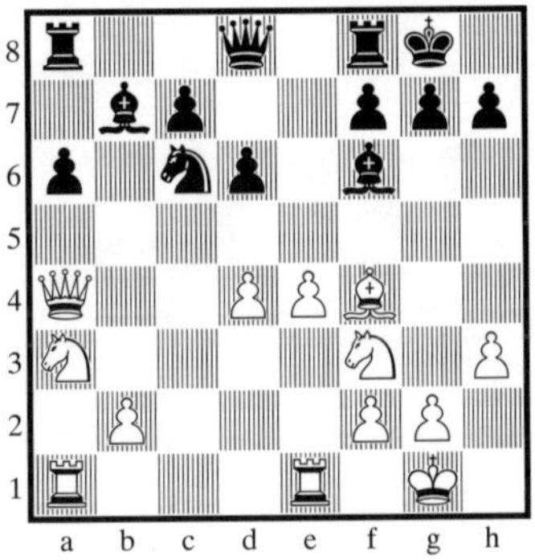

Wir möchten eine kurze Einschätzung der Lage geben. Weiß besitzt ein starkes Bauernzentrum und Raumvorteil, seine Figuren sind ausgezeichnet aufgestellt. Schwarz kann dagegen nicht viel aufweisen, höchstens den Besitz des Läuferpaares. Es kann nur eine Schlußfolgerung geben – Karpows Neuerung hat sich nicht bewährt, dem Exweltmeister steht eine schwierige Verteidigung bevor.

16. ... **a5** 0.12

Viel mehr als einen Springervorposten auf b4 zu errichten, kann Schwarz momentan nicht unternehmen.

17.	**Ld2**	0.57	**Te8**	0.13
18.	**d5**	1.02	**Sb4**	0.14

Nach 18. ... Se5 19. S×e5 L×e5 20. Sc4 ist Weiß positionell im Vorteil. Karpow opfert einen Bauern, um auch den zweiten Läufer des Weißen abzutauschen. Dies ist unserer Meinung nach die beste Verteidigung, denn der Läufer f6 wird nun sehr stark.

19.	**L×b4**	1.09	**a×b4**	0.15
20.	**D×b4**	1.09	**Tb8**	0.16
21.	**Dc4**	1.18		

Nach 21. Dd2 könnte Schwarz mittels 21. ... c6 seinen zweiten Läufer aktivieren.

Karpow verfiel hier in langes Nachdenken. Der abhandengekommene Bauer bereitete ihm sicher weniger Sorgen als das Fehlen jeglichen Gegenspiels. Der Rückgewinn des Bauern mittels 21. ... L×b2 22. Ta2 Lf6 23. Sb5 Dd7 24. Sfd4 bringt keine Erleichterung für Schwarz, und daher entschied sich der Exweltmeister für einen interessanten Plan: Er bringt den weißfeldrigen Läufer nach a6, wonach das schwarze Läuferpaar das ganze Brett unter Beschuß nimmt.

21. ...		**Dc8!?**	1.19
22. Sd4	1.32	**La6**	1.20
23. Dc3	1.32		

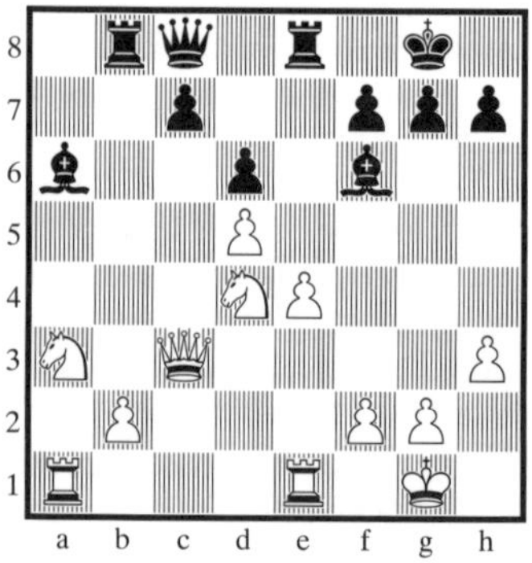

23. ...		**c5?**	1.23

Es bestand nicht die mindeste Veranlassung dazu, das Läuferpaar aufzugeben, insbesondere nicht den starken schwarzfeldrigen Läufer auf f6.

23. ... Tb6! mit der Idee, Druck auf der b-Linie aufzubauen und den Vorstoß ...c6 (oder ...c5) unter günstigeren Umständen durchzusetzen, kam stark in Betracht. In der dann möglichen Variante 24. Sac2 Db7 25. b3 Lb5 26. Dd2 c5 27. d×c6 L×c6 wäre es für Kasparow überhaupt nicht einfach gewesen, sein materielles Übergewicht zu verwerten.

24. d×c6	1.33	**L×d4**	1.23
25. D×d4	1.33	**D×c6**	1.23
26. b4!	1.41		

Möglicherweise hat Karpow diesen Zug bei seiner Vorausberechnung unterschätzt oder sogar übersehen. Der Vorstoß diese Bauern unterbindet das schwarze Gegenspiel, und Weiß steht nun hochüberlegen.

26. ...		**h6**	1.29
27. Te3	1.42	**Te6**	1.41
28. f3	1.45	**Tc8**	1.46
29. Tb3	1.48	**Lb5**	1.58
30. Tb2	1.51	**Db7**	2.00
31. Sc2	1.54	**De7**	2.03
32. Df2	2.03		

Schwer verständlich, warum der Weltmeister seine Dame aus ihrer starken Position abzog. Unserer Meinung nach hätte die Partie nach dem logischen 32. Se3 nur noch wenige Züge gedauert. Kasparow gibt seinem Gegner stattdessen die Gelegenheit, die Dinge noch einmal zu komplizieren.

32. ...		**Tg6**	2.05
33. Se3	2.14	**De5**	2.07
34. Tbb1	2.14	**Ld7**	2.10
35. Ta5	2.17	**De7?**	2.13

Schwarz bläst zum Rückzug, wo er durch einen Vormarsch absolut nichts zu verlieren hatte. Nach 35. ... Dd4 36. Td5 Da7 oder auch 36. ... Db6 konnte er noch kämpfen.

36. Ta7	2.20	**Dd8**	2.14
37. Sd5	2.21	**Kh7**	2.14
38. Kh2	2.23	**Tb8**	2.15
39. f4	2.24	**Te6**	2.15
40. Dd4	2.26	**De8**	2.16

Weiß besitzt bei überlegener Stellung einen Mehrbauern, der Gewinn ist daher nur noch eine Frage von Zeit und Technik.

Kasparow gab seinen 41. Zug ab.

41. Te1	2.29		

41. Sc7 T×e4 42. Dd3 gewinnt nicht die Qualität wegen 42. ... Lb5.

41. ...		**Lc6**	2.17
42. Dd3	2.30	**Df8**	2.19
43. Tc1	2.50	**L×d5**	2.20
44. e×d5+	2.50	**Tg6**	2.21
45. Df5	2.52	**Kg8**	2.23

46. Tac7	2.52	**Tf6**	2.23
47. Dd7	2.52	**Td8**	2.28
48. D×d8	2.52		

Dies führt am einfachsten zum Gewinn.

48. ...		**D×d8**	2.28
49. Tc8	2.53	**Df8**	2.29
50. T1c4	2.53	**Tf5**	2.31
51. T×f8+	2.54	**K×f8**	2.31
52. Td4	2.54	**h5**	2.32
53. b5	2.56	**Ke7**	2.33
54. b6	2.56	**Kd7**	2.33
55. g4	2.56	**h×g4**	2.34
56. h×g4	2.56	**Tf6**	2.34
57. Tc4	2.56		

Schwarz gab auf.

DIE NEUNZEHNTE PARTIE
12. Dezember 1990

Als auf dem Brett ein königsindischer Aufbau erreicht war, schüttelte Kasparows früherer Trainer Jossip Dorfman, der bei den vorausgegangenen Weltmeisterschaftskämpfen zu Kasparows Mannschaft gehört hatte, diesmal aber anderweitig beschäftigt war, bedenklich den Kopf. „Gute Eröffnungen wechselt man nicht. Der Verlust der 17. Partie hatte mit dem Eröffnungsverlauf nichts zu tun."

Die Schachfans im Palais des Congrès sollten Kasparows zweischneidige Wahl jedenfalls nicht bedauern, denn es entwickelte sich ein komplizierter strategischer Kampf voll innerer Spannung. Der erste Bauerntausch geschah spät, im 21. Zug, der erste Figurenabtausch gar im 32. Zug, und der ganze Spielverlauf war dementsprechend höchst originell. Zum Beispiel verzichtete Karpow auf die „normale" Rochade, wonach sich die weiße Majestät in den Zügen 28–30 zu einem langen Fußmarsch veranlaßt sah, um den gewohnten Zufluchtsort schließlich doch noch zu erreichen: Ke1–f1–g1–h1! Es überraschte nicht, daß die Experten die wechselnden Positionen während der Partie höchst unterschiedlich einschätzten, ja, daß ihre Bewertungen zuweilen diametral entgegengesetzt waren. Als Schwarz allerdings kurz vor der Zeitkontrolle für einen Bauern die Stellung am Damenflügel öffnete und starkes Druckspiel erhielt, lautete die einhellige Meinung: Kasparow hat entscheidenden Angriff.

Doch plötzlich, einen Zug vor der Zeitkontrolle, zeigte der Monitor zwei friedlich miteinander plaudernde Spieler. Als sie sich daranmachten, ihre Partieformulare zu unterzeichnen, wurde auch dem Letzten klar, daß die Partie beendet war. Aber mit welchem Resultat? Karpow hat aufgegeben, war zu hören. Doch bald kam die Nachricht, daß Kasparow ein Remis angeboten hatte, welches von seinem Gegner dankend angenommen worden war. Diese Neuigkeit sorgte für weitere Konfusion, und die Experten demonstrierten nun Gewinnvarianten für Schwarz am laufenden Band.

„Aber ist es Ihnen auch klar, daß es Schwerstarbeit ist, solche Varianten exakt durchzurechnen?" fragte Kasparow nach der Partie.
Die Stellung war scharf, Schwarz hatte einen Bauern weniger und sein vorangegangener Zug war nicht der Beste gewesen. In Anbetracht dieser Tatsachen und auch des Gesamtstandes im Wettkampf beschloß der Weltmeister, kein Risiko einzugehen.

KARPOW – KASPAROW

Königsindische Verteidigung

1. d4	0.00	**Sf6**	0.00
2. c4	0.00	**g6**	0.00
3. Sc3	0.00	**Lg7**	0.00

Kasparows Rückkehr zur Königsindischen Verteidigung nach der Niederlage in der 17. Partie ist ein Anzeichen dafür, daß er komplizierten Kampf anstrebt. Unserer Meinung nach sind die Stellungstypen, wie sie in diesem Wettkampf aus der Grünfeld-Indischen Verteidigung entstanden sind, eher nach Karpows Geschmack.

4. e4	0.00	**d6**	0.00
5. Sf3	0.00	**0–0**	0.00
6. Le2	0.02	**e5**	0.01
7. Le3	0.04	**c6**	0.01

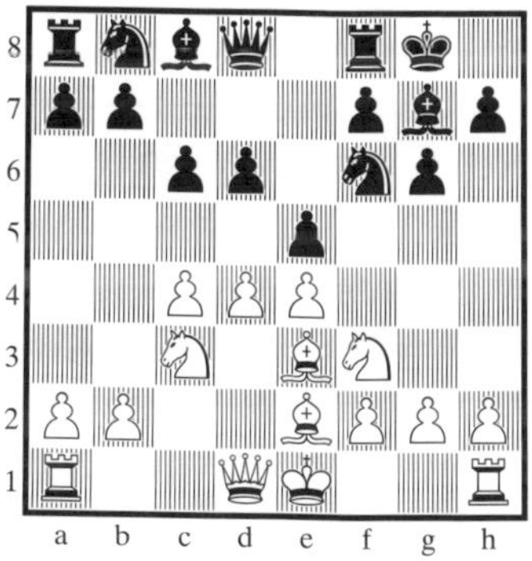

Wir wollen zunächst ins Bewußtsein rufen, daß das in diesem Match neu ist. Wir erinnern uns, daß Kasparow in der 11. Partie 7. ... e×d4 8. S×d4 Te8 9. f3 c6 10. Dd2 d5 11. e×d5 c×d5 12. c5 T×e3 spielte. In den Kommentaren zu dieser Partie erwähnten wir auch die Empfehlung der Theorie 10. Lf2, mit der das von Kasparow gebrachte Qualitätsopfer vermieden werden kann. Aus Karpows Reaktion auf die in dieser Partie gewählte unterschiedliche Zugfolge läßt sich schließen, daß beide Spieler das Qualitätsopfer für vollkommen korrekt halten.

8. d5 0.14

Der Exweltmeister schließt das Zentrum ab und gibt dem Partieverlauf damit einen völlig anderen strategischen Charakter.

8. ... **Sg4** 0.04

Eine natürliche und doch sehr zweischneidige Reaktion. Die Vorteile des Springerausfalls sind erfahrungsgemäß gering, die Nachteile demgegenüber aber offensichtlich. So scheidet nun die Möglichkeit ...c×d5 grundsätzlich aus, da Weiß auf d5 mit dem Springer wiedernehmen kann, und früher oder später wird Schwarz ...c5 spielen müssen. Als Hauptfortsetzung in dieser Stellung gilt 8. ...c×d5 9. c×d5 Se8 10. Sd2 f5 11. Sc4 (11. f3 ist schwächer wegen 11. ... Lh6).

9. Lg5	0.14	**f6**	0.04
10. Lh4	0.15	**Sa6**	0.05

Angeblich eine Neuerung, und wenn man den Kommentaren im Matchbulletin Glauben schenken will, war die alte Fortsetzung 10. ... c5 nachhaltiger. Zum Beweis wird die Partie Wirthenson – Watson, Thessaloniki 1988 (0–1), angeführt. Ohne eine große eröffnungstheoretische Debatte darüber beginnen zu wollen, möchten wir immerhin anmerken, daß Weiß nach 10. ... c5 seinen Plan mit 11. 0–0 h5 12. Se1 Sh6 13. h3 Sf7 14. Sd3 Lh6 15. Lg3 ändern kann, wonach er ...f5 mit f2–f4 beantworten kann.

11. Sd2 0.20

Dieser Routinezug ist hier durchaus angebracht. Nach der Alternative 11. 0–0 würde das Spiel vermutlich in ähnlichen Bahnen wie in der oben angegebenen Variante verlaufen.

11. ...		**Sh6**	0.12
12. a3	0.29	**Sf7**	0.14
13. f3	0.31	**Lh6**	0.18
14. Lf2	0.35		

Nachdem der gegnerische Vorstoß 14. ... Le3 verhindert ist, steht Weiß zur Rochade bereit.

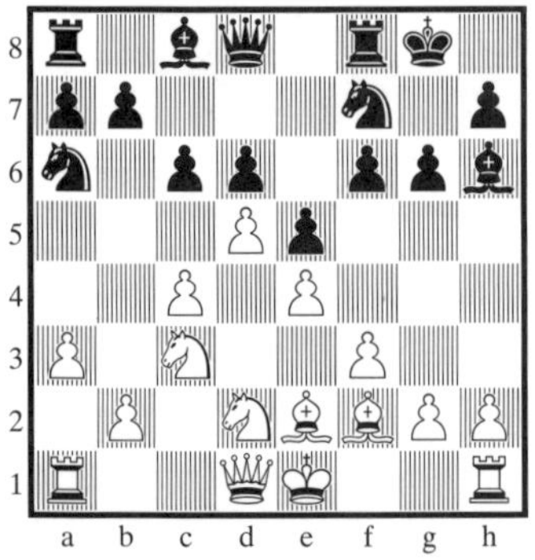

Es ist Zeit für eine kurze Bestandsaufnahme. Weiß hat klaren Raumvorteil und ist zur Offensive am Damenflügel bereit. Dagegen muß sich Schwarz auf eine Abwartetaktik beschränken, denn sein Gegenangriff am Königsflügel hat vorerst noch keine Aussicht auf Erfolg – der weiße König steht noch auf e1 (man vergleiche den Kommentar zur 3. Partie).

14. ...		**f5**	0.20

Es ist bezeichnend, daß mit diesem normalerweise aggressiven Vorstoß eher defensive Ziele verfolgt werden. Immerhin liegt nun die Möglichkeit ... Dg5 in der Luft.

15. Dc2	0.46	**Ld7**	0.35
16. b4	0.58	**c5**	0.36
17. Tb1	0.59	**b6**	0.50

Es ist Schwarz gelungen, die unmittelbaren Drohungen am Damenflügel zu parieren, mehr allerdings nicht.

18. Sf1	1.07	**Lf4?!**	1.15

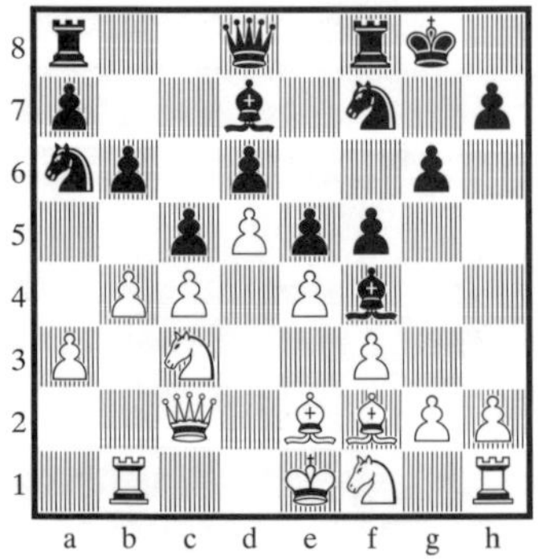

Dies ist Zeitverschwendung, überdies steht der Läufer auf f4 schlecht. Aber Kasparow möchte einen der weißen Königsflügelbauern nach vorn locken. Die Hauptgefahr für Schwarz in dieser Stellung bildet ein Angriff auf den Bauern f5, weswegen der prophylaktische Zug 18. ... Df6, mit dem auch die Türme verbunden werden, vorzuziehen war.

19. g3?	1.19		

Ein verfehlter Plan, der zu einer unnötigen Schwächung des weißen Königsflügels führt. Der vorwitzige Läufer auf f4 hätte einfach ignoriert werden sollen. Nach 19. Ld3 hat Schwarz Probleme, zum Beispiel 19. ... Sh6 20. Sg3 nebst Rochade.

19. ...		**Lh6**	1.17
20. h4	1.19	**Sc7**	1.20
21. g4	1.36	**f×g4**	1.22
22. f×g4	1.36	**Lf4**	1.22

Der Läufer ist nach f4 zurückgekehrt, wo er eine unvertreibbare Position einnimmt.

23. Se3	1.37	**Se8**	1.26
24. Scd1!	1.42		

Der erste substantielle Zug seit dem Fehler im 19. so befanden jedenfalls die Experten. Nun arbeiten die weißen Leichtfiguren gut zusammen und sorgen für die Sicherheit des Königsflügels.

24. ...		**h6**	1.48

Kasparow sieht ein, daß er am Königsflügel nichts erreichen wird, und möchte seinem Gegner nun ebenfalls die Möglichkeit zur Offensive auf dieser Seite nehmen.

25. h5	1.53	**g5**	1.49

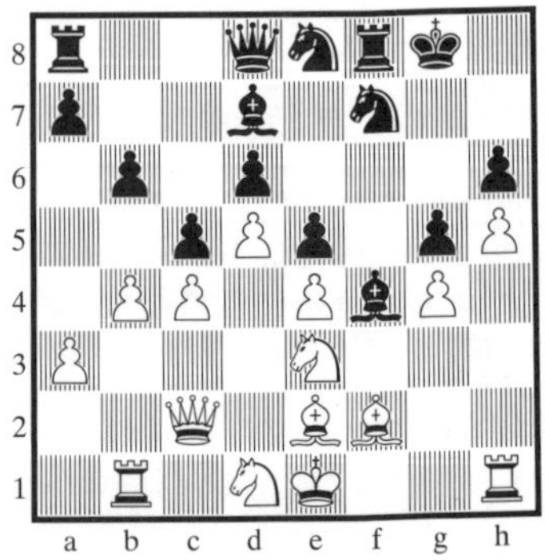

Wir haben eine neue und originelle Situation auf dem Brett, die nicht leicht zu bewerten ist. Beide Stellungen haben ihre Vor- und Nachteile, und selbst der starke Läufer auf f4 kann in manchen Varianten seine Kraft einbüßen und zu einer Art „Großbauer“ reduziert werden.

26. Tg1 2.00

Wir haben hier keine grundsätzlichen Alternativen anzubieten und gehen davon aus, daß der von Karpow gewählte Plan korrekt ist. Tatsächlich muß ja der König aus dem Zentrum entfernt werden, und es ist auch sinnvoll, den Bauern g4 prophylaktisch zu überdecken. Doch möchten wir den Leser darauf aufmerksam machen, daß der Exweltmeister zur Lösung seiner Probleme fünf Züge – beginnend mit 26. Tg1 – benötigt, wo doch das gleiche Ziel mittels 26. 0–0 Sf6 27. Kh1 Dc8 28. Tg1 in nur drei Zügen zu erreichen war! Daraus erklärt sich evtl. auch die Tatsache, wieso Kasparow als erster Spiel am Damenflügel erlangt. In der analogen Partiestellung zu unserer Variante befindet sich der schwarze Springer bereits auf b7. Noch ein kleines Detail sei vermerkt: Wie bald zu sehen sein wird, hätte der Turm besser auf g1 als auf g2 gestanden.

26. ...		**Sf6**	1.49
27. Tg2	2.04	**Dc8**	1.51
28. Kf1	2.07	**Sd8**	1.52
29. Kg1	2.10	**Sb7**	1.53
30. Kh1	2.16		

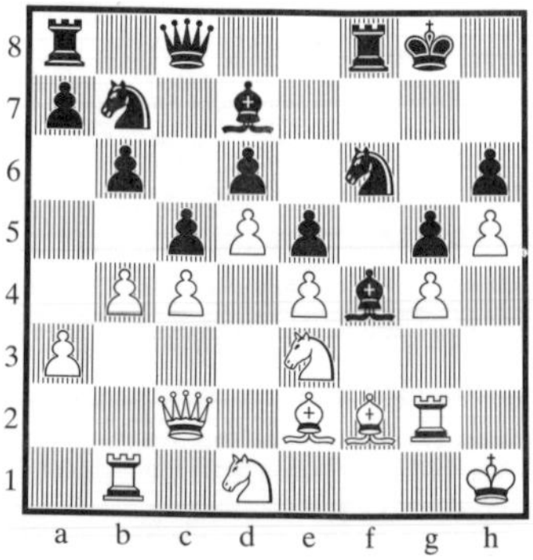

30. ...		**c×b4**	1.55

Und hiermit übernimmt also Kasparow die Initiative auf dem Damenflügel. Die weißen Leichtfiguren und auch der Königsturm sind momentan vom Kampfgeschehen weitgehend ausgeschlossen. Das Blatt hat sich deutlich zugunsten von Schwarz gewendet.

31. a×b4	2.17	**a5**	1.55
32. Sf5	2.18		

Bevor er sich um den Damenflügel kümmert, muß Weiß zunächst den Bauern g4 sichern.

32. ...		**L×f5**	1.56
33. e×f5	2.18	**a×b4**	2.03
34. T×b4	2.20	**Sc5!**	2.03

Ein korrektes Bauernopfer von Kasparow. Falls 34. ... S×d5!?, so 35. Tb5 Ta5 36. Db1, und Weiß gewinnt seinen Bauern bei aktivem Figurenspiel zurück.

35. T×b6	2.21	**Sce4**	2.04
36. Tc6	2.22	**Db7**	2.08
37. Le1?	2.24		

Ein ernsthafter, wenngleich verständlicher Fehler. In starker Zeitnot möchte Karpow seinen Läufer instinktiv auf ein sicheres Feld zurückziehen. Dadurch beläßt er seinem Gegner jedoch das Springerpaar, das in dieser Stellung starken Angriffswert besitzt. Außerdem überlastet er seine Grundreihe und erhöht so die Wirkung der drohenden schwarzen Invasion. Besser war 37. Ld3 (oder vielleicht sogar 37. c5) 37. ... S×f2+ 38. S×f2 Ta1+ 39. Tg1 Tfa8 (39. ... T×g1+ 40. K×g1 Le3 41. Kg2, und Weiß verfügt über gute Verteidigungsressourcen) 40. T×a1 T×a1+ 41. Kg2. und Weiß verteidigt sich erfolgreich. Jetzt bekommt Schwarz reale Gewinnchancen.

37. ...		**Ta1**	2.11
38. Lf3	2.25	**Sc5**	2.13

Dies gibt dem Weißen eine kurze Atempause, die ihn letzten Endes rettet. Da ein Nehmen des Springers auf e4 für Weiß kaum ernsthaft in Frage kommt, bestand keine Notwendigkeit, ihn aus seiner starken Zentralposition abzuziehen. Nach 38. ... Tb8 ist keine Verteidigung gegen den Einfall der schwarzen Figuren zu sehen. Z.B. 39. L×e4 S×e4 40. D×e4 T×d1 41. f6 T×e1+! (41. ... Db1 42. Dg6+ mit Remischancen) 42. D×e1 Db3 mit entscheidenden Drohungen.

39. Lc3 2.25 **Tc1** 2.19

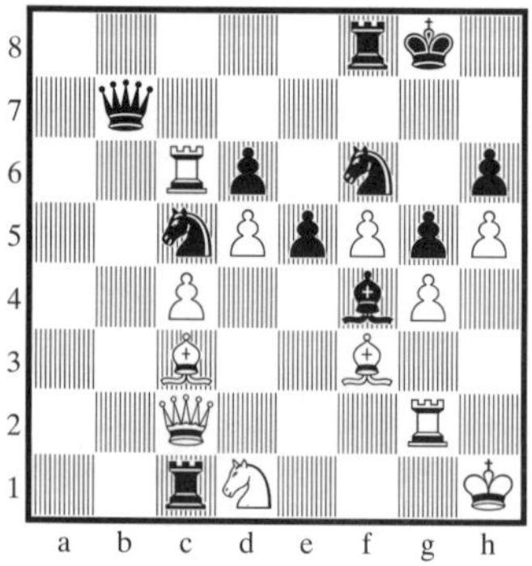

Nachdem er 39. ... Tc1 gespielt hatte, bot Kasparow ein **Remis** an, welches sofort angenommen wurde.

Es ist fast überflüssig zu erwähnen, daß dieses Angebot nach Meinung aller Experten zumindest als »verfrüht« zu bezeichnen war. Wir haben die Diagrammstellung lange und intensiv analysiert, ohne eine einleuchtende Erklärung für den Vorfall zu finden.
Möglicherweise sah Kasparow irgendeine Zugfolge, die ihm nicht gefiel? Jedenfalls meinen wir, daß er der Berufenste ist, um zu diesem überraschenden Partieschluß einen befriedigenden Kommentar abzugeben.

DIE ZWANZIGSTE PARTIE
15. Dezember 1990

In diesem Treffen gab Karpow der Saitzew-Variante, die nach der denkwürdigen 4. Partie aus seinem Repertoire verschwunden war, eine neue Chance. Das nahende Ende des Wettkampfs und der ungünstige Stand zwangen den Exweltmeister, in jeder Partie, ob mit Weiß oder Schwarz, kompromißlosen Kampf zu suchen.

Während der ersten 17 Züge waren sich die beiden Gegner völlig einig, sie strebten anscheinend dieselbe Stellung an. Unklarheit bestand eigentlich nur darüber, wer der Jäger war und wer der Gejagte. Der erste Schuß wurde von Karpow abgefeuert. Der natürlich aussehende Zug 18. ... Sf6 ist jedenfalls bisher in der Praxis noch nicht vorgekommen. aber was war mit dem Zeitverbrauch? Kasparow erwiderte auf die Neuerung postwendend 19. Sh2!, und sein Schuß traf offenbar genauer ins Schwarze, denn er zwang Karpow zu halbstündigem Nachdenken. Man kann also annehmen, daß das theoretische Duell vom Weltmeister gewonnen wurde. Selbst der bekannte Großmeister Lew Polugajewski, der noch wenige Züge zuvor Vertrauen in die schwarze Stellung demonstriert hatte, sprach nun von einem dauerhaften Vorteil für Weiß.

Die entstandene Position war überaus reich an taktischen Möglichkeiten, und jedermann im Presseraum machte sich nun ein Vergnügen daraus, die schwachen Verteidigungslinien um den schwarzen König mit Hilfe von gewagten Opfern zu zerschmettern, (natürlich lassen sich Figuren, die einem nicht selbst gehören, mit leichter Hand hergeben!). Es gelang zwar niemandem, einen wirklich forcierten Gewinn zu finden, aber das Übergewicht der Angriffskräfte gegenüber den Verteidigern war derartig groß, daß allgemein kein Zweifel bestand: es muß einen klaren Gewinn geben! Der Weltmeister demonstrierte schließlich eine überzeugende Lösung. Im Verlauf einer längeren Kombination opferte er nacheinander Läufer, Springer und Dame, um direkt anschließend – ähnlich wie beim Damespiel – das investierte Material mit reichlichen Zinsen zurückzugewinnen.

Im Gegensatz zur 4. Partie fand Kasparows brillante Angriffsführung diesmal ihren erfolgreichen und logischen Abschluß. Der deutsche Großmeister Wolfgang Unzicker rief nach dem großen Kampf begeistert aus: „Allein über diese Partie könnte man ein ganzes Buch schreiben!“

KASPAROW – KARPOW

Spanisch

1.	**e4**	0.00	**e5**	0.05
2.	**Sf3**	0.00	**Sc6**	0.05
3.	**Lb5**	0.00	**a6**	0.06
4.	**La4**	0.00	**Sf6**	0.06
5.	**0–0**	0.00	**Le7**	0.06
6.	**Te1**	0.01	**b5**	0.06
7.	**Lb3**	0.01	**d6**	0.07
8.	**c3**	0.01	**0–0**	0.07
9.	**h3**	0.01	**Lb7**	0.07

Die Rückkehr zur Saitzew-Variante. Wie erwähnt, zwingt der Wettkampfstand den Exweltmeister zu scharfem Spiel.

10.	**d4**	0.01	**Te8**	0.07
11.	**Sbd2**	0.02	**Lf8**	0.08
12.	**a4**	0.02	**h6**	0.09
13.	**Lc2**	0.02	**e×d4**	0.10
14.	**c×d4**	0.02	**Sb4**	0.10
15.	**Lb1**	0.04	**c5**	0.10
16.	**d5**	0.04	**Sd7**	0.10
17.	**Ta3**	0.06	**f5**	0.10

Diese ultrascharfe und sehr riskante Fortsetzung wählte Karpow bereits in der 4. Matchpartie in New York.

18. Tae3 0.10

Eine Idee, die von Timman im Kandidatenfinale gegen Karpow, Kuala Lumpur 1990, angewendet wurde. Der Damenturm wird ins Zentrum überführt, um nach dem allfälligen f×e4 das weiße Angriffspotential weiter zu verstärken. Man erinnere sich, daß Kasparow in der 4. Partie 18. e×f5 spielte.

18. ... **Sf6** 0.14

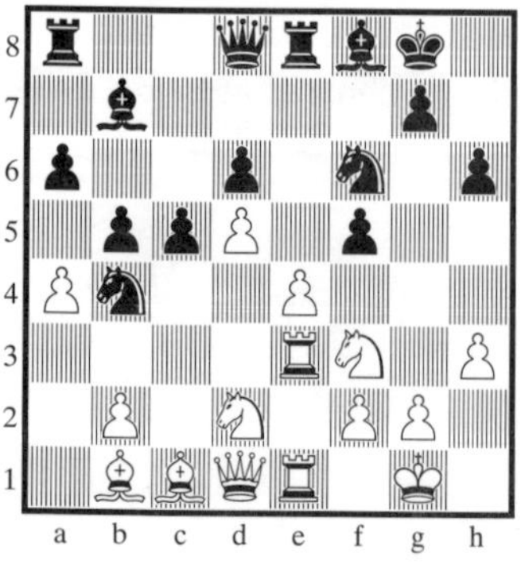

In der angeführten Partie gegen Timman verzichtete Karpow auf diese Unterminierung des weißen Zentrums und erhielt nach dem weniger aktiven aber vorsichtigeren Zug 18. ... f4 19. T3e2?! (19. Ta3!) mit 19. ... Se5 eine gute Stellung. Er vermied einen möglichen Bauerngewinn, um die gefährliche Diagonale b1–h7 geschlossen zu halten. In der Tat bekommt Weiß nach 18. ... f×e4 19. S×e4 S×d5 (19. ... L×d5 20. Ld2) 20. T3e2 S7f6 21. S×f6+ S×f6 22. T×e8 S×e8 23. Sh2 Sf6 24. Sg4 starken Angriff.

19. Sh2 0.11

In Vorwegnahme der Öffnung der Stellung bereitet Kasparow Sg4 vor. Er möchte nicht auf f5 nehmen, um die Angriffsdiagonale seines weißfeldrigen Läufers nicht zu verstopfen.

19. ... **Kh8** 0.37

Das ungewöhnliche Abwartespiel wird fortgesetzt.

20.	**b3**	0.34	**b×a4**	0.57
21.	**b×a4**	0.37	**c4**	0.57

Um die gefährliche Diagonale notfalls mit ... Sd3 schließen zu können. Wie gehabt, erhält Weiß nach 21. ... f×e4 22. S×e4 starken Angriff, zum Beispiel:

a) 22. ... Sf×d5 23. Tg3 Sf6 (L×h6 drohte) 24. S×f6 D×f6 25. Ld2 Dd4 26. Sg4;

b) 22. ... Sb×d5 23. S×f6 T×e3 24. T×e3 S×f6 25. Lb2;

c) 22. ... L×d5 23. S×f6 T×e3 24. T×e3 D×f6 25. Ld2 Dd4 26. Sf3.

22. Lb2 0.53

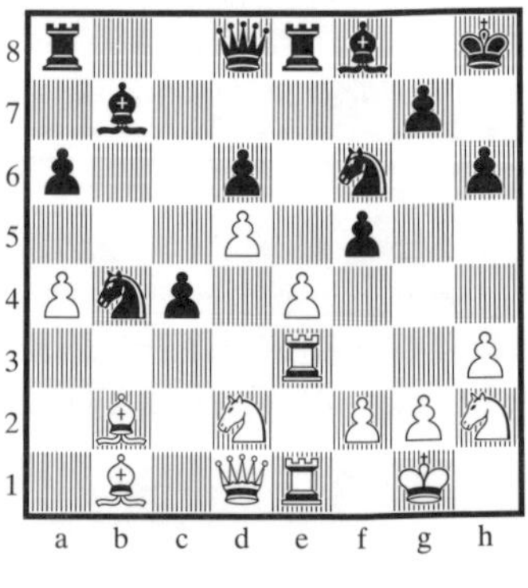

Weiß verfolgt beharrlich seinen Plan. Der schwarzfeldrige Läufer wird in Angriffsposition gebracht, womit die Mobilisierung der Streitkräfte abgeschlossen ist. Die Spannung auf dem Brett ist nun nahezu auf dem Siedepunkt angelangt.

22. ... fxe4 1.31

Hier verliert Karpow schließlich die Nerven und verläßt die strategische Marschroute, die von beiden Spielern in den letzten Zügen so konsequent eingehalten wurde. Nun öffnet sich die Diagonale für den „spanischen Läufer". Unserer Meinung nach war 22. ... Tc8 zumindest konsequenter, gleichzeitig hätte Schwarz mit diesem Zuge seinerseits die Entwicklung abgeschlossen. Weiß wäre dann mit dem schwierigen Problem konfrontiert gewesen, Schwarz zum Nehmen auf e4 zu zwingen. Dieses Ziel läßt sich entweder mit 23. Df3 oder mit 23. Tf3 verfolgen. Es kommt auch zunächst 23. Lc3 a5 in Betracht (23. ... Sd3 24. L×d3 c×d3 25. L×f6 D×f6 26. T×d3 ist nicht gut für Schwarz).

Wollen wir diese Möglichkeiten näher untersuchen.

a) 23. Df3 Dd7, und nach 24. L×f6 g×f6 hat Weiß wenig erreicht, denn der Bauer c4 wird gefährlich.

b) 23. Tf3 f×e4 24. S×e4 S×e4 25. T×e4 (oder 25. L×e4 T×e4 26. T×e4 L×d5) 25. ... L×d5 26. T×e8 D×e8 27. Dd2 Sd3 28. Te3 D×a4, mit unklarem Spiel.

c) Der Einschub von 23. Lc3 a5 bringt dem Weißen ebenfalls keinen Vorteil. Der einzige Unterschied zu den obigen Varianten besteht darin, daß nun der schwarze Springer überdecckt ist.

23. S×e4 1.02 **Sf×d5** 1.40

24. Tg3 1.16 **Te6** 1.54

Ein unbedingt notwendiger Verteidigungszug.

25. Sg4 1.35 **De8?** 2.11

Der weiße Angriff ist sehr stark und praktisch nicht mehr zu parieren. Immerhin war 25. ... Sd3 hartnäckiger, obwohl Weiß nach 26. L×d3 c×d3 27. Dd2 De8 28. Kh2 (28. ... T×e4? 29. D×h6+ Kg8 30. L×g7!) oder 27. ... De7 28. Kh2 klar besser steht.

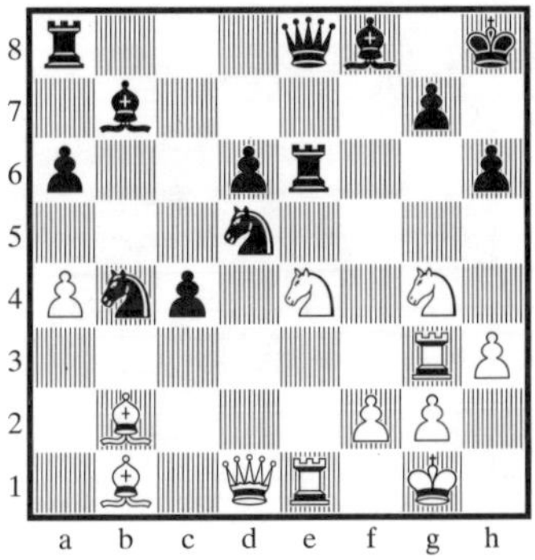

26. S×h6! 1.40 **c3** 2.15

Nach 26. ... T×h6 hat Weiß mehrere Möglichkeiten, den Angriff weiterzuführen. Wir möchten unseren Lesern die unseres Erachtens schönste Fortsetzung zeigen, die wir bei der Analyse unter Mitwirkung des jungen sowjetischen Großmeisters Igor Glek entdeckt haben: 27. Sg5 Dh5 28. Kh2 c3 (28. ... D×d1 29. Sf7+ Kg8 30. S×h6+ Kh8 31. T×d1 c3 32. L×c3 S×c3 33. T×c3 g×h6 34. Tc7 Lc8 35. Te1 Sd5 36. Tf7 Kg8 37. La2 usw.) 29. Te6! Kg8 (29. ... D×d1 30. T×h6+ g×h6 31. Sf7 matt!) 30. T×h6 D×h6 31. Df3, und Weiß gewinnt.

27. Sf5 1.42 **c×b2** 2.23

28. Dg4 1.42 **Lc8** 2.24

Schwarz besitzt momentan eine Mehrfigur, und sein b-Bauer ist auf die zweite Reihe vorgestoßen; trotzdem ist der weiße Angriffsdruck so stark, daß eine Verteidigung unmöglich erscheint. Im Matchbulletin versieht Jon Speelman den letzten schwarzen Zug mit einem Fragezeichen und behauptet, daß 28. ... g6 noch gewisse Rettungschancen geboten hätte. Es stimmt zwar, daß der von Karpow gewählte Zug forciert verliert, und daß so gesehen andere Möglichkeiten keinesfalls schlechter sein können. Doch der Vorschlag des englischen Großmeisters vermag uns nicht zu überzeugen, denn nach dem prophylaktischen Zug 29. Kh2 (...g×f5 stellt schließlich keine Drohung dar) ist nicht zu sehen, wie die schwarze Stellung verteidigt werden soll.

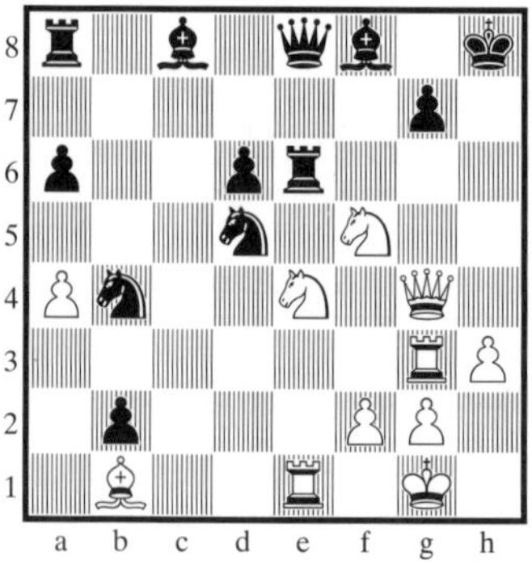

29. Dh4+	1.42	**Th6**	2.24

Auch nach 29. ... Kg8 30. Kh2 gibt es für Schwarz keine Verteidigung mehr.

30. S×h6	1.42	**g×h6**	2.25
31. Kh2	1.55	**De5**	2.25

Mit 31. ... Ta7 kann sich Schwarz ebenfalls nicht retten, man sehe etwa: 32. Sf6 Df7 33. Te8 S×f6 (33. ... D×f6 34. D×f6+ S×f6 35. T×f8+) 34. D×h6+ Sh7 35. D×h7+ D×h7 36. T×f8+.

32. Sg5	1.55		

Der Schlußangriff ist direkt und elegant.

32. ...		**Df6**	2.27
33. Te8	1.56	**Lf5**	2.27

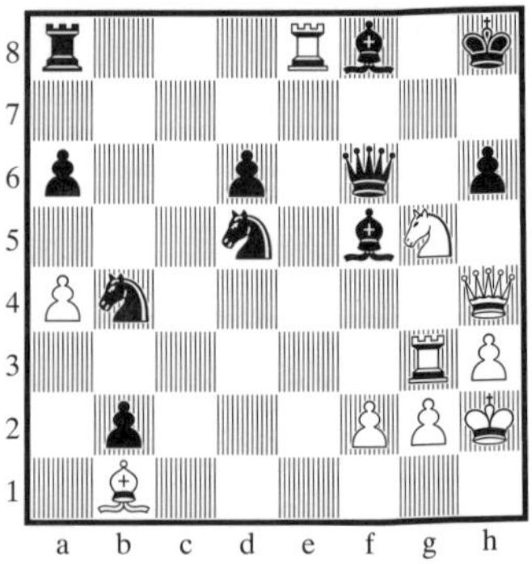

34. D×h6+	1.57		

Hier hätte eigentlich der Vorhang fallen können, aber in Zeitnot zog Karpow automatisch weiter bis zum 40. Zug. Mit der Fortsetzung 34. Sf7+ D×f7 (34. ... Kh7 35. D×f6) 35. D×h6+ Lh7 36. T×a8 ließe sich die schwarze Stellung ebenfalls aus den Angeln heben.

34. ...		**D×h6**	2.27
35. Sf7+	1.57	**Kh7**	2.27
36. L×f5+	1.57	**Dg6**	2.27
37. L×g6+	1.57		

Weiß bringt die Ernte ein. Eleganter war aber 37. T×g6, weil es dann keine befriedigende Verteidigung gegen das Matt mehr gibt.

37. ...		**Kg7**	2.27
38. T×a8	1.58	**Le7**	2.28
39. Tb8	1.58	**a5**	2.28
40. Le4+	1.58	**K×f7**	2.28
41. L×d5+	1.58		

Schwarz gab auf.

DIE EINUNDZWANZIGSTE PARTIE
19./20. Dezember 1990

Kasparows Eröffnungswahl zeigte an, daß er den einen Punkt, den er noch zur Verteidigung seines Titels benötigte, keineswegs durch passive Verteidigung „aussitzen“ wollte, sondern zur offenen Feldschlacht bereit war. Psychologisch gesehen war dies genau das richtige Rezept. Die greifbare Nähe des ersehnten Ziels und das 'timeout', das der Weltmeister nach seinem Sieg in der 20. Partie genommen hatte, hätten auf seine Psyche durchaus einen verweichlichenden Effekt haben können, und Karpow wartete sicherlich nur auf die Gelegenheit, ein solches zeitweiliges Nachlassen streng zu ahnden.
Wie in der ersten Partie des Wettkampfs entschied sich der Exweltmeister für die Sämisch-Variante, was für Kasparow, seinem Gesichtsausdruck nach zu urteilen, eine kleine Überraschung darstellte. Nach kurzem Abwägen wählte er eine Variante, die man als Zwitter aus zwei unterschiedlichen Verteidigungssystemen bezeichnen kann. Die beiden Gegner rochierten nach entgegengesetzten Seiten, ließen sich aber nicht auf übereilte Aktionen ein, sondern beschränkten sich zunächst auf vorsichtiges strategisches Lavieren. Erst in der fünften Stunde verschärfte sich der Kampf. Beiden Seiten gelang es, sich Zugang zum Lager des gegnerischen Königs zu verschaffen, Schwarz unter Bauernopfer. Die letzten Züge vor der Zeitkontrolle wurden mit bereits hängenden Fähnchen ausgeführt. Diesmal war Karpow mit dem Abgabezug an der Reihe, und nach halbstündigem Nachdenken gab er den stärksten Zug ins Kuvert. Bei der Wiederaufnahme zeigte sich allerdings, daß Kasparows Mannschaft die Abbruchstellung genauer analysiert hatte. Der ausgearbeitete Verteidigungsplan, der einen Angriff auf die weißen Bauern am Königsflügel vorsah, schien Karpow zu überraschen. Jedenfalls schaffte es der Exweltmeister nicht, seinen Gegner vor echte Probleme zu stellen, und die Stellung wurde bald remisverdächtig. Der Ausgang des Treffens war klar, doch Karpow spielte noch lange Zeit weiter, und man kann es ihm kaum vorwerfen, daß er versuchte, auch noch die geringste praktische Chance zu verwerten.

Nach der Partie wurden die Zuschauer für ihr langes Ausharren belohnt: Sie bekamen die seltene Gelegenheit geboten, Kasparow und Karpow bei einer gemeinsamen Analyse auf der Bühne zuschauen zu können. Eine halbe Stunde lang flimmerten Varianten über den Bildschirm, die bis dato nur in den Köpfen der beiden Gegner existiert hatten. So konnten die Schachenthusiasten deutlich erkennen, wie komplex das Variantenlabyrinth in diesem Endspiel beschaffen war, und welch enorme Arbeit beide Spieler und ihre Teams bei der Analyse der Hängepartie geleistet hatten.

KARPOW – KASPAROW

Königsindische Verteidigung

1.	**d4**	0.00	**Sf6**	0.00
2.	**c4**	0.00	**g6**	0.00
3.	**Sc3**	0.00	**Lg7**	0.00
4.	**e4**	0.00	**d6**	0.00
5.	**f3**	0.00		

Die Situation im Wettkampf verlieh dieser Partie einen ganz speziellen Charakter: Es war die vorletzte Chance für Karpow, mit Weiß zu einem Sieg zu kommen, und nur dieser volle Punkt hätte ihm Aussichten auf einen günstigen Ausgang des Matchs gelassen. In diesem entscheidenden Moment wählte der Exweltmeister wieder die Sämisch-Variante, die er zuletzt, wie man sich erinnern wird, vor zwanzig Partien, nämlich im ersten Treffen des Wettkampfes, angewendet hatte. Vergleicht man eine Schachpartie mit einem Jahr des Lebens (gewiß ein gewagter aber vielleicht doch noch statthafter Vergleich!), so könnte man sich an Alexandre Dumas Roman „Zwanzig Jahre danach" erinnert fühlen.

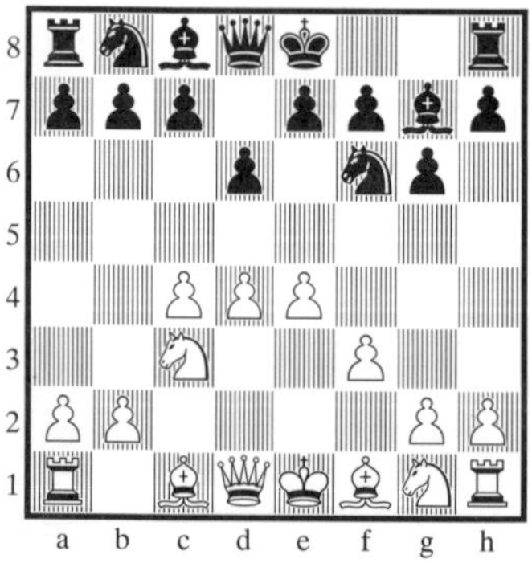

5.	**...**		**0–0**	0.05
6.	**Le3**	0.01	**e5**	0.05

Kasparow hat die Königsindische Verteidigung genau studiert und schon viele Erfahrungen mit ihr gesammelt, was ihm die Möglichkeit gibt, stets ein wenig zu variieren. Es besteht kein Grund zur Annahme, er hielte etwa 6. ... c6 für schlechter als die alte Variante, in die mit dem Textzug eingelenkt wird. Die Erklärung für Kasparows Wahl ist einfach psychologischer Natur: Der Weltmeister wollte seinem Gegner nicht mit einem Zug entgegenkommen, auf den sich dieser ganz sicher sorgfältig vorbereitet hatte.

7. d5 0.03

Dies führt zu geschlossenem Spiel.

7.	**...**		**Sh5**	0.05
8.	**Dd2**	0.04	**f5**	0.05
9.	**0–0–0**	0.10		

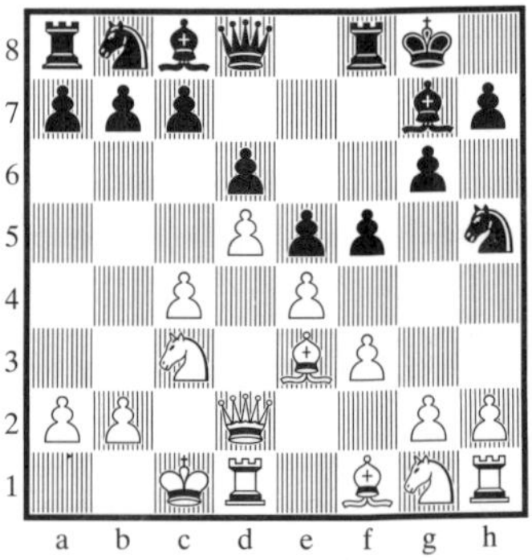

In dieser Variante rochiert Weiß lang, da die Vorbereitung der kurzen Rochade zu viel Zeit erfordern würde.

9. ... **a6!?** 0.06

Kurioserweise wurde dieser Zug von einem der Autoren dieses Buches bereits vor vierzig Jahren angewandt. Sein Ziel besteht darin, mit Hilfe des Flankenvorstoßes ...b5 Druck gegen den Punkt e4 auszuüben, zum Beispiel 10. Sge2 b5 11. c5 b4 12. Sa4 f×e4.

10. Ld3 0.22

Natürlich ist diese Fortsetzung nicht schlecht, aber vor vierzig Jahren hielt man zunächst 10. Kb1 und erst nach 10. ... Sd7 11. Ld3 für genauer.

10. ... **c5** 0.09

11. d×c6?! 0.30

Dieser für die Behandlung der Königsindischen Verteidigung atypische Zug erleichtert die Probleme des Schwarzen. Die Theorie hält in derartigen Stellungen 11. e×f5 g×f5 12. Sge2 mit der Idee, später g2–g4 zu folgen zu lassen, für angebracht.

11. ...		**S×c6**	0.10

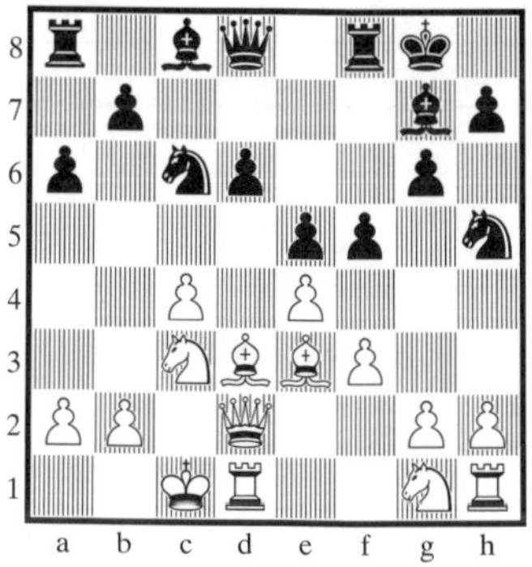

Auf dem Brett ist eine neue Situation entstanden. Das Spiel hat sich geöffnet, und die schwarzen Figuren können mühelos entwickelt werden. Die Schwäche des Bauern d6 fällt angesichts der langen weißen Rochade nicht ins Gewicht, zum Beispiel 12. Le2 Le6 13. b3 b5 14. D×d6 De8 15. Sd5 Tf7 16. Sc7 T×c7 17. D×c7 Tc8, und der weiße König schwebt in Gefahr.

12. Sd5 0.35

Man sieht, daß es Karpows Hauptanliegen ist, den Vorstoß b5 zu verhindern.

12. ...		**Le6**	0.24
13. Lb6	0.41		

Hiermit hat Karpow sein selbstgesetztes Ziel erreicht.

13. ...		**Dd7**	0.24
14. Se2	0.45	**Tac8**	0.34
15. Kb1	0.47	**Df7**	0.35
16. The1	0.53		

Aus Karpows vorangegangenen Manövern ist nicht ersichtlich, warum er diesen Turmzug gemacht hat. Vielleicht irren wir uns, und er verfolgte tatsächlich einen konkreten Plan. Wir neigen aber mehr zu der Ansicht, daß er nach der Devise des großen Spielers und Theoretikers der Zwanziger und Dreißiger Jahre, Aaron Nimzowitsch, handelte: „Wenn Du nicht weißt, was Du ziehen sollst, dann zentralisiere!" (die Figuren selbstredend).

16. ...		**Kh8**	0.48

Sinnvolle Prophylaxe. Kasparow hält es offenbar für wichtig, seinen König aus der Diagonale a2–g8 zu entfernen.

17. Lc2 1.15

Dieser Zug, der Karpow 22 Minuten kostete, öffnet die d-Linie für die weißen Schwerfiguren und schafft gewisse Drohungen. Schwarz muß nun mit dem Nehmen auf f5, gefolgt von Se3, rechnen.

17. ...		**Sf6!**	0.57

Kasparow sieht, daß sich dunkle Wolken über seiner Stellung zusammenziehen, und ergreift geeignete Gegenmaßnahmen. Vor allem möchte er den Läufer von dem Feld b6 vertreiben.

18. Ld3 1.24

Eine mutige Entscheidung. Der Herausforderer benötigt nur neun Minuten, um zu erkennen, daß der Plan 18. e×f5 g×f5 19. Sg3 wegen 19. ... Sd7 20. Lf2 b5!, wonach der Vorteil sogar auf Schwarz übergeht, nichts einbringt.

18. ...		**Sd7**	1.01
19. Lg1	1.25	**Sc5**	1.05
20. Sb6	1.28	**Tcd8**	1.25
21. Sc3	1.33		

Sehr zu seinem Mißfallen sieht sich Weiß genötigt, die Kontrolle über das Feld d4 aufzugeben. Um so fester ergreift er dafür Besitz von d5!.

21. ...		**Sd4**	1.32
22. Scd5	1.34	**L×d5**	1.37
23. S×d5	1.39	**f×e4**	1.39
24. f×e4	1.45		

Uns scheint, daß Schwarz mittlerweile über einen geringen Vorteil verfügt, weil der Läufer auf d3 nur defensive Aufgaben erfüllen und sogar selbst zum Angriffsobjekt werden kann.

24. ... **b5?** 1.39

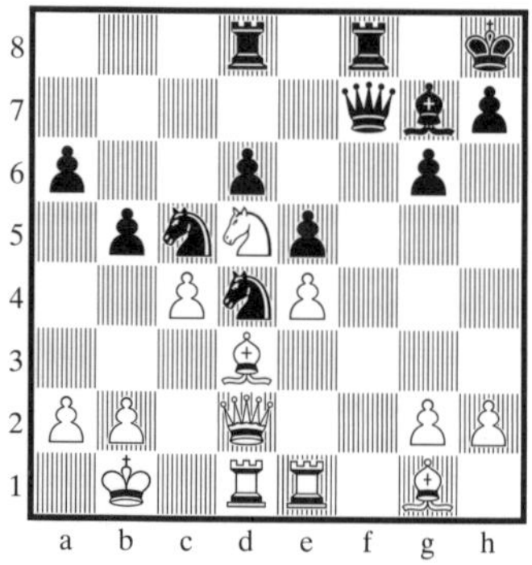

Unserer Meinung nach erfolgt dieser scheinbar aktive Zug zu früh und hinterläßt lediglich einen schwachen Bauern auf b5. Warum sollte Schwarz nicht die Kontrolle über die f-Linie anstreben, ein Ziel, das am besten mit 24. ... Dd7 erreicht werden konnte. Nach der notwendigen Antwort 25. h3 (die Dame darf nicht nach g4 gelassen werden) folgt 25. ... Tf7 26. Tf1 Tdf8. Der schwarze Vorteil ist größer geworden, es ist für Weiß nicht einfach, sich erfolgreich zu verteidigen.

25. Tf1 1.52 **Dd7** 1.42
26. c×b5 1.54 **a×b5** 1.43
27. T×f8+? 1.58

Es ist unverständlich, warum Karpow die f-Linie zunächst hergibt und später versucht, sie wieder zurückzugewinnen. Genauer war das sofortige 27. h3. Nun liegt die Initiative wieder bei Schwarz.

27. ... **T×f8** 1.45
28. h3 1.59 **Dd8** 1.52
29. L×d4 2.11

Die Drohung 29. ... Dh4 zwingt Weiß dazu, seinen Läufer abzutauschen.

29. ... **e×d4** 1.52

Die Stellung hat sich wieder ein wenig verändert. Wir denken, daß die schwarzen Aktien gestiegen sind, da er nun zusätzlich die Möglichkeit zum Spiel auf den schwarzen Feldern erlangt hat.

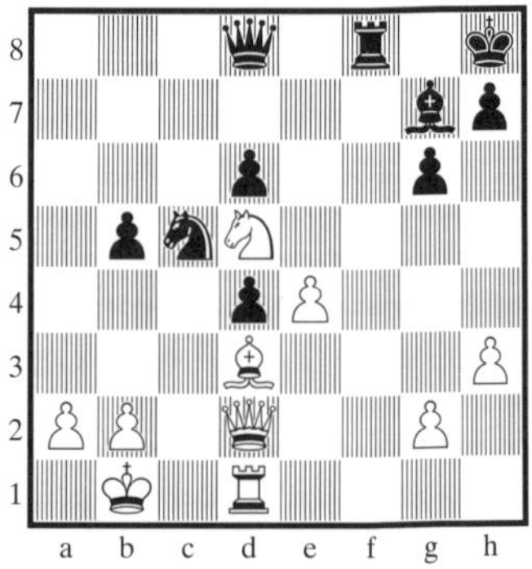

30. De2 2.12

Das Hauptproblem für Weiß besteht in der Aktivität des schwarzen Turms auf der f-Linie. Daher bereitet Karpow Tf1 vor.

30. ... **Dh4?!** 2.11

Besser sieht 30. ... Dg5!? aus, denn 31. Tf1 scheitert nun an 31. ... T×f1+ 32. D×f1 Dd2 mit Gewinn. Außerdem droht 31. ... Dg3. Der einzige Zug, um diese Drohung zu parieren ist 31. Sb4, womit der Läufer d3 überdeckt wird (31. L×b5 ist natürlich schlecht, beispielsweise 31. ... d3 32. L×d3 Sa4) 31. ... De3 32. Tf1 Tc8 (auch 31. ... Te8 ist stark) 33. a3 (der Versuch die Dame mittels 33. Tf3 zu vertreiben, führt nach 33. ... Dc1+! 34. K×c1 Sb3++ zum Matt) 33. ... Sb3. Die schwarzen Figuren nehmen dominierende Stellungen ein, und die Verteidigungsaufgaben von Weiß sind überhaupt nicht einfach.

31. Tf1! 2.13 **Te8** 2.16

Wir wissen nicht, ob Kasparow hier immer noch auf Gewinn spielte. Nach 31. .. T×f1 32. D×f1 garantieren jedenfalls weder 32. ... S×d3 33. D×d3 De1+ 34. Kc2 Df2+ 35. Kb3 (nach 35. Dd2 d3+ 36. K×d3 Dd4+ 37. Ke2 D×e4+ 38. Se3 würde die Partie vermutlich mit Remis enden) 35. ... D×g2 36. Sc7!, noch 32. ... S×e4 33. De2 Sf6 34. S×f6 L×f6 35. L×b5 auch nur gleiches Spiel.

Es war daher am besten, in die Variante aus der vorigen Anmerkung einzulenken, die trotz Minustempo immer noch gut genug für Remis ist: 32. ... Dg3 33. Sb4 (33. Kc2 S×d3 34. D×d3 D×g2+ 35. Kb3 h5, und im Vergleich zur oben angeführten analogen Variante hat Schwarz sogar ein Mehrtempo) 33. ... De3 34. De2 (34. a3 S×e4) 34. ... Dg1+.

Nach dem Textzug werden die schwarzen Figuren zum Rückzug gezwungen, und die Initiative geht auf Weiß über.

32. Tf4	2.16	**Dg5**	2.16
33. a3	2.21	**h5**	2.21
34. Ka2	2.26	**b4!?**	2.26

Kasparow fürchtet eine totale Konsolidierung der weißen Stellung, wonach der Bauer auf b5 nicht mehr zu halten wäre, und opfert lieber gleich einen Bauern, um in Zeitnot Komplikationen heraufzubeschwören.

35. a×b4	2.26	**Ta8+**	2.26
36. Kb1	2.26	**Sb3**	2.26
37. Kc2	2.27	**Sa1+**	2.26
38. Kb1	2.27	**Sb3**	2.26
39. Df2	2.28	**Dd8**	2.28
40. Tf7	2.29	**De8**	2.29

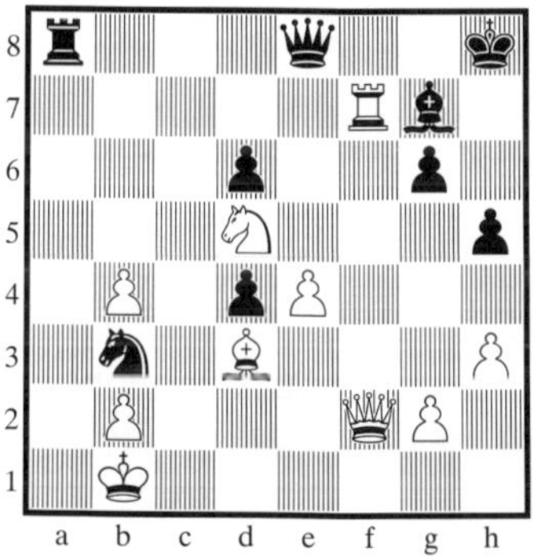

Hier wurde die Partie abgebrochen und Karpow versiegelte seinen 41. Zug. Die Diagrammstellung war Gegenstand lebhaften Interesses, und zahlreiche Analysen demonstrieren, daß Weiß klaren Vorteil besitzt. Doch würde er zum Gewinn ausreichen? Viel hing vom Abgabezug ab.

41. b5! 2.56

Für diesen überraschenden Zug, der dem schwarzen Springer die Rückkehr nach c5 gestattet, verbrauchte Karpow 27 Minuten. Die schwarze Dame soll von a4 ferngehalten werden.

Natürlich können wir nicht wissen, welche anderen Möglichkeiten Karpow in Betracht zog und wieder verwarf, bevor er sich für 41. b5! entschied. Mit Sicherheit wissen wir aber, daß der Exweltmeister und seine Mannschaft im Verlauf einer höchstwahrscheinlich schlaflosen Nacht vor der Wiederaufnahme nur diese eine Fortsetzung untersuchten, während Kasparow und seine Helfer vor einem viel größeren Problem standen, mußten sie doch Zeit und Energien dafür verwenden, auch sämtliche anderen Möglichkeiten von Weiß genau zu untersuchen. Welcher Abgabezug von der Kasparow-Gruppe für am gefährlichsten erachtet wurde, ist uns nicht bekannt.

Auch wir haben uns ein wenig ans Analysieren gemacht, und neben dem Textzug hauptsächlich drei Fortsetzungen untersucht:

a) 41. Se7. Wir fanden ziemlich schnell heraus, daß Weiß nach 41. ... Ta1+ 42. Kc2 Sc5! (mit der Drohung Da4+) 43. S×g6+ Kh7 44. Sf8+ Kh8! (44. ... Kg8 45. T×g7+ K×g7 46. D×d4+ wäre deutlich zugunsten von Weiß) Dauerschach geben muß.

b) 41. Sb6. Dies ist eine listige Fortsetzung, die das Feld a4 überdeckt und Schwarz vor beträchtliche Probleme stellt. Die beste Verteidigung besteht möglicherweise in 41. ... Ta1+ (falls 41. ... Tb8 42. Sd7 Tb7 43. Se5!) 42. Kc2 Sc1! 43. T×g7 S×d3 44. D×d4 Dc6+ 45. Sc4 Se5 (45. ... Da4+? 46. K×d3 Db3+ 47. Ke2) 46. T×g6 D×c4+ 47. D×c4 S×c4. Weiß besitzt drei Bauern für den Springer, und obwohl die Lage höchst verwickelt erscheint, liegen die besseren Chancen auf seiner Seite.

c) Nur zum Remis führt das Qualitätsopfer 41. T×g7 K×g7 42. Df6+ Kh7 43. Dg5 Dc6 44. Sf6+ Kg7 45. S×h5+ Kh7.

41. ...		**Ta1+**	2.30
42. Kc2	2.56	**Sc5**	2.30

Die einzige Verteidigung.

43. T×g7	2.56	**K×g7**	2.30
44. D×d4+	2.56	**De5**	2.30
45. D×e5+	2.56	**d×e5**	2.30

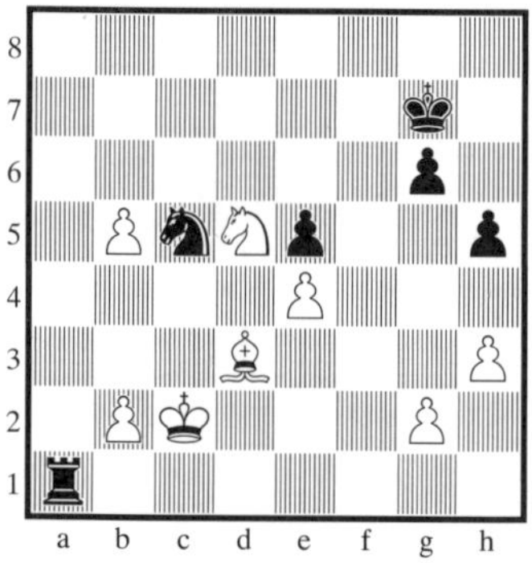

Dieses Endspiel ist aus der Abbruchstellung zwangsläufig entstanden. Weiß hat zwei Bauern für die Qualität, und obwohl sie verdoppelt sind, besitzt der Vordermann auf b5 doch eine gewaltige Kraft.

46. b6!	2.56		

Schwarz bleibt nun keine Zeit, seinen König auf den Damenflügel zu überführen, und er ist im Folgenden zu äußerster Akkuratesse gezwungen. Es ist klar, daß er sich durch Angriff auf den Bauern g2 Gegenchancen am Königsflügel und somit gleichzeitig auch Remischancen verschaffen muß.

46. ...		**Tg1**	2.30
47. Se3	2.57	**Te1**	2.30
48. Sc4	3.02	**Tg1**	2.30
49. Se3	3.05	**Te1**	2.31

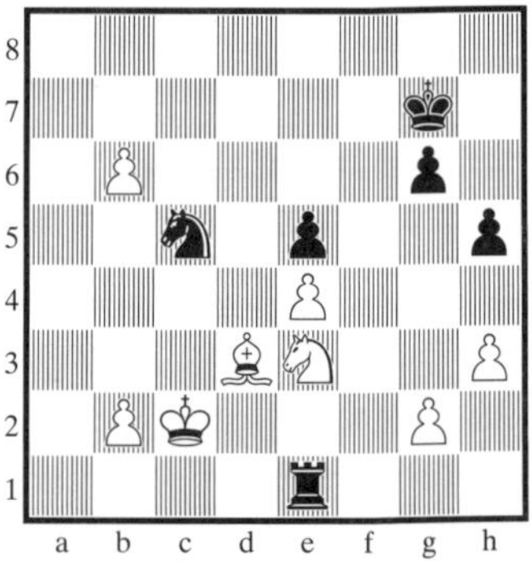

Karpow hatte hier offenbar Schwierigkeiten, sich zu entscheiden, ob er b2–b4 mit dem Springer auf e3 oder auf c4 spielen sollte, und entschied sich schließlich für die letztere Möglichkeit. Kasparow zögerte nicht, seinen Springer für den Bauern b6 zu geben.
Es erhebt sich die Frage, ob nicht der sofortige Vorstoß des b-Bauern doch besser war. Untersuchen wir also 50. b4, wonach Schwarz nur den einen Zug 50. ... Sd7 hat. Nach weiterem 51. Sc4 folgt 51. ... Tg1 52. b7 T×g2+ 53. Kc3. Falls jetzt etwa 53. ... Kf6, so geschieht 54. Sb6 Sb8 55. Lb5 Ke7 56. Sd7 Kd6 57. S×b8 Kc7 58. Sd7 K×b7. Natürlich ließe sich die Analyse noch weiter fortsetzen, aber es ist schon deutlich zu sehen, daß Weiß gute Gewinnchancen besitzt. Auf den Alternativzug 53. ... Tg3 geschieht 54. S×e5 Sb8 55. b5, wieder mit guten Gewinnchancen.

50. Sc4	3.13	**Tg1**	2.59
51. b4	3.26	**T×g2+**	2.59
52. Kc3	3.26	**Sa4+**	2.59

Wie man sieht, spielt Kasparow seinen Springer nicht nach d7, was zu einer der oben untersuchten Stellungen führen würde, sondern opfert ihn sofort.

53. Kb3	3.26	**S×b6**	2.59
54. S×b6	3.26	**Tg3**	3.00
55. Kc3?!	3.26		

Dieser Zug sieht ziemlich merkwürdig aus. Warum nicht 55. Kc4, um gleichzeitig die Fesselung aufzuheben? Nach

55. ... T×h3 56. Sd7 Tf3 57. b5 besäße Weiß noch gute Gewinnaussichten.

55.	**...**		**T×h3**	3.00
56.	**b5**	3.29	**h4**	3.01
57.	**Sc4**	3.44	**T×d3+!**	3.02

Hier verloren wir das Interesse an weiteren Analysen.

Weiß muß seinen letzten Bauern hergeben, und das Remis ist offensichtlich.

58.	**K×d3**	3.44	**h3**	3.02
59.	**b6**	3.44	**h2**	3.02
60.	**b7**	3.44	**h1D**	3.02
61.	**b8D**	3.44	**Df1+**	3.02
62.	**Kc3**	3.45	**Dc1+**	3.02
63.	**Kb3**	3.48	**Dd1+**	3.02
64.	**Ka2**	3.51	**Da4+**	3.02
65.	**Sa3**	3.51	**D×e4**	3.02
66.	**Dc7+**	3.52	**Kh6**	3.05
67.	**Sc4**	3.54	**Dd5**	3.08
68.	**Kb2**	3.54	**e4**	3.20
69.	**Df4+**	3.56	**Kg7**	3.22
70.	**Kc3**	4.05	**Dd3+**	3.29
71.	**Kb4**	4.05	**Dd4**	3.29
72.	**Dh4**	4.05	**Kf7**	3.46
73.	**Kb5**	4.25	**Dd5+**	3.50
74.	**Kb4**	4.25	**Dd4**	3.50
75.	**Dh7+**	4.27	**Dg7**	3.50
76.	**Dh1**	4.27	**Dd4**	3.50
77.	**Dh4**	4.28	**Kg8**	3.57
78.	**Df4**	4.57	**Kg7**	3.58
79.	**Dc1**	4.59	**Kf6**	4.22
80.	**Kb5**	5.03	**Dd5+**	4.24
81.	**Kb4**		**Dd4**	
82.	**Kb5**		**Dd5+**	
83.	**Kb6**		**Dd4+**	
84.	**Kc6**		**Ke6**	
85.	**Se3**		**Da4+**	
86.	**Kb6**	5.14	**Db4+**	4.28

Remis auf Vorschlag von Kasparow.

DIE ZWEIUNDZWANZIGSTE PARTIE
26. Dezember 1990

In unterschiedlicher Stimmung und mit unterschiedlichen Zielsetzungen begannen die beiden Spieler die 22. Partie. Mit seinem Vorsprung von zwei Punkten brauchte Kasparow nur noch ein Unentschieden, um die Schachkrone für weitere drei Jahre zu behaupten. Um die Wichtigkeit des Anlasses zu betonen und Zuversicht zu demonstrieren, erschien erstmals die gesamte Mannschaft des Titelverteidigers im Pressezentrum. Karpow hingegen konnte in den verbleibenden drei Partien nur noch auf ein einziges Resultat spielen – auf Gewinn. Obwohl es ihm im 1986er Wettkampf schon einmal gelungen war, gegen Kasparow drei Partien in Folge zu gewinnen, glaubten nur die wenigsten an eine Wiederholung dieser Serie.

Abermals kam die Saitzew-Variante aufs Brett, so daß fast der Eindruck entstehen konnte, Karpow verfüge über keine andere Eröffnungswaffe, um ein verwickeltes Spiel zu erreichen. Vielleicht hatte er ja in der einwöchigen Spielpause, die dieser Begegnung voranging, einige wichtige Verstärkungen entdeckt. Jedenfalls zeigte Kasparow erneut nicht die geringste Neigung, ums Remis zu betteln, sondern nahm die Herausforderung an. Er war sogar dazu bereit, die 4. Partie, vielleicht die schärfste im gesamten Wettkampf, zu wiederholen. Aber Karpow wartete tatsächlich mit einer Verbesserung auf, und nahm den Bauern auf d5 einen Zug früher als in jener dramatischen Begegnung. Kasparows Hoffnung, es könne sich vielleicht nur um eine Zugumstellung handeln, ging nicht in Erfüllung, Schwarz verfolgte diesmal andere Pläne. Für das Opfer zweier Bauern erlangte Karpow eine bedrohlich wirkende Initiative. Nach dem 25. Zug ... Sc5 setzten Kasparows Trainer sorgenvolle Mienen auf, doch nach dem „Befreiungsschlag" des Weltmeisters, der die weit vorgerückten schwarzen Zentralbauern durch ein Figurenopfer eliminierte, entspannten sie sich sichtlich und bewerteten die entstandene Position als remisverdächtig. Spasski gefiel sogar die weiße Stellung, mit drei Bauern für einen Springer besser. Nach dem Abtausch der weißfeldrigen Läufer hätte Kasparow seinem Gegner in der Tat mit 39. b6! schwere Sorgen bereiten können. Aber der Weltmeister hatte bereits ein Dauerschach erspäht, das ihm zur Titelverteidigung ausreichte, und lenkte, ohne viel zu überlegen, in diese Variante ein. Unmittelbar nach der Partie durchbrachen die Journalisten die Absperrungen und stürmten die Bühne, um vom alten und neuen Weltmeister ein erstes Interview zu erhalten. Die Zuschauer feierten Kasparows erneute Titelverteidigung mit langanhaltendem Applaus.

KASPAROW – KARPOW

Spanisch

1.	**e4**	0.00	**e5**	0.09
2.	**Sf3**	0.00	**Sc6**	0.09
3.	**Lb5**	0.01	**a6**	0.09
4.	**La4**	0.01	**Sf6**	0.10
5.	**0–0**	0.01	**Le7**	0.10
6.	**Te1**	0.01	**b5**	0.10
7.	**Lb3**	0.01	**d6**	0.10
8.	**c3**	0.01	**0–0**	0.11
9.	**h3**	0.01	**Lb7**	0.11
10.	**d4**	0.02	**Te8**	0.11
11.	**Sbd2**	0.02	**Lf8**	0.13
12.	**a4**	0.02	**h6**	0.13
13.	**Lc2**	0.02	**e×d4**	0.13
14.	**c×d4**	0.03	**Sb4**	0.14
15.	**Lb1**	0.03	**c5**	0.14
16.	**d5**	0.03	**Sd7**	0.14
17.	**Ta3**	0.05	**f5**	0.15

Diese Stellung sehen wir nun schon zum dritten Mal in diesem Wettkampf auf dem Brett (vgl. Partien 4 und 20). Man wartete deshalb gespannt auf die erste Abweichung von den Vorgängerpartien.

18. e×f5 0.06

Wie in der 4. Begegnung wählt Kasparow auch diesmal wieder die schärfste Fortsetzung.

18. .... **L×d5** 0.18

Und da ist Karpows Neuerung!
Obwohl der Exweltmeister mit dem Eröffnungsverlauf in dieser Partie durchaus zufrieden sein konnte, ist es noch zu früh, um zu beurteilen, ob sein Zug wirklich besser ist als das herkömmliche 18. ... Sf6. Der Plan von Schwarz ist klar: er möchte seinen Läufer nach f7 bringen, von wo aus er die Königsstellung festigt und gleichzeitig Aktionen im Zentrum und am Damenflügel unterstützen kann. Wir meinen jedenfalls, daß die unsichere Stellung des schwarzen Königs im weiteren Partieverlauf ein ständiges Gefahrenmoment bleiben wird.

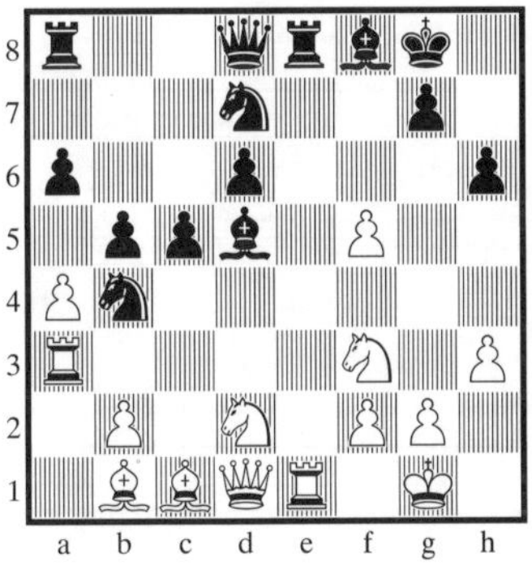

19. Se4 0.10

Dieser Routinezug kommt den Plänen von Schwarz entgegen. Vielleicht vertauschte Kasparow lediglich die Züge, denn er hätte die neu entstandene Situation auf dem Brett zum Beispiel mit 19. a×b5 a×b5 und erst dann 20. Se4 ausnutzen können. Schwarz würde nach 19. a×b5 zwar besser 19. ... T×e1 20. D×e1 a×b5 spielen, doch auch nun kann Weiß die Abwesenheit des Springers f6 ausnutzen, und mit 21. Le4 (21. De2 ist ebenfalls gut, denn jede mögliche Überdeckung von b5 zerstört die Harmonie der schwarzen Stellung) auf Grund der schlechten schwarzen Königsstellung Vorteil erlangen.

19. ... **Lf7** 0.21

Karpow hat seinen Plan durchgeführt. Schwarz droht, mit ...d5 die Initiative zu ergreifen.

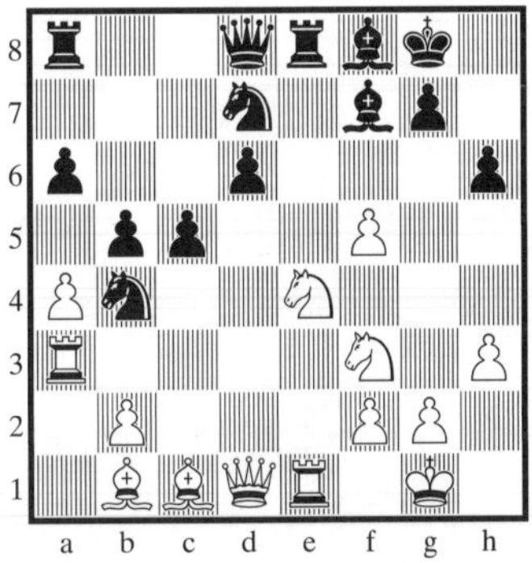

20. a×b5 0.35

Für diesen Zug benötigte Kasparow 25 Minuten. Vielleicht berechnete er die Verteidigungvarianten nach 20. Lg5. Wenn das Opfer angenommen wird, erhält Weiß Angriff, doch 20. .. Db6 läßt den Läuferausfall zweifelhaft erscheinen.

20. ... d5 0.21

20. ... a×b5 kann mit 21. S×d6 beantwortet werden.

21. Sc3 0.35 **T×e1+** 0.25

22. S×e1 0.42

22. D×e1 d4 mit ähnlichem Spielverlauf wie in der Partie war nicht besser.

22. ... d4 0.59

23. Sa2 0.49

Erzwungen, denn sonst erhält Schwarz materielles Gleichgewicht mit andauernder starker Initiative.

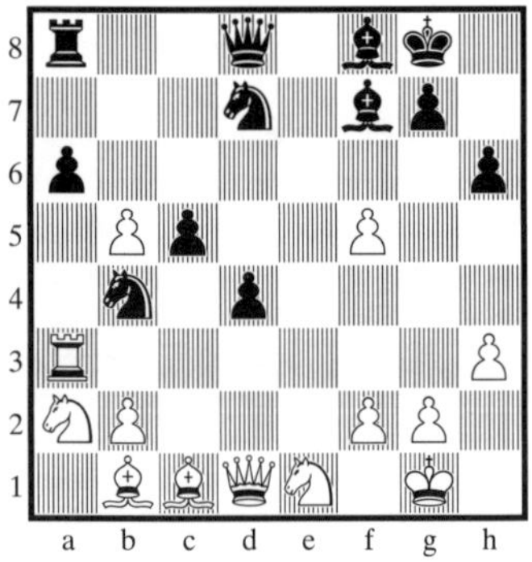

23. ... S×a2 1.14

Unseres Erachtens war 23. ... a5, was zu einem kompliziertem Spielverlauf führt, vorzuziehen. Danach muß Weiß den Turmtausch meiden, denn die Stellung nach 24. S×b4 a×b4 25. T×a8 D×a8 bietet dem Schwarzen durch den Bauernaufmarsch am Damenflügel ausgezeichnete Chancen.

24. L×a2 0.49 **c4** 1.15

Die einzige Möglichkeit, den weißfeldrigen Läufer vom Spiel auszuschließen.

25. T×a6 0.51 **Sc5** 1.16

26. T×a8 0.51 **D×a8** 1.16

27. Lb1 0.57 **d3** 1.19

Der Versuch, mit 27. ... Da1 einen Bauern zurückzugewinnen, gäbe Weiß nach 28. Lf4 D×b2 29. Le5 starkes Gegenspiel.

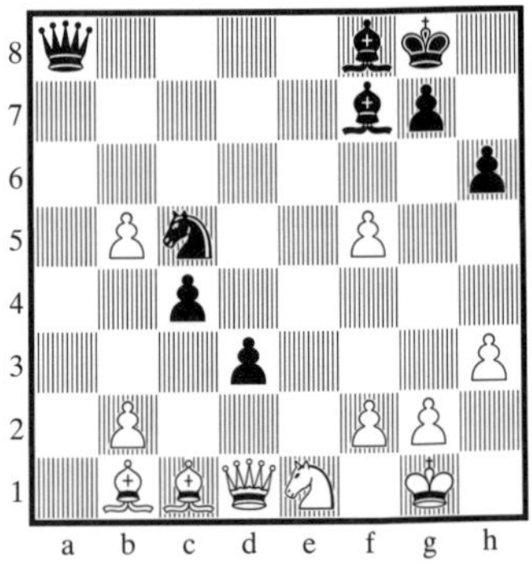

Schwarz scheint viel erreicht zu haben. Kasparows weißfeldriger Läufer ist praktisch pattgesetzt, und nach dem Rückgewinn eines Bauern wäre der schwarze Vorteil offensichtlich. Doch dieser Eindruck trügt, da Weiß, der momentan immerhin zwei Bauern mehr besitzt, die Blockade mit Hilfe eines Figurenopfers durchbrechen kann.

28. Le3 1.06 **Da5** 1.23

29. b3! 1.23 **S×b3** 1.27

30. S×d3 1.23 **c×d3** 1.28

31. L×d3 1.23

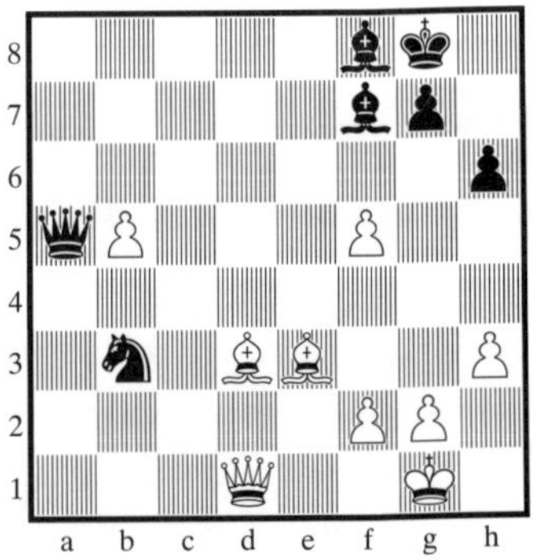

Als Ergebnis seiner taktischen Operationen besitzt Kasparow drei Bauern für die Figur, aktives Figurenspiel und insgesamt die besseren Chancen, da auch das Endspiel nach einem Damentausch günstiger für ihn aussieht. Schwarz muß sehr vorsichtig spielen.

31.		**Sc5**	1.46

Schwarz ist gezwungen, ständig ein Auge auf den vorgerückten b-Bauer zu werfen. Außerdem treibt Karpow mit diesem Springerzug den Läufer d3 auf eine passive Position zurück, von wo aus er an einem künftigen Angriff nicht teilhaben kann.

32. Lf1	1.26	**Dc7**	1.51
33. Dg4	1.37		

Endlich macht sich die unsolide schwarze Königsstellung, die wir bereits mehr als einmal erwähnt haben, doch noch bemerkbar.

33. ...		**Kh7**	1.59

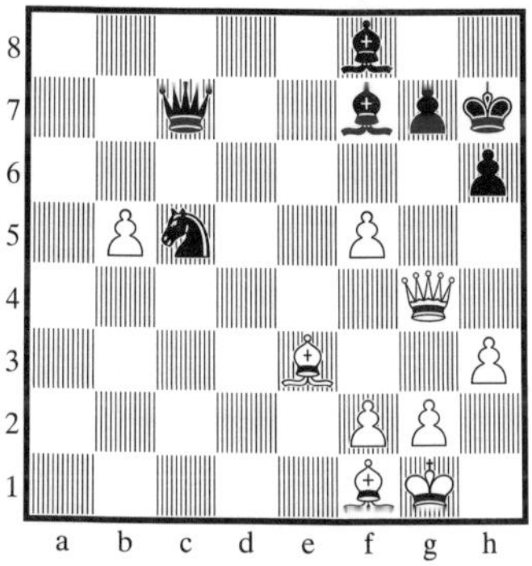

34. Lc4	1.43		

Nach diesem Läuferabtausch werden die weißfeldrigen Schwächen im schwarzen Lager spürbar. Schwarz kann dem Abtausch nicht aus dem Wege gehen, denn auf 34. ... Le8 folgt 35. L×h6! mit Gewinn für Weiß.

34. ...		**L×c4**	2.13
35. D×c4	1.45	**De5**	2.14
36. Df7	1.50	**Ld6**	2.22
37. g3	1.50	**De7**	2.25
38. Dg6+	2.01	**Kh8**	2.25

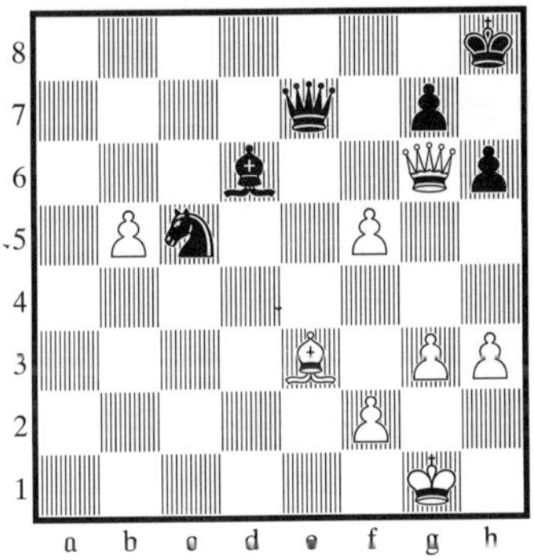

39. Ld4	2.02		

Weiß ist klar im Vorteil, und nach 39. b6 wäre die schwarze Position kritisch geworden. aber Kasparow beschließt, das Remis zu forcieren, was ihm zur Titelverteidigung genügt.

39. ...		**Le5**	2.26
40. L×c5	2.02	**D×c5**	2.26
41. De8+	2.02	**Kh7**	
42. Dg6+	2.02	**Kh8**	2.31
43. De8+	2.03	**Remis**	

DIE DREIUNDZWANZIGSTE PARTIE
29. Dezember 1990

Der neue Weltmeister steht zwar fest, aber das Match dauert an, es geht nun nicht mehr länger um die Schachkrone, doch immerhin muß ja auch noch über das Schicksal des Preisgelds – eine Rekordsumme von drei Millionen Dollar – entschieden werden. Im Falle eines Unentschiedens wird die Summe zu gleichen Teilen an beide Gegner verteilt. Die Fortsetzung des Wettkampfs kann daher nicht als schiere Formalität bezeichnet werden!
Viele Experten erwarteten, daß Kasparow, nachdem er sein Ziel erreicht hatte, an diesem Abend im Überschwang des Glücksgefühls nicht imstande sein würde, die letzten Kraftreserven zu mobilisieren, auch wenn er sich über die kämpferischen Qualitäten und den Siegeswillen seines 'ewigen Gegners' voll im Klaren sein mußte. Der Weltmeister wußte selbst, daß er in den letzten beiden Partien kein leichtes Leben haben würde.
Vielleicht wollte sich Kasparow aus diesen Gründen mit seiner Eröffnungswahl von vorneherein zur Aufmerksamkeit in einem komplizierten Kampf zwingen. Doch leider schien ihm der Kampfgeist tatsächlich nicht im gewohnten Maß zur Verfügung zu stehen. Und die gewählte Variante war nicht nur positionell etwas anrüchig, sondern in der vorliegenden Wettkampfsituation doch nicht ganz angebracht. Man hätte sie eher im umgekehrten Fall erwartet, wenn Weiß nämlich nur ein Unentschieden gebraucht hätte und Schwarz zu bedingungslosem Kampf um den vollen Punkt verpflichtet gewesen wäre. Karpow hatte jedenfalls nichts mehr zu verlieren, spielte aktiv und voller Unternehmungsgeist, und das war sicherlich das beste Rezept in der entstandenen Position. Der alte und neue Exweltmeister fand einen glasklaren Gewinnplan, den er meisterlich durchführte. Im 29. Zug sah sich Kasparow zur Aufgabe gezwungen.
Karpow veröffentlichte ein Buch mit dem Titel „Miniaturen der Weltmeister", in das nur Gewinnpartien von einer Länge unter 30 Zügen aufgenommen wurden. Sollte eine zweite Auflage erscheinen, so wird er mit Gewißheit die vorliegende Partie in diese Sammlung aufnehmen. Der kürzeste Sieg zwischen den beiden K gelang übrigens Kasparow in nur 25 Zügen. Es handelte sich dabei um die 11. Partie des Wettkampfs 1985, in dem Kasparow erstmals den Weltmeistertitel errang.

KARPOW – KASPAROW
Königsindische Verteidigung

1. d4	0.00	**Sf6**	0.01
2. c4	0.00	**g6**	
3. Sc3		**Lg7**	
4. e4		**d6**	
5. f3	0.01		

In den letzten Partien dieses Wettkampfes setzt der Exweltmeister als Anziehender sein Vertrauen unbeirrt in die Sämisch-Variante. Es ist, als wolle er seinem Kontrahenten, der sich den Titel ja bereits für die nächsten drei Jahre gesichert hat, damit andeuten: „Unser Duell ist noch nicht beendet, ich möchte alles über Deine Spielweise herausfinden!"

5. ...		**0–0**	0.06
6. Le3		**e5**	
7. d5	0.02	**Sh5**	0.08
8. Dd2		**Dh4+**	

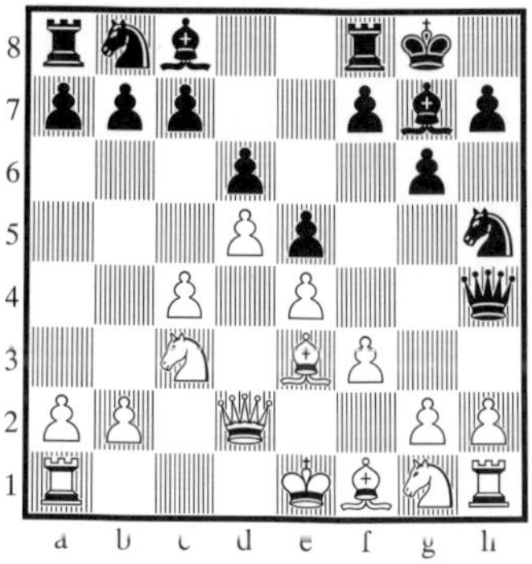

Die genialische aber nicht ganz korrekte Idee hinter diesem Damenzug geht auf David Bronstein zurück. Schwarz möchte die Dame gegen zwei Leichtfiguren (insbesondere den schwarzfeldrigen Läufer!) und zwei Bauern opfern. Zum ersten Mal kam dieser Plan (mit der leichten Abänderung 5. ... e5 anstatt der Rochade 6. d5 Sh5 7. Le3 Sa6) in der Partie Spasski – Bronstein, Amsterdam 1956, zur Anwendung.

9. g3 0.06 **De7**

Nach der Normalfortsetzung 9. ... S×g3 10. Df2 S×f1 11. D×h4 S×e3 12. Ke2 S×c4 kann 13. Tc1 Sa6 14. Sd1 Sb6 15. Sh3 Ld7 16. Se3 f6 17. Thg1 folgen und mittels dieser Variante erhielt Weiß in der Partie Karpow – Velimirović, Skopje 1976, Vorteil. Möglicherweise hat der Weltmeister da ganz andere Vorstellungen, man erinnere sich zum Beispiel an sein Damenopfer für ganz ähnliche materielle Kompensation in der 3. Partie. Aber es ist denkbar, daß Kasparow in dieser doch relativ bedeutungslos gewordenen Partie (gewiß, es geht um Geld) keine wichtigen Geheimnisse seiner theoretischen Vorbereitungsarbeit enthüllen wollte.

In der Begegnung Spycher – Piket, Groningen 1986-87, verbesserte Schwarz beispielsweise die oben angeführte Partie mit 17. ... Tae8 (Velimirovićs Zug 17. ... Tad8 plazierte den Turm auf ein taktisch gefährdetes Feld), und in der Partie Kasparow – Seirawan, Barcelona 1989, sah man den Weltmeister die vorliegende Variante als Anziehender behandeln: 17. Sf2 Sc8! mit Unentschieden nach kompliziertem Kampf.

Immerhin muß angemerkt werden, daß Kasparows letzter Zug nicht ohne weiteres verständlich ist: 9. ... De7 ist eigentlich für die Entwicklung von Schwarz nicht unbedingt notwendig, während das provozierte g2–g3 sehr gut in den weißen Aufbau paßt. Vielleicht wollte Schwarz eine Schwächung des Punktes f3 erreichen.

10. 0–0–0 0.14 **f5**

11. e×f5! 0.18

Dieser Abtausch durchkreuzt die Absichten von Kasparow. Andernfalls wäre es wegen der Anfälligkeit von f3 für Weiß nicht leicht gewesen, den Königsspringer zu entwickeln.

11. ... **g×f5**

12. Sh3

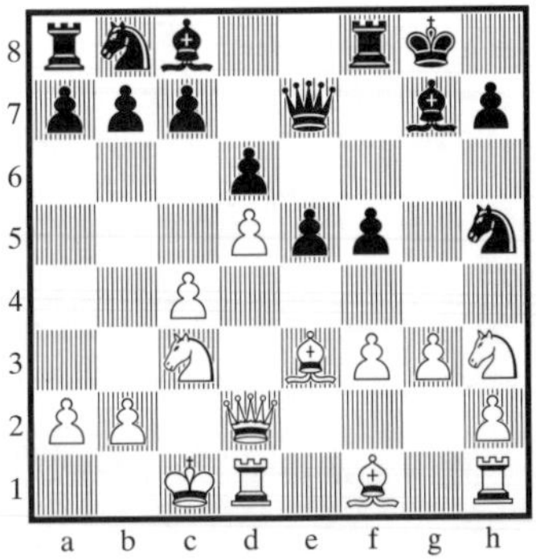

Das etwas unglückliche Manövrieren von Schwarz macht sich bereits bemerkbar. Hätte der Bauer noch auf g2 gestanden, so war 12. ... f4 13. Lf2 L×h3 14. g×h3 Lf6 15. De1 Sd7 eine gute Möglichkeit.
Kasparows Zug 12. Sh3 ist eine Neuerung. Weiß bereitet g3–g4 vor. In der Partie Wischmanawin – Akopjan, Lwow 1990, spielte der Anziehende 12. Ld3 a5?! (besser ist 12. ... Sd7 mit der Standardidee ...Sdf6 und der ständigen Drohung ...e4) 13. Sge2 Sa6 14. f4! mit Vorteil für Weiß.

12. ... Sa6 0.22

Von hier aus wird der Springer für lange Zeit nicht ins Spielgeschehen eingreifen können, das sich am entgegengesetzten Flügel entwickelt. Die schwarze Stellung ist jedoch schon schwierig, und es fällt nicht leicht, etwas Besseres vorzuschlagen. Der weiße Plan ist einfach, nämlich g3–g4 durchsetzen, und das Bauernopfer 12. ... Ld7 13. g4 f×g4 14. f×g4 Sf4 15. S×f4 e×f4 16. L×f4 gibt dem Schwarzen keine ausreichende Kompensation.
Auch 12. ... f4 (mit der Idee 13. g×f4 L×h3 14. L×h3 S×f4) ist ungenügend angesichts von 13. Lf2! f×g3 14. h×g3 T×f3 15. Le2 mit starkem Angriff.

13. Tg1 0.37

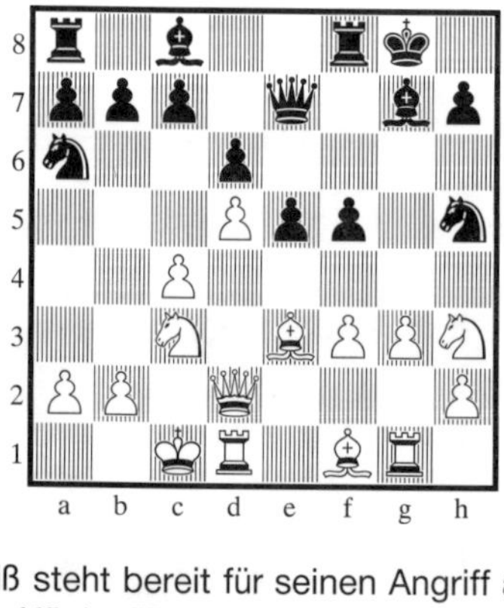

Weiß steht bereit für seinen Angriff auf dem Königsflügel.

13. ... Sf6? 0.33

Nun verläuft die Partie nach bekannten Mustern, und 9. ... De7 erweist sich endgültig als Zeitverlust.
Kasparows Versuch, den Vorstoß g3–g4 mechanisch zu verhindern, ist nicht erfolgreich, weshalb es vielleicht besser war, mit 13. ... f4 auf die Schwäche des Feldes f3 zu spielen. Hiernach verfügt Weiß über zwei Möglichkeiten:
a) 14. g×f4 L×h3 15. L×h3 S×f4, und die schwarze Kontrolle über den Punkt f4 gibt ihm ausreichende Verteidigungsmöglichkeiten.
b) 14. Lf2 f×g3 15. h×g3 T×f3 16. Le2 T×c3 17. b×c3 Sf6. Schwarz hat für die geopferte Qualität ausreichende Kompensation. Seine Aussichten sind dank des geschwächten weißen Damenflügels nicht schlecht und mit Sicherheit viel besser als nach der Partiefortsetzung.

14. Sf2 0.39 **Kh8** 0.38

Ein Prophylaxezug.
Schwarz bereitet ein Rückzugsfeld für seines Springers vor.

15. Le2 0.55

Auch das sofortige 15. Lg5 gefolgt von g3–g4 war gut.

15. ... Ld7 0.42
16. Lg5 0.58 **Sc5** 1.03

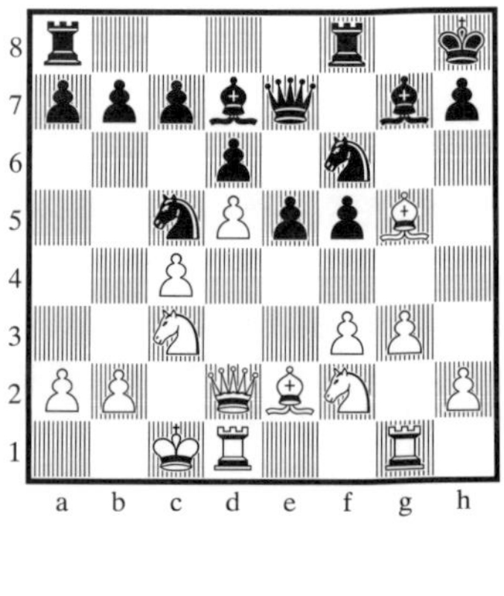

17. g4! 0.59

Von nun an entfaltet die weiße Initiative unaufhaltsame Eigendynamik. Kasparows Versuche, Gegenspiel zu erlangen, kommen zu spät und beschleunigen nur noch seine Niederlage.

17. ...			**e4**	1.05
18. f×e4	1.02		**f×e4**	1.08
19. Le3	1.08		**Sa4**	1.08
20. g5!	1.16		**S×c3**	1.09
21. b×c3				

Dieser Schwächung der weißen Bauernstellung kommt keine besondere Bedeutung mehr zu.

21. ...		**Sg8**	1.20
22. Sg4	1.20	**c5**	1.26
23. d×c6	1.33	**L×c6**	1.34
24. h4	1.42		

Kasparow kann nicht ruhig zusehen, bis der weiße h-Bauer nach h6 vormarschiert ist, und opfert eine Figur, was ihm allerdings nicht mehr als ein „Racheschach" einbringt.

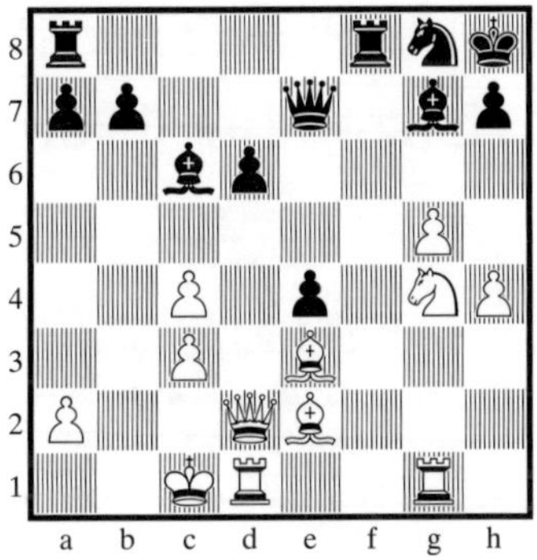

24. ...		**d5**	1.35
25. c×d5	1.36	**L×d5**	1.37
26. D×d5		**Tac8**	
27. Dd6	2.00	**T×c3+**	
28. Kb1		**Df7**	
29. Ld4			

Schwarz gab auf.

DIE VIERUNDZWANZIGSTE PARTIE
31. Dezember 1990

Erneut fiel in diesem Wettkampf wie in allen vorausgegangenen (mit Ausnahme der abgebrochenen skandalösen ersten Begegnung) keine endgültige Entscheidung, bevor sämtliche vorgesehene Partien ausgetragen waren. Wieder mußten die beiden Kontrahenten über die volle Distanz gehen, die 24. Partie war am Sylvesterabend, dem 31. Dezember 1990, angesetzt worden.

Zum ersten Mal in diesem Wettkampf verzichtete Kasparow als Anziehender auf den Doppelschritt des e-Bauern und zog 1. Sf3. Seine Wahl der Englischen Eröffnung war offenbar von dem Bestreben diktiert, allzu riskantes Spiel zu vermeiden. Es ist wohlbekannt, daß Karpow als Nachziehender in geschlossenen Stellungen keine scharfen Systeme anwendet. Dennoch gelang es Kasparow in der vorliegenden Begegnung nicht, jegliches Verlustrisiko auszuschalten.

Die letzte Partie eines Wettkampfes hat ihre eigenen Gesetze. Man erinnere sich zum Beispiel an die letzte Begegnung in Sevilla, wo Kasparow nach relativ anspruchslosem Spiel in der Eröffnung, und nach einem ruhigen, positionellen Mittelspiel den Sieg und die Schachkrone von seinem Gegner auf einem silbernen Tablette überreicht bekam. Ein Sieg auf Bestellung in der letzten Partie ist mit Schwarz natürlich noch viel schwieriger zu erreichen. Jedenfalls wiegen psychologische Faktoren in solch entscheidenden Treffen viel schwerer als die Farbe der Figuren.

Die Ereignisse auf dem Brett entwickelten sich zunächst gemächlich und undramatisch. Aber die nervliche Anspannung des anstrengenden dreimonatigen Ringens sollte sich schließlich im Spiel beider Gegner bemerkbar machen. Nach der Partie gab Kasparow zu, daß ihm im Mittelspiel eine ganze Serie von Fehlern unterlaufen sei, und er erklärte dies mit der ungeheueren Belastung am Ende eines solchen Wettkampfes. Karpow verstand es aber nicht, Nutzen aus der sich bietenden Gelegenheit zu ziehen. Auch er mußte der Erschöpfung Tribut zollen, und antwortete gleichfalls mit einer ganzen Reihe ernsthafter Fehler. Kasparow errang schließlich großes materielles Übergewicht, und ... bot Remis an „aus einer Position der Stärke heraus". Karpow bezwang seinen Stolz und reichte seinem Gegner die Hand. Und so fand dieser höchst niveauvolle und geradezu titanische Wettkampf der zwei herausragenden Spieler unserer Zeit noch seinen versöhnlichen Abschluß.

KASPAROW – KARPOW

Englisch

1.	**Sf3**	0.01	**Sf6**	0.01
2.	**c4**		**e6**	0.02
3.	**Sc3**		**Lb4**	0.04

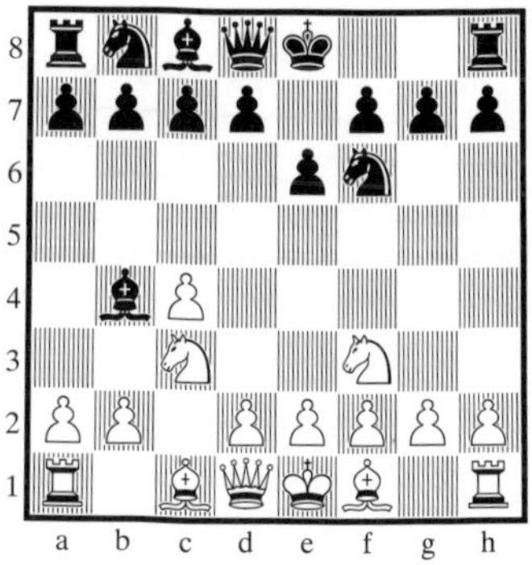

Es ist keine ganz einfache Aufgabe, die letzte Partie dieses fast drei Monate währenden Wettkampfes zu kommentieren. Man könnte versucht sein, einige persönliche Betrachtungen, Bewertungen oder Spekulationen einzuflechten, aber wir wollen darauf verzichten und uns strikt an die Tatsachen halten. Diese sind wohlbekannt: Kasparow braucht ein Unentschieden für den vollständigen Sieg, Karpow hingegen den vollen Punkt für die Teilung des Preisgeldes und den Eintritt in ein gesondertes Playoff um den Spezialpreis, der immerhin eine Million Dollar wert ist.

Für Karpow wäre ein ehrenvolles Unentschieden gegen den Weltmeister darüberhinaus ganz gewiß von psychologischem Wert, und ein Gewinn der letzten Partie käme auch einer Revanche für den Verlust der letzten Partie in Sevilla, der den Exweltmeister alles kostete, gleich.

Zurück zur Eröffnung! Wie erwähnt, fand die theoretische Debatte speziell über die Spanische Partie mit Kasparows erstem Zug ein Ende. Wir sehen nun auf dem Brett eine ungewöhnliche Mischung aus der Englischen Eröffnung 2. c4, der Nimzoindischen sowie der Damenindischen Verteidigung vor uns.

4.	**Dc2**	0.02	**0–0**	0.09
5.	**a3**	0.03		

Typisch für Kasparow! Sobald er die Gelegenheit erspäht, einen eigenen Springer gegen einen gegnerischen Läufer abzutauschen, tut er dies, ohne sich um eventuelle geringe Zeitverluste zu kümmern, auf der Stelle.

5.	**...**		**L×c3**	
6.	**D×c3**		**b6**	0.15
7.	**b4**	0.11		

Dieser aktiv aussehende Zug bereitet dem Weißen in Wirklichkeit nur Probleme. In Stellungen wie dieser ist b3 vorzuziehen.

7.	**...**		**d6**	0.18
8.	**Lb2**	0.19	**Lb7**	0.32
9.	**g3**	0.28	**c5**	0.39
10.	**Lg2**	0.29	**Sbd7**	0.50
11.	**0–0**	0.30		

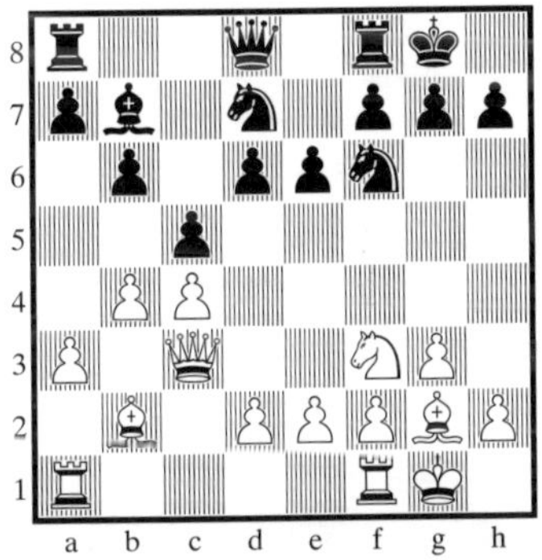

Machen wir zum letzten Mal eine kurze Bestandsaufnahme. Beide Seiten haben die Entwicklung ihrer Leichtfiguren abgeschlossen, und ein Vorteil des Läuferpaares macht sich momentan nicht bemerkbar.

Schwarz verfügt über einen kleinen Entwicklungsvorsprung, da er bereits die Aufstellung seiner Zentralbauern festgelegt hat, eine Aufgabe, die dem Weißen noch zu tun bleibt. Schwarz sollte nun also einen konkreten Plan für das

Mittelspiel entwerfen, und insbesonders um die richtige Postierung seiner Schwerfiguren Sorge tragen.

11. ... **Tc8** 0.51

Zu schablonenhaft gespielt! Unserer Meinung nach kann Karpow mit dem Eröffnungsverlauf durchaus zufrieden sein, was aber nicht heißt, daß sich das geringe Übergewicht durch die etwas bessere Entwicklung nicht schnell wieder verflüchtigen könnte.

Es ist klar, daß Schwarz die Stellung am Damenflügel öffnen muß, um Initiative zu erlangen, und zum jetzigen Zeitpunkt ist noch nicht zu sehen, welcher von beiden Türmen auf c8 stehen sollte. In Anbetracht dieser Tatsache gefiele uns die folgende Aufstellung viel besser: 11. ... De7, ...a6, und dann erst, je nach den Umständen ...Tfc8, ...Tab8 oder Tac8.

12. d3 0.48 **Te8** 0.57

Auch jetzt war 12. ... De7 vorzuziehen.

13. e4 1.05 **a6** 1.01

Endlich hat Schwarz das richtige Vorgehen gefunden, doch wertvolle Zeit ging verloren, und Weiß ist nun bereit, seinerseits mit allen Kräften am Kampfgeschehen teilzunehmen.

14. Db3 1.18 **b5** 1.05
15. Sd2 1.19 **Tb8** 1.16
16. Tfc1 1.23 **La8** 1.20
17. Dd1 1.26

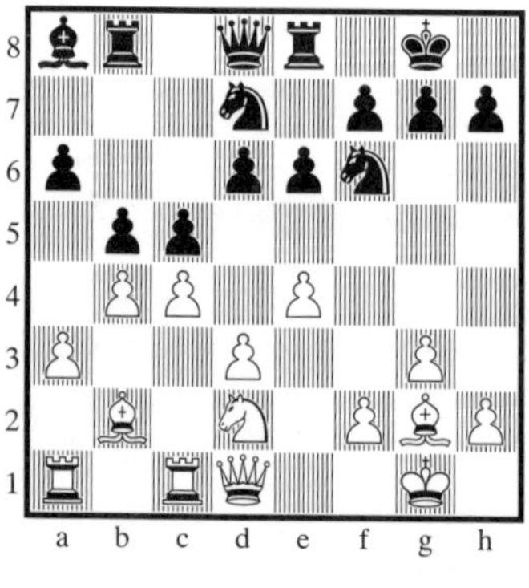

Es ist interessant, wie sich das Bild im Verlauf der letzten Züge gewandelt hat. Schwarz ist mehr oder weniger auf der Stelle getreten, während Weiß auf dem Damenflügel, wo sich die hauptsächlichen Kampfhandlungen abspielen werden, starke Truppen konzentriert hat. Weiß besitzt nun eine leichte Initiative.

17. ... **De7** 1.34

Endlich entschließt sich Karpow zu diesem notwendigen und schon seit langem überfälligen Zug. Es ist bemerkenswert, wie sich sogleich die Koordination der schwarzen Kräfte verbessert.

18. c×b5 1.29 **a×b5** 1.35
19. Sb3 1.30

Kasparow beeilt sich, die Stellung zu öffnen, da er sein Übergewicht am Damenflügel in die Waagschale werfen möchte. Dies gelingt ihm indessen nicht ohne Hilfestellung seines Gegners.

19. ... **e5** 1.42

19. ... Tec8 sieht auf den ersten Blick besser aus, aber nach 20. De2 kann Schwarz 20. ... Sb6 wegen 21. e5 nicht spielen, während nach 20. ... e5 die Fesselung 21. Lh3 unangenehm ist.

20. f3!? 1.39

Dieser unelegante und sogar ein wenig zweifelhaft aussehende Zug ist typisch für Kasparows Stil (man erinnere sich an die 2. Partie des Wettkampfs), und erweist sich auch in dieser Begegnung als voller Erfolg. Der Bauer e4 ist nun zuverlässig geschützt, wodurch der weißfeldrige Läufer entlastet und für andere Verteidigungs- oder Angriffsaufgaben verfügbar wird. Der offensichtliche Nachteil des Zugs besteht in der Schwächung der Diagonale g1–a7.

20. ... **h5** 1.45

Schwarz hätte versuchen sollen, die entstandene Schwächung sofort mit 20. ... Sb6! auszunutzen. Nach 21. b×c5 Sa4 22. Lc3 d×c5 23. Le1 entsteht eine scharfe Position, doch Weiß kann sich ausreichend konsolidieren, indem er seinen Läufer nach f2 spielt.

21. b×c5 1.44 **d×c5!?**

Nach 21. ... S×c5 ist es für Schwarz leichter, sich zu verteidigen, aber Karpow strebt einen verwickelten Kampf an, was man ihm angesicht der Situation im Wettkampf nicht verdenken kann. Es ergibt sich jetzt ein scharfes Scharmützel.

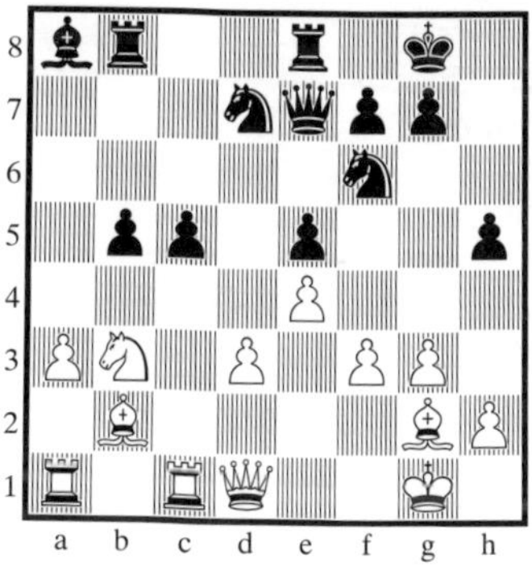

22. a4?! 1.46

Auch Weiß möchte nicht mehr länger warten und sofort die Krisis der Partie herbeiführen, aber Vorsicht wäre ratsamer gewesen. 22. h4, um einen möglichen Angriff am Königsflügel zu unterbinden, oder 22. Tc2, mit der Absicht, den Druck auf den c-Bauern zu verstärken, kamen in Betracht.

22. ... h4!? 1.53

Nun droht 23. ... h×g3 nebst Sh5, und Schwarz erhält Angriff.

23. g4 1.57

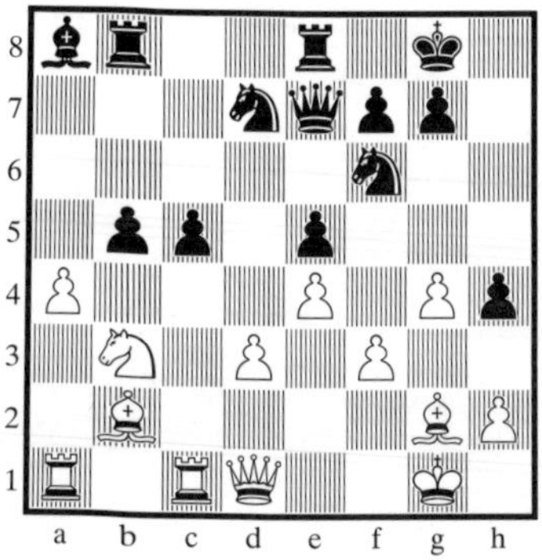

Karpows Ablenkungsmanöver hat den Weltmeister dazu gezwungen, die schwarzen Felder am Königsflügel zu schwächen.

23. ... c4?! 1.59

Unsere Zweifel an diesem Zug rühren nicht unbedingt daher, daß wir ihn für schlecht halten, aber die Lage auf dem Brett hat sich gewandelt, weswegen Schwarz seine Aktionen auf den Königsflügel verlagern sollte. Wir empfehlen daher 23. ... Sh7, wonach die schwarze Initiative sehr bald gefährliche Formen annehmen könnte. Nach 24. a×b5 T×b5 hält sich Schwarz auf dem Damenflügel, und wird sodann versuchen, die Herrschaft über die schwarzen Felder des gegnerischen Königsflügels zu erringen.
Nach dem Textzug wird das Zentrum geöffnet, was jeden Flankenangriff von vorneherein zum Scheitern verurteilt.

24. d×c4 **b×a4** 2.01
25. La3! 1.59 **Dd8** 2.05
26. Sc5 2.01 **Lc6?** 2.07

Der Exweltmeister hat offenbar den Kopf verloren. Er sah natürlich, daß seine Gewinnchancen mittlerweile verschwunden waren, hätte aber nach der korrekten Fortsetzung 26. ... S×c5 27. L×c5 Lc6 immerhin noch eine ausgeglichene Position behalten.

27. S×a4 2.03 **Sh7** 2.08
28. Sc5 2.10

Kasparow strebt nach Vereinfachung, um die Partie schnellstmöglich zu beenden. Wir möchten unsere Leser daran erinnern, daß diese Begegnung am Sylvesterabend stattfand.

28. ... Sg5 2.10
29. S×d7 2.11 **L×d7**
30. Tc3! 2.12

Diese prophylaktische Absicherung der dritten Reihe beraubt Schwarz seiner letzten Hoffnungen, das Spiel wenigstens noch etwas zu komplizieren. Als Resultat erfolgt prompt ein weiterer Fehler Karpows.

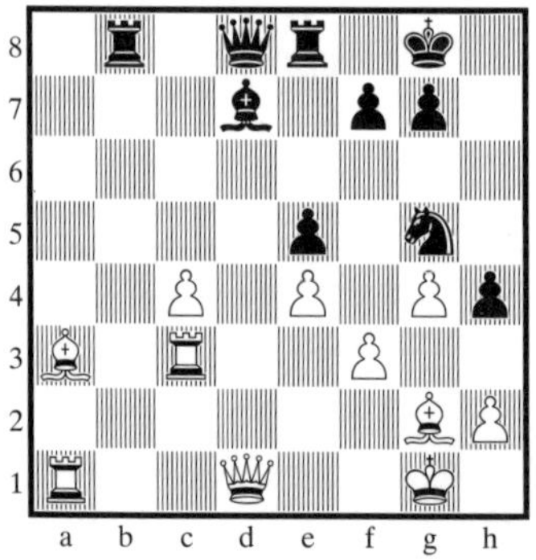

30. ... **Da5?** 2.19
Dies verliert Material. Schwarz sollte 30. ... Se6 spielen, wonach er für den geopferten Bauern in Form des geschwächten weißen Königsflügels wenigstens noch einen Hauch von Kompensation behält.

31. Td3 2.14 **La4**
Der Läufer war angegriffen, und es drohten sowohl 32. Ld6 als auch 32. Le7.

32. De1 2.15 **Da6** 2.26
Karpow möchte die Damen nicht abtauschen, aber nach ...

33. Lc1! 2.17 **Se6** 2.27
34. Tda3 2.18 **Sc5**
35. Le3 2.19 **Dd6** 2.28
36. T×a4 **Remis**

... gewann Weiß zwei Figuren für einen Turm und bot Remis an, welches selbstverständlich angenommen wurde.

Fortschrittstabelle zum Überblick über den Wettkampfverlauf

Partie Nr.	**1**	**2**	**3**	**4**	**5**	**6**	**7**	**8**	**9**	**10**	**11**	**12**
	½	1½	2	2½	3	3½	3½	4	4½	5	5½	6
Kasparow	½	1	½	½	½	½	0	½	½	½	½	½
Karpow	½	0	½	½	½	½	1	½	½	½	½	½
	½	½	1	1½	2	2½	3½	4	4½	5	5½	6

Partie Nr.	13	14	15	16	17	18	19	20	21	22	23	24
	6½	7	7½	8½	8½	9½	10	11	11½	12	12	12½
Kasparow	½	½	½	1	0	1	½	1	½	½	0	½
Karpow	½	½	½	0	1	0	½	0	½	½	1	½
	6½	7	7½	7½	8½	8½	9	9	9½	10	11	11½

Eröffnungs-Index

(Es wird jeweils auf die Partienummer verwiesen)